U0566433

EX · LiBRiS ·
ARTVR · KVTSCHER ·

主　编：陈　恒

光启文库

光启随笔

光启文库

光启随笔	光启讲坛
光启学术	光启读本
光启通识	光启译丛
光启口述	光启青年

主 编：陈 恒

学术支持：上海师范大学光启国际学者中心

策划统筹：鲍静静

责任编辑：朱 健

装帧设计：纸想工作室

商务印书馆（上海）有限公司 出品
The Commercial Press（Shanghai）Co.Ltd

考古寻路

霍 巍 著

商务印书馆
The Commercial Press

图书在版编目（CIP）数据

考古寻路 / 霍巍著. — 北京：商务印书馆, 2021
（光启文库）
ISBN 978 - 7 - 100 - 19962 - 9

Ⅰ. ①考⋯　Ⅱ. ①霍⋯　Ⅲ. ①考古学 — 中国 — 文集
Ⅳ. ①K870.4-53

中国版本图书馆 CIP 数据核字（2021）第096749号

权利保留，侵权必究。

考 古 寻 路

霍　巍　著

商 务 印 书 馆 出 版
（北京王府井大街36号 邮政编码 100710）
商 务 印 书 馆 发 行
上 海 中 华 印 刷 有 限 公 司 印 刷
ISBN　978 - 7 - 100 - 19962 - 9

2021年9月第1版　　　开本 889×1194　1/32
2021年9月第1次印刷　　印张 10

定价：55.00元

出版前言

　　梁启超在《清代学术概论》中认为，"自明徐光启、李之藻等广译算学、天文、水利诸书，为欧籍入中国之始，前清学术，颇蒙其影响"。梁任公把以徐光启（1562—1633）为代表追求"西学"的学术思潮，看作中国近代思想的开端。自徐光启以降数代学人，立足中华文化，承续学术传统，致力中西交流，展开文明互鉴，在江南地区开创出海纳百川的新局面，也遥遥开启了上海作为近现代东西交流、学术出版的中心地位。有鉴于此，我们秉承徐光启的精神遗产，发扬其经世致用、开放交流的学术理念，创设"光启文库"。

　　文库分光启随笔、光启学术、光启通识、光启讲坛、光启读本、光启译丛、光启口述、光启青年等系列。文库致力于构筑优秀学术人才集聚的高地、思想自由交流碰撞的平台，展示当代学术研究的成果，大力引介国外学术精品。如此，我们既可在自身文化中汲取养分，又能以高水准的海外成果丰富中华文化的内涵。

　　文库推重"经世致用"，即注重文化的学术性和实用性，既促进学术价值的彰显，又推动现实关怀的呈现。文库以学术为第一要义，所选著作务求思想深刻、视角新颖、学养深厚；同时也注重实用，收录学术性与普及性皆佳、研究性与教学性兼顾、传承性与创新性俱备的优秀著作。以此，关注并回应重要时代议题与思想命题，推动中华文化的创造性转化与创新性发展，在与国外学术的交流对话中，努力打造和呈现具有中国特色的价值观念、思想文化及话语体系，为夯实文化软实力的根基贡献绵薄之力。

文库推动"东西交流"，即注重文化的引入与输出，促进双向的碰撞与沟通，既借鉴西方文化，也传播中国声音，并希冀在交流中催生更绚烂的精神成果。文库着力收录西方古今智慧经典和学术前沿成果，推动其在国内的译介与出版；同时也致力收录汉语世界优秀专著，促进其影响力的提升，发挥更大的文化效用；此外，还将整理汇编海内外学者具有学术性、思想性的随笔、讲演、访谈等，建构思想操练和精神对话的空间。

我们深知，无论是推动文化的经世致用，还是促进思想的东西交流，本文库所能贡献的仅为涓埃之力。但若能成为一脉细流，汇入中华文化发展与复兴的时代潮流，便正是秉承光启精神，不负历史使命之职。

文库创建伊始，事务千头万绪，未来也任重道远。本文库涵盖文学、历史、哲学、艺术、宗教、民俗等诸多人文学科，需要不同学科背景的学者通力合作。本文库综合著、译、编于一体，也需要多方助力协调。总之，文库的顺利推进绝非仅靠一己之力所能达成，实需相关机构、学者的鼎力襄助。谨此就教于大方之家，并致诚挚谢意。

清代学者阮元曾高度评价徐光启的贡献，"自利玛窦东来，得其天文数学之传者，光启为最深。……近今言甄明西学者，必称光启"。追慕先贤，知往鉴今，希望通过"光启文库"的工作，搭建东西文化会通的坚实平台，矗起当代中国学术高原的瞩目高峰，以学术的方式阐释中国、理解世界，让阅读与思索弥漫于我们的精神家园。

上海师范大学光启国际学者中心

2020年3月

自　序

两年前，陈恒兄来川大出席世界史学科的会议，我们又一次相聚。闲谈中他忽然提起一件事情，说是正在主编一部"准学术""轻学术"类别的文集，可以把过去写过的一些随笔、评论等和正儿八经的论文有所区别的文字汇集成集，并向我约稿。一开始我并未太上心，因为这些年来主要的精力除了忙一些完全摆不上台面的杂事儿、不得不折腾自己也折腾别人的"正事儿"之外，余下的可怜的一点时间，还不得不去写一些按照A、B、C三六九等严格分等定级，作为"规定动作"的学术论文，个中甘苦冷暖，我想现在身为同道中人的陈恒兄一定可以体会，所以一直没有给他回复，算是"未置可否"吧。不久前，古道热肠的陈恒兄再次发来信件，让我给予回应，为之做出"贡献"。这次我可不敢再不认真对待了，一来为陈兄的厚爱深为感动，二来也认真想想，这么多年来，或许真还有那么一点有别于八股腔调的文字可以翻腾出来献个丑。但为了不至于太让读者失望，我特别请求陈兄惠赐给我前贤们已经出版的这套文集中的几本，我先学习拜读一下。陈兄考虑周到，一次给我寄来了罗志田兄著《中国的近代：大国的历史转身》、王立新兄著《有思想的历史》、虞云国教授著《立雪散记》，三本书各自分跨文史、纵横海内外，视野开阔，文字清新，让我获益匪浅。

　　这么些年来，也选编过几本个人的文集，大致上可分为两大类，一类属于所谓比较"纯正的"学术论文集，比如《西南考古与中华文明》（巴蜀书社2010年）、《吐蕃考古与高原丝绸之路研究》（科学出版社，待刊）、《汉藏佛教考古论集》（暂名，科学出版社，待刊）等。另一类则大体上属于游记加杂感的文字，主要是应和社会大众的胃口，写我的西藏考古游历。如早年应王仁湘先生之约，编入"华夏文明探秘丛书"中的《雪域先民的足迹——西藏访古录》（四川教育出版社，1996年，以笔名"何许"发表，最近将转由文物出版社再版）；收入"教育部哲学社会科学研究普及读物"项目的《秘境探古：西藏文物考古新发现之旅》（江苏人民出版社，2014年）；另有近期汇成的《踏上第三极：西藏考古手记》，也将由天地出版社出版。实话说，每一次编文集，自我感觉都不是太好，因为对于已经发表的文字——尤其是学术论文——总感到不满意，老觉得还可以再等等，再修改一下，再补充完善一下。哪知道福无双至，祸不单行，借用一句当下流行的话来说："理想很丰满，现实很骨感！"2020年一开年，突如其来的新冠肺炎疫情让每个人都有猝不及防之感。在这期间，就我而言虽然也过上了居家读书、写作的正常生活，但也遇到了一个意想不到的重大损失：手提电脑因出现故障而不能开机，身边原来可以提供帮助的学生和同事在这非常时期一个都不在跟前。情急之下，只好找到一家专修电脑的小门店，一位看上去20来岁的小哥接待了我。正好那天学校有会，我匆忙将电脑交付给他就走，说好开完会来找他。会议很快结束，等我从他手中取回电脑，倒是能够开机了，但电脑中所有的文档都被他格式化而清除一空！

万般痛悔懊恼的就是忘了交代给他一句话:"文档比电脑更重要,一定事先拷盘哈!"

遭此重创,元气大伤,也直接影响到这次的选文。除了一部正在写作中的书稿,还有许多我记忆中曾有过的文档,都灰飞烟灭,不复存在,让我已经无法很从容不迫地从旧文中加以挑选、整理和汇集。经历了这场"浩劫"之后,除了赶紧购置几个超大容量的移动硬盘进行文件备份,另一个很现实的办法,就是顺应学术潮流,把自己过去哪怕不甚满意的文章也尽快汇拢成集,为自己多多少少留下来一点"学海残贝",也算是对关心我的朋友、师长和学生们有个交代。

选入这本文集的文章,似乎介乎上面我的两类文字之间,既不是非常"正统"的论文,也不是随笔、游记和杂感,和这套丛书所定的"准学术""轻学术"基调或许大体相符。我初步把所选文章分成三个部分:第一部分是近年来对考古学(主要是我从事的历史时期考古学)理论与所谓"范式"的一些反思,有论文,也包括部分采访的整理稿。第二部分是一些介乎论文和随笔之间的文章(因为都加了只有论文才有的详细的注释,本来也打算删去,但细细想来,注释都采用了页下注的方式,好像也不会过于影响读者的阅读,让大家感到"痛苦",同时也多保留了一些信息),涉及的内容主要为历史时期考古的一些个案研究。第三部分是有关西藏考古、艺术史的几篇综述与回顾,反映了我这些年来在这一领域的一些思考。

关于书名,我之所以将其名为《考古寻路》,主要有以下几重含义,和上面所述文章的三个部分都有些关系。第一部分是对中国考古学理论、方法、研究范式等重大问题的反思,尤其对于从西方传来的考古学如何与中国传统学术相互结合,走出一条具有中国特色的考古学（尤其是与中国独特的文字体系、文献史料、古史传统联系紧密的中国历史时期考古学）路径进行了探索，这或许可以视为包括我本人在内的中国考古学者们共同关注的从宏观理论、方法上的一种"寻路"。第二部分是笔者在长期考古学实践中所从事的中国历史时期考古的若干个案，内容涉及从汉唐到宋元时期的墓葬、石窟寺、出土文物等方面。如何努力建设既不失现代考古学的基本范式，又不自绝于其他学科于门外的、与历史学等多学科相互融通的中国考古学的理论、方法和具体实践，笔者自认为这也是在"寻路"的过程中留下来的点滴心得。第三部分是作者近年来有关西藏考古与艺术这一新的学术领域的研究回顾与展望。这个领域对于具有厚重积淀的中国传统学术而言，可以说是一门全新的学科分支，该领域也是20世纪初从西方传入的，经过中国学者的不懈努力，才取得一些初步的成绩。包括文中提到的笔者近年来所关注的"高原丝绸之路"，可以说都是在前人走过的路、没有走过的路上艰难前行，苦苦"寻路"。所以，全书的三个部分相互呼应，总体上都是以"考古寻路"作为主旨，取这样一个书名，也意在于此，不知是否合适，愿读者能够体谅。

既然如此，也以一句古人的名言作为结尾："路漫漫其修远兮，吾将上下而求索。"愿以这本小书，作为我寻路求索历程中一个小小的路标吧！

目
录

高原觅踪

西风东渐

中国考古学的古典主义传统及其当代意义

在今天的世界文化体系中，"考古学"早已经不再是少数人在象牙塔里所把持的学术游戏，而是令公众十分瞩目的一门"显学"。每一个重大的考古发现，都会牵动社会的神经，引发众多的关注和热议，而且带动和推进不同国家、不同地区、不同民族对于自身发展历史、文化传统、文明成就与文化遗产的深度思考，引发其文化自信心与自豪感，增强其民族的向心力与凝聚力。对于有着数千年文明史、位列世界四大"文明古国"的中国而言，考古学的发展历程事实上还进一步与国运的兴衰、民族的兴亡、文明的昌盛紧密相关，成为中华民族走向复兴之路的文化标志之一。

但是，长期以来，在中国考古学的主要来源与体系结构、重要的理论与方法、重大的科学实践等方面，我们还有许多需要进一步讨论的问题。例如，对于中国考古学的来源，学术界形成的主要认识是，中国考古学的前身是"金石学"，所谓"科学考古学"是近代以来从西方传入中国的。那么，从这个几乎成为中国考古学定式的认识模式当中，我们不得不提出这样一些值得思考的问题：今天的中国考古学完全是西方考古学的翻版吗？在中国考古学的体系当中，是否还应当具有中国传统学术的贡献和传承，并由此形成中国考古学自身的文化属性和特点？具有悠久发展历史的中国旧金石学是否仅仅只是中国考古学的"前身"，而与现代的中国考古学几乎无涉？要回答这些问题，就不能不从本文下面将要讨论的一个核心议题——中国考古学当中是否存在着古典主义传统——开始着手梳理。

一　什么是考古学的古典主义传统

众所周知，"考古学"这一术语，在世界古文明当中出现甚早，在西方首先出现于古希腊时代，称为"古物学"；在中国则从北宋时期开始，出现了"考古"一词。但是，这和我们现在所讲的考古学都有很大区别，现代考古学在英文中通常称为"Modern Archaeology"，如果直译，就是"现代考古学"（或"近代考古学"），其特点是以田野考古工作为取得基础资料的主要手段，因此也常常被称为"田野考古学"。[1] 不过，无论是在西方

1　俞伟超：《关于"考古地层学"问题》，收入氏著《考古学是什么》，中国社会科学出版社，1996年，第1页。

还是在东方，现代考古学的产生，都曾经历过一个漫长的发展时期，各有其古典主义的传统及其历史渊源。

古希腊时代的"考古学"，泛指对古代史的研究。到17世纪这一名词被重新使用时，其含义已经有所改变，主要指对古物和古迹的研究，故也称为"古物学"。这一术语"在17世纪和18世纪，一般是指对含有美术价值的古物和古迹的研究，到了19世纪，才泛指对一切古物和古迹的研究"[1]。近代考古学在西方的出现和发展，按照夏鼐、王仲殊先生的意见，可以分为萌芽期、形成期、成熟期、发展期和继续发展期几个阶段，其中的萌芽期始于欧洲的文艺复兴时期（14—16世纪）。这个时期，人们对于古典时代的语文和美术史的研究，促进了对古希腊和古罗马时代的雕刻和铭刻的搜集，进而这一风潮又扩大到对基督教圣地巴勒斯坦地区的古迹和古物的寻求，后来再进一步扩大到对近东地区的古埃及、古巴比伦等地更为古老的古迹和古物的寻访与搜集。这个时期考古学最为重要的学术特点，其一，是对古典时代语文学的重视，如法国拿破仑远征军对于埃及罗塞塔石碑上的三体文字的发现，为考释古埃及象形文字提供了重要依据；1822年，法国学者商博良（J. F. Champollion）成功释读这种象形文字，由此奠定了埃及学的基础。其二，是利用古代的遗迹和遗物，从事欧洲古代史的研究，如德国学者温克尔曼（J. J. Winckelmann）利用古罗

1　夏鼐、王仲殊撰"考古学"条目，收入《中国大百科全书·考古学》，中国大百科全书出版社，1986年，第1页。

马的艺术品写成《古代艺术史》，对于欧洲古代史研究产生了重要影响，他甚至被有些学者称为"考古学之父"。[1]

这个时期的西方考古学，被著名的西方考古学家布鲁斯·G.特里格（Bruce G. Trigger，也有学者译为崔格尔，除著录保留原译外，均作特里格）称为"古典及其他以文献为基础的考古学"，有时他也直接简称其为"古典考古学"。[2]特里格总结说，"总的来说，古典发掘者试图发现与铭刻学、艺术作品、建筑与城市设计有关的信息"，一些古典考古学家常常将智慧、创造性、热爱自由以及古希腊的美学观念看作人类精神最高境界的表现，对古代艺术和建筑特别感兴趣，习于将考古发现资料与古铭刻和文献加以对照比较，试图在文献和考古发现之间建立起一种联系，"以便能够证实和扩大从文献记载中所知的内容"[3]。特里格特别注意到，由于一些特殊的原因，大部分古典考古学家与史前考古学家和人类学家几乎互不往来。他解释说，这可能由于古典考古学家"大多在大学或博物馆古典研究及艺术史的部门任职的缘故"[4]。实际上，这恰恰曲折地反映出欧洲考古学在其发展过程当中存在着古典考古学和史前考古学的分野，两者之间在研究方法、研究志趣和研究对象上存在着差别。

1　夏鼐、王仲殊撰"考古学简史"条目，收入《中国大百科全书·考古学》，第4页。

2　〔加〕布鲁斯·G.特里格：《考古学思想史（第2版）》，陈淳译，中国人民大学出版社，2010年，第40页。

3　同上书，第51—52页。

4　同上书，第53页。

概括而言，主要出现在欧洲大陆的西方古典考古学，和后来兴起于北欧的"没有文献的古物学"以及在此基础上发展起来的史前考古学相比较，历史更为悠久，它发展成为欧洲以美术考古为特征的考古学，是近代西方考古学的重要源头。在此之后，19世纪初期，在北欧等没有历史文献基础的地区，一些古物学者发现了代表古代人类技术进步的遗存，提出了石器、铜器、铁器时代的"三阶段论"，并以1836年于哥本哈根出版的丹麦国家博物馆的参观指南——《北欧古物导论》为标志，进一步地奠定了近代考古学产生的基础。到了19世纪中期，随着近代科学的发展，进化论思想影响到人文科学的各个学科，生物学中的进化谱系开始建立完整的体系，直接影响到考古学的类型学理论产生；另一方面，来源于地质学的地层学理论也被考古学运用到地层早晚相对关系的确立中，近代考古学成熟的标志——考古类型学与考古地层学最终得以确立，成为现代考古学的主要理论基础。

综上所论，我们可以清楚地看到，西方考古学的发展历程当中，其古典主义的传统源远流长，如同俞伟超先生所言："美术考古的兴起和古物学研究的进步，奠定了近代考古学发生的基础。"[1] 而美术考古的兴起，则是与欧洲文艺复兴之后人文主义思想引发了人们对于欧洲古典时代的热情有关。寻求古典时代的艺术品——古希腊、古罗马的雕刻，不断发现各地的碑铭并加以释读，将其和历史文献记载加以比对，以图通过考古发现的实物来

1　俞伟超：《考古学思潮的变化》，收入氏著《考古学是什么》，第156页。

加强文献历史的内容，从而形成欧洲古典主义考古学的文化特征，这也就是本文所要讨论的考古学的古典主义传统。

在西方考古学的形成时期，对于有文字的考古材料从来就十分重视，这也是世界上各大"文明古国"现代学术发源时期共同具有的一大特征。商博良成功地释读古埃及象形文字之后，欧洲人对古埃及的古迹和古物产生了更大的兴趣，法国、德国、意大利等国先后派遣考察队到埃及各地调查发掘，取得了丰硕的成果，促进了"埃及学"的诞生。19世纪初期，在波斯境内发现了刻有楔形文字的摩崖石刻，1835年英国人H. C. 罗林森（H. C. Rawlinson）又释读出贝斯顿三体铭文中的一种楔形文字为古波斯文，后来其他的两种楔形文字也相继被考释出来，分别被证明为古埃兰文和古巴比伦文。1842年，法国古物学家博塔（P. Botta）开始发掘尼尼微遗址，出土了大批石刻浮雕和楔形文字铭刻。1845—1851年，英国人A. H. 莱亚德（A. H. Layard）也在尼姆鲁德和尼尼微遗址中发掘出亚述时代的许多石刻浮雕、楔形文字的石刻和泥板。[1]古文字方面的这些研究成果，对西亚地区的文明史研究产生了重要的影响，也促成了"亚述学"的兴起。特里格评论说："埃及学和亚述学的发展，为世界上这两个地区增加了3 000年的成文史，而过去这段历史只是来自古希伯来人、希腊人和罗马人叙述的二手传闻。这两门学科效仿了古典研究。它们依赖文献线索来为这两个文明提供年代学、历史记录以及有关信仰和价值

---

1 夏鼐、王仲殊撰"考古学简史"条目，收入《中国大百科全书·考古学》，第5页。

观的信息，但是它们也关注由考古发现所提供的艺术与建筑的发展。这两门学科都比古典研究更加依赖考古学，这是因为它们所研究的资料几乎都是从地下挖出来的。"[1] 由此可见，西方考古学的发展史表明，注重历史和文献、注重考古发现的铭刻文字是其早期的重要特征之一，考古学一方面为古史研究提供宝贵的地下实物；另一方面，在其萌芽时期也深受古典主义传统的影响，成为追寻和探求自身远古文明的另一种新的方式。如同杨建华先生所说："欧洲的考古学是由历史学发展而来的，史前时代考古是历史时代考古的向前延伸。欧洲考古研究的是他们自己的祖先，从而使这种研究富有一种观察自己历史的责任感，充满了爱国主义和民族情绪。"[2]

以往中国学者在讨论西方现代考古学传入中国和对中国考古学形成的影响时，主要强调的是其史前考古的类型学、地层学等有关田野考古的科学性方面所带来的革命，这无疑是必要的。但是，如果要更加全面地理解和认识西方考古学的知识体系和理论源头，我认为还必须对西方考古学中古典主义的传统给予充分的评价，才能够真正看清我们的"先生"所带给中国考古学的这份遗产当中，究竟还包含哪些不可忽略的重要内容。尤其是要深刻认识到，任何学术的进步，都有和它紧密相关的历史文化背景和十分明确的学术目标。欧洲考古学中的古典主义传统，也体现了

1　〔加〕布鲁斯·G. 特里格：《考古学思想史（第2版）》，第59页。
2　杨建华：《外国考古学史》，吉林大学出版社，1999年，第13页。

考古学从其诞生开始，便承担着它的历史使命。因此，中国考古学的产生，绝不会仅仅只是对西方考古学技术体系的全盘接受，对于其中所蕴藏的古典主义传统以及这一传统中的思想轨迹、人文关怀、历史诉求，同样也会有所传导。只是在表现形式上，西方和东方各有其异趣而已。

二 关于中国考古学的古典主义传统

夏鼐、王仲殊先生在《中国大百科全书·考古学》一卷中，对于中国考古学的产生有如下的阐述："考古学的产生有长远的渊源，但到近代才发展成为一门科学。近代考古学发祥于欧洲，以后普及到世界各国。北宋以来的金石学是中国考古学的前身，但直到20世纪20年代，以田野调查发掘工作为基础的近代考古学才在中国出现。作为一门近代的科学，考古学有一套完整、严密的方法论。它包含史前考古、历史考古学和田野考古学等分支，并与自然科学、技术科学领域内的许多学科以及人文、社会科学领域内的其他学科有着密切的联系"；"考古学属于人文科学的领域，是历史科学的重要组成部分。其任务在于根据古代人类通过各种活动遗留下来的实物，以研究人类古代社会的历史"。[1] 今天，当中国考古学已经走过近百年发展历程的时候，我们重温前辈学者对中国考古学的论述，会有一些新的思考和讨论。

---

1 夏鼐、王仲殊撰"考古学"条目，收入《中国大百科全书·考古学》，第1页。

首先，发祥于欧洲的近代考古学，如前所述，同样有其"前身"——即特里格所说"古典及其他以文献为基础的考古学"，后来才发展起来"没有文献记载"的史前考古学，随着田野工作的进步，类型学与地层学理论的建立最终形成为近代考古学。当西方考古学传入中国时，它本来也应是一个整体，如果有其"前身"，也必然会有其"后继"，其中也应包含史前考古学和历史时期考古学两大部分。只是因为文化背景和文化传统的不同，以往的学术史研究中，我国学者较多关注的是西方考古学的田野考古理论及其基于这一理论所开展的史前考古实践，即田野发掘方法、资料整理分类以及人类学眼光的观察等，而对其古典主义传统却往往少于论及。[1]

其次，西方考古学既然包含古典主义传统，那么，中国考古学是否也应包含古典主义传统呢？如果承认这一点，那就自然会引出下一个问题：中国考古学的古典主义传统是否也因近代西方考古学的传入随之有了欧洲古典主义传统？还是另有其源头？

再次，中国北宋以来的金石学，被视为中国考古学的"前身"，那么，这是否意味着，近代中国考古学的体系并不包括传统的金石学在内？如果是这样，金石学研究的对象、方法和具体的理论与实践是否也会被现代中国考古学排斥在外？

要真正廓清上述问题，我们有必要再次回到西方近代考古

---

[1] 这当中最为典型的代表性人物可举出被称为"中国考古学之父"的李济先生，参见李光谟编：《李济与清华》，清华大学出版社，1994年；李济：《中国考古学之过去与将来》，收入氏著《考古琐谈》，湖北教育出版社，1997年。

学与中国传统金石学之间的关系这一历史旧题上去。其实，早在西方近代考古学（又称为"科学考古学"）传入中国之始，这个问题便引起了中国学人的高度关注，出现过不同的声音。一部分学者认为，西方的现代考古学完全是"舶来品"，和中国原有的"金石学"必须截然分开来看待。如李济先生在1934年出版的《城子崖·序》中说道："我们中国人考古的兴趣已经有八百多年的历史了；但这只是兴趣而已。有兴趣而无真正的办法，所以始终没得到相当的收获。要是把现在的考古学与我们固有的金石学放在一个宗派里，岂不成了中国的胡人用改姓的方法冒充黄帝子孙的那一套把戏。"[1]类似这样的观点在当时从欧美留学归来、崇尚"科学"方法的一代学人当中尤其流行，而且影响至为深远。除李济先生之外，后来成为新中国考古学领军人物的夏鼐先生在《五四运动与中国近代考古学的兴起》一文中，也强调了近代考古学与金石学的区别，认为地质学的影响和"疑古运动"才是中国近代考古学兴起的主要原因。[2]受其影响，后来在中国考古界颇具影响力的王世民、安金槐、张之恒、王宇信等诸位先生也都坚持这样的看法。[3]这一表述也被写进了前文所引的《中国大百科全书·考古学》。

　　但是，不应忽略的是，也还有一部分以"旧学"为根基的学

1　李济：《中国考古报告集之一〈城子崖〉序》，收入氏著《安阳》，河北教育出版社，2000年，第408页。

2　夏鼐：《五四运动与中国近代考古学的兴起》，《考古》1979年第3期。

3　查晓英：《中国现代考古学的思想谱系》，四川大学出版社，2014年，第6—7页；陈星灿：《中国史前考古学史研究（1895—1949）》，生活·读书·新知三联书店，1997年，第52—53页。

者，在面对西方现代考古学这样的"新学"东渐之时，将中国的传统金石学也融入其中，提出"中国考古学"这一概念，并未采取将二者截然分开的态度。如梁启超在1926年瑞典皇太子访华的欢迎会上，将自宋以来的金石学研究与最近中国的考古发现视为一个种类的工作，称之为"中国考古学"。他还说："考古学在中国成为一种专门学问，起自北宋时代。"[1] 稍后出版的卫聚贤《中国考古小史》[2]、《中国考古学史》[3]，也将传统金石学和新近的"发掘期"考古学贯穿为一体。后来裴文中先生撰写的《史前考古学基础》[4]、张政烺先生撰写的《中国考古学史讲义》[5]、阎文儒先生撰写的《中国考古学史》[6] 等著作，也基本上认同金石学应为中国考古学的重要源头。[7] 一些学者还明确提出，金石学应为中国考古学的重要组成部分。如马衡先生在北大开设考古学课程时，特别指出："考古学一门，为研究史学之重要补助学科……而本国之金石学，亦为考古学之一部，宜先注意学习。"[8] 胡肇椿先生也强调："我们对于我国金石学者的态度，他们所研究的是考古学上的一

1　梁启超：《中国考古学之过去及将来》，收入卫聚贤编著：《中国考古小史》，商务印书馆，1933年，第9页。

2　卫聚贤编著：《中国考古小史》，商务印书馆，1933年。

3　卫聚贤：《中国考古学史》，商务印书馆，1937年。

4　裴文中：《史前考古学基础》，收入氏著《裴文中史前考古学论文集》，文物出版社，1987年。

5　张政烺：《中国考古学史讲义》，收入氏著《张政烺文史论集》，中华书局，2004年。

6　阎文儒：《中国考古学史》，广西师范大学出版社，2004年。

7　查晓英：《中国现代考古学的思想谱系》，第6页。

8　《史学系课程指导书（民十二年至十三年）》，《北京大学日刊》1923年9月29日第1302号，此系转引自查晓英：《中国现代考古学的思想谱系》，第74页。

部分问题，我们对他们应引为我们考古研究中之一员，绝没有排斥和歧视的意向。"[1] 即使是以"科学考古学"来严格界分金石学与考古学的李济先生，后来的态度也有所变化，他在《中国考古小史·序》中说："严格的考古学在我国虽是很近的一种发展，旧学中却有它很厚的根基。要没有宋人收集古器物的那种殷勤，清代小学的研究，就不会有那种朴实的贡献。甲骨文的发现，适在清古文字学隆兴之后，两相衔接，中国的一切旧学，因此就辟出来一个新的途径。由此而注意发掘及古字以外的考古资料，只是向前进一步的事，可谓一种应有的趋势。再加上自然科学的影响，现代化的考古学就应运而生了。"[2]

观察和比较这些不同的观点，我们可以注意到一个重要的现象：前辈学者中已经有人提出应将中国考古学视为一个连续体，其中既包含西方现代科学考古学所带来的以田野考古发掘为标志的理论与方法，也包含中国传统金石学的内容，两者之间的关系是一个统一的、持续发展的过程，而不是相互割裂开来、无所关联的两个体系。

陈星灿先生在回顾这段历史时，对这些不同的意见和观点进行过总结："随着西方近代考古学思想的传播，以及自上世纪末到本世纪初年外国学者在中国考古活动的开展，使清朝自乾隆以来的在研究范围方面大大拓宽了的金石学又向前推进了一步，由金

---

1 胡肇椿：《考古学研究热潮中现代考古学者应取之态度与方法》，《考古学杂志》1932年创刊号。
2 卫聚贤编著：《中国考古小史》，第1页。

石学而古器物学而考古学，金石学最终汇入考古学中，成为近代科学考古学的一部分。"[1] 我认为，从总体上说，这是一个较为客观的评述，其最重要的变化，是承认金石学是中国"近代科学考古学的一部分"，而不是仅仅将其视为中国近代科学考古学的"前身"。这和李济先生所指出的中国考古学中包含"旧学"的"很厚的根基"，从某种意义而言有着异曲同工之妙。按照我的理解，所谓"很厚的根基"，也就是下面我们将要集中讨论的"中国考古学的古典主义传统"。

我的基本观点是：其一，作为整体性的考古学思想谱系，和西方考古学一样，中国考古学也包含着自身的古典主义传统，但这一传统并不是随着近代西方考古学的传入而带来的欧洲古典主义传统，而是另有其源头。这个源头只能在中国寻找，而不能在西方寻求。早在近代西方考古学传入中国之前，中国考古学的古典主义传统便已经存在于我国源远流长的金石学传统之中。其二，中国近代考古学中的古典主义传统最为直接的来源，就是传统的金石学，但其运用的范围只包括文字出现之后的历史时期考古，而与史前考古无涉。从这个意义上也说明，中国考古学并非完全是西方考古学的"翻版"，其中的历史时期考古由于中国自身的文字和文献传统的独特性，虽然在"古典主义传统"上具有和西方考古学共同的人文追求，但却有着和西方考古学不同的研究方法和发展路径。其三，中国近代考古学的古典主义传统与其

1　陈星灿：《中国史前考古学史研究（1895—1949）》，第52页。

历史主义特征互为表里，即通过金石学"证经补史"的具体实践得到体现，体现出中国传统学术"以史为鉴"的宏大叙事和对史料鉴别考证的精细追求。

当然，如何认识金石学对中国考古学的贡献，还是一个有待进一步深入讨论的问题，但对于前人的认识也还有加以修正的必要。总体而论，考古学有史前考古和历史时期考古（也称为"历史考古"）两大段落，金石学与史前考古几乎无涉，但和历史时期考古却联系紧密。中国的历史时期考古所面临的出土和研究材料最大的特点，是相当多的考古出土或传世材料上具有汉文字，从甲骨文、金文开始，直到后来形成的各种字体与书体。要释读和考辨这些文字的源流演变，认识相关的历史背景，金石学都提供了一整套理论方法和实践案例。

张勋燎先生曾十分精辟地论述："金石学的发达，首先是由我国文明时期历史悠久，连续性强，博大精深，有大量各种不同类型带有文字的实物遗存下来这一特点所决定的。遗物遗迹上的文字，本身就是一种未经后人改动的原始史料。而它出现在遗迹遗物之上，同时又是整个遗物遗迹的一个有机组成部分，是作为其载体和其他没有文字的共存遗物遗迹材料直接的文字说明，是认识遗物遗迹年代、名称、性质、用途、意义等历史情况的可靠依据，是准确联系考古材料和古书记载的纽带。"[1]远在西方近代考古学传入之前，金石学运用这些方法对传世和出土的考古材料所进行的研究，已经取得了巨大的成绩，也为后世中国近代历史时

---

1 张勋燎：《中国历史考古学论文集（上）》，科学出版社，2013年，第6页。

期考古奠定了坚实的基础。在长期实践过程中，金石学"不仅为我们收集、保存了大量的考古材料，得出了大量正确的结论，还为我们创造和积累了大量如何联系古代文献记载研究考古材料的独具特色的研究方法，包括如何认识和判断遗物遗迹的年代、名称、用途、性质、意义等，有的成为迄今仍然行之有效而不可替代的内容"[1]。运用在现代科学考古实践中，大家所熟悉的白沙宋墓、前蜀王建墓、南唐二陵、满城汉墓、中山王墓以及近年来的曹操墓、海昏侯墓的科学考古研究，也都充分采用了这些传统的依据出土材料上的文字、再联系古代文献记载加以考古断代、识别墓主人身份等研究方法。

还需要指出的是，金石学所研究和关注的范畴，实际上也远远不限于以石刻和铜器为主的器物，还包括了大量古代墓葬、城塞、壁画、水利设施等遗迹在内。张勋燎先生在《唐五代时期的金石学》一文中指出："以研究有铭文的石刻和古器物材料为主的金石学，是欧洲近代考古学传入前我国传统考古学的主要部分，但我国旧传统考古学的研究不仅限于金石学的范围，还包括了如墓葬、城址、房宅、壁画等其他古代遗迹方面的内容。过去认为我国旧传统考古学似乎就只是一个金石学，那是不对的。"[2]所论极为中肯。不仅如此，甚至还有金石学者在实地考察的基础上进行了复原研究。如宋代吕大临、吕大防、游师雄、张礼等对陕西汉

---

1 张勋燎：《中国历史考古学论文集（上）》，第6页。

2 张勋燎：《唐五代时期的金石学》，收入氏著《中国历史考古学论文集（下）》，科学出版社，2013年，第1247页。

唐陵墓和长安城遗址组织了相当规模的实地考察，据《长安城图题记》记载，研究者们将实地踏查的结果结合文献旧图所作的复原图，用不同大小比例绘出总图的分图，刻石流传，现代考古学者后来进行的科学考察研究证明，"其准确程度之高是相当惊人的"[1]。所以，过去部分学者认为金石学家们很少从事田野考察，只是"闭门著书"的看法，可能有失偏颇。

考古学的断代研究是考古学的主要任务之一。从西方近代考古学传入的类型学与地层学理论，主要的目的在于以此解决史前考古中没有文字记载的出土材料相对年代早晚关系，包括后来发展起来的放射性同位素C14的断代方法，对于解决历史时期考古的断代问题意义不大，因为这些方法的误差过大。而历史时期考古的断代精确度要求很高，正负数十百年对于史前考古可以接受，但对于历史时期考古则可能导致几个朝代的误差。利用金石学所总结出的断代方法，则可以从出土实物文字与文献记载的年号、干支、官名、地名、避讳等不同的观察点出发，得出远比任何科技方法准确度更高的年代断定，甚至可以精确到年、月、日。即使是对于没有文字的古代遗存，金石学也创造出将有文字材料和共存的没有文字的材料参互比较的方法，得出相对可靠的年代判定。[2]

最后，金石学"证经补史"的目的，和中国考古学的历史主

1　张勋燎：《中国历史考古学论文集（上）》，第6页。
2　笔者在本科和研究生阶段受业于张勋燎先生，先生在其开设的"中国历史时期考古方法论"和"考古目录学"两门课程中，对此做过全面、系统的讲授，使我获益匪浅，这些方法也令我受用终身。

义特征恰好互为表里。所谓"六经皆史"，经也是史，更何况金石学的贡献还绝不仅仅是"补史"。如前所述，金石学主要的研究对象是有文字材料的中国历史时期，通过考证实物上的文字材料，结合文献进行综合研究，以求达成审辨历史事实之真伪、考据历史事实之详略、补充历史事实之缺失，都体现出中国考古学和古史研究与生俱来的密切联系，[1] 也是中国考古学古典主义传统的表征之一。它和欧洲考古学中的古典主义传统一样，也体现出中国考古学的古典主义传统对中华民族、中华文明自身的形成与发展史的关怀，从来就是中国学术的悠久传统之一。

综上所述，我认为上述几个方面构成了中国考古学古典主义传统的主要特点。这一传统主要来源于金石学，并在近代考古学体系中得到继承和发展，成为近代中国考古学的重要来源和组成部分。这些传统及其特点和世界各个古代文明及其学术发展史相比较，既有共性，更有特性，是中国文化深厚根基和独特风格的具体表现。

三　中国考古学古典主义传统的当代价值

从西方考古学传入中国，到中国考古学发展成为今天的一门

---

[1] 北京大学考古文博学院：《考古学与中国历史的重构——为纪念北京大学考古专业成立五十周年而作》，《文物》2002年第7期；朱凤瀚：《论中国考古学与历史学的关系》，《历史研究》2003年第1期；张海：《中国考古学的历史主义特征与传统》，《华夏考古》2011年第4期。

"显学"，已经走过了很长的路。当我们回顾这段历程，既为中国考古学所取得的巨大成就感到自豪，同时也让我们冷静地去反思中国考古学在理论与方法、结构与机理、自身特点与未来走向等方面的若干重大问题，为走向中国特色社会主义新时代的中国考古学提供更多的思考。

应当看到，在中国考古学的史前考古研究领域，西方考古学的理论与方法对于建构中国史前"考古学文化"的时空体系起到了重要作用。在考古学区系文化类型的建立上，中国考古学者以地层学和类型学为基础，以探索考古学时空关系为主要目标，对全国各地出土的大批史前时期的遗址和墓地展开了研究，已经初步建立起中国史前文化的考古学发展序列和文化谱系，为"重建古史"提供了科学的依据。近年来，中国史前考古学研究的重心又开始逐渐转移到史前社会的复杂化问题上来，并由此探索中国文明的起源这一重大问题。由"夏商周断代工程""中国文明探源工程"和"考古中国"这"三大工程"支撑起的由国家大力支持和资助的重大考古课题，也正在不断取得新的突破性进展。20世纪90年代以来，大量新的科技手段进一步被应用到考古学的实践中，科技考古成为考古学研究的新的交叉学科，使得考古学研究的领域大为拓展，发展起动物考古、植物考古、冶金考古、手工业考古等许多新的研究分支，中国考古学在科学技术、方法的运用上已经完全和国际学术界接轨。这些成就的取得是举世瞩目的，也是中国考古学者共同努力的结果。

但是，同时我们也不得不看到，上述成绩主要集中在以旧石器时代考古、新石器时代考古和早期金属器时代为主的、没有文字记载的史前考古阶段，而在进入有文字以来的历史时期考古时，似乎成绩就并不那么显著了。造成这个局面的一个很重要的原因，就在于史前考古和历史时期考古研究对象的不同、研究特点的不同。后者需要更多地继承、吸收中国考古学古典主义传统的丰富内涵和既有成果，然而自从西方考古学传入中国之后，这种古典主义传统在中国考古学体系中日渐衰微，甚至有时已经被视为占据主导地位的"科学的"西方考古学的对立面，从而被排斥在中国考古学的门户之外。

我们可以举出一个例子，就是"夏商周断代工程"所面临的困局。本来，与新石器时代构建考古学文化区系类型相似，夏商周断代工程的目的，也是要通过全面梳理二里头、郑州商城、偃师商城、安阳殷墟等遗址、墓地发现和积累起来的大量考古材料，来整理夏商周时期的文化谱系，建立起一套夏商周考古学文化的分期、分区体系，并与古史记载相对照、整合。但是，这里出现了一个不同于史前考古的新情况，那就是考古学的编年体系和传统文献记载的编年体系之间，出现了顾此失彼、难以周全的情形：考古材料、文献记载和放射性同位素C14的测年这三套体系之间，很难融为一体。[1] 在这种情况下，国际上出现了一种批评的声音，认为中国考古学存在明显的"证史主义""编史倾向"，主张应当把考古学"从当前狭隘的编年体模式中解放出

1　张海：《中国考古学的历史主义特征与传统》，《华夏考古》2011年第4期。

来"，其中代表性的人物可举美国著名历史学家罗泰（Lothar von Falkenhausen）。罗泰先生的主要观点是，迄今中国考古学者并没有充分利用田野考古的丰富潜力，没有设法去寻找那些"只有考古学家才能提供的证据"，而这些证据与书面文献是完全不同的。[1] 一些学者强调了罗泰的这一批评，但是，却忽略了罗泰对于这一问题的更为完整的表述。实际上，他在同一篇论文中还讲到："本文所描述的一些问题在世界范围的历史考古学中是常见的，但是由于中国拥有大量的历史记录和以史籍为中心的文化传统，使这些问题更为突出。当然，从事考古研究故意忽略这些证据是荒唐和不可能的，但是审慎应用文献以设计和处理考古分析，与将这种分析完全按编年史途径设计之间是有区别的。"很显然，他并非全盘否定考古学对史料的运用，而只是强调要掌握好考古研究与史籍之间的关系，在考古分析中审慎地应用文献。在罗泰的文章中，我们还可以读到他对中国传统金石学成就的肯定："几个世纪以来，金石学家在对古器物分类以及铭文释读上获得了巨大的成就。直到今天，大部分考古学家继续采用宋代根据传世祭祀经典所确立的器物名称。这种名称并不相当于严格的分类。李济在他关于安阳发现的著作中，几乎是苦心孤诣地选择新的术语来取代传统的含义（例如用'鼎形器'来代替'鼎'）。……传统金石学家钟爱铭刻，很早就意识到它们能用来纠正传世史籍中的错误。但是他们大部分的工作偏重于纯粹的考证。"所以，即便

---

1 〔美〕罗泰：《论中国考古学的编史倾向》，陈淳译，《文物季刊》1995年第2期。

是站在今天已经日趋全球化的世界考古学立场上，罗泰也充分关注到了中国考古学中存在的这种古典主义传统及其深远的影响，对此持有尊重的态度，而只是对那种片面和狭隘的"证史主义""编史倾向"提出质疑和批评。如果这样来理解和认识罗泰的意见，我想今天的中国考古学者都是可以接受的。今后的夏商周三代考古要走出新的路径，一方面要破除罗泰先生所批评的狭隘的"编史倾向"，充分发挥田野考古的丰富潜力，用考古材料构建坚实的研究基础；但另一方面，则更需要加强考古学者在古文字、古文献方面的实际能力，方可在继承前人丰硕的研究成果的基础上有所进步。

另一个现实的状况是，一方面，随着各地配合国家基本建设，属于战国、秦汉以后的中国时期考古学这个阶段的考古出土资料（如墓葬、城址、聚落、建筑、手工业作坊等各类遗址以及墓碑、墓志、地券、石刻、造像、金银器等各类遗物）被大量发现；但另一方面，对于这些遗迹、遗物的研究水平却总体上不尽如人意。与一批具有深厚"旧学"根基的前辈考古学家相比，不少年轻一代的考古学者在古文字、古文献以及相应的考古目录学、版本学等方面均缺乏基础的训练，对于有文字的历史时期考古材料往往望而生畏，感到无从下手，释读考古所出土文字材料的能力较为低下，发表的考古报告中涉及的文字释读错误较多。

更为严重的问题还在于，在历史时期考古阶段，实际上出土考古材料中的文字材料往往都与相关历史"原境"之间存在着或多或少、或明或暗的联系，成为释读考古材料与其所处历史背景之间关系的最为关键的线索，可以通过文献材料的对比来揭示其间的关系。其中一些具有重大研究价值的出土器物及其上面的铭文往往还直接、间接地涉及历史上的重大事件、重要人物、重要制度等，与时代的变迁和文明的交流密切相关。但是，由于上述原因，我们的不少研究者对于中国传统文化的认识和理解还停留在较低层面，缺乏"透物见人、以小见大"的历史视野和敏锐的观察力，与这些重要的考古发现相适应的、有较高质量的研究成果还并不多见。一个显著的例子，就是每年评选出的"全国十大考古新发现"当中所涉及的历史时期考古项目，真正能够持续地看到有重要研究成果推出的并不多见，许多"十大考古新发现"在获得名誉之后便销声匿迹、石沉大海。这也从一个侧面反映出当前历史时期考古的研究现状和水平。

也正是因为古典主义传统的不断弱化、中断甚至缺失，当前中国历史时期考古和史前考古相比较，在"重建古史"方面取得的成绩似乎远不如后者突出，中国传统学术的宏大叙事和历史观照都无法在历史时期考古中得到很明显的体现。在中国文明起源、形成、发展的特殊轨迹以及中外文明交流这两条中国历史时期考古最为重要的主线上，考古学家做出的贡献也十分有限。近年来，方有学者开始关注考古学与"古代中国"社会主导文化、国家文化认同之间的关系，提出要从历代的都城文化、帝王陵墓文化、礼制文化等诸多方面加以考察，寻求中国文化的"历史文化基因"和"根文化"等一系列重大的学术命题，[1] 这也可被视为对当前历史时期考古"碎片化"现状的一种反思。

最后，再从中国考古学的学科体系和理论方法而论，由于存在着史前考古和历史时期考古两大段，史前考古中地层学和类型学理论的运用，对于判定没有文字的出土考古材料的相对年代早晚关系是适用的；但对于历史时期考古而言，面对各种文字材料的发现，如何有效地运用地层学和类型学的理论与方法，就成为一个尚待在科学实践中进一步探讨的问题。无论是对于考古学材料的断代、排年还是分期，如前所述，历史时期考古学都有一套源自古典主义传统的、更具有实效性的方法可以参考利用。但试看当下有关历史时期考古的论文写作，生硬地照搬史前考古的类型学方法，"为分型分式而分型分式"的套路仍然难以避免，似乎非此就不是"正统的""科学的"考古学，完全丧失了考古研究的最终目标。

西方近代考古学传入中国至今，所产生的影响极为深远，它带来了中国考古学革命性的变化，使之成为现代科学考古学并与国际学术界接轨。近年来，对于西方考古学理论的引进、吸纳与运用的热潮也正方兴未艾，促进了中国考古学自身理论构建的思考。但是，结合中国考古学的具体实践，从中国古典主义考古学传统中升华和提炼宝贵的历史经验，我认为具有同样重要的意义。某种意义上而言，这是中国考古学整体性结构中不可或缺的

1　刘庆柱、韩国河:《中原历史文化演进的考古学观察》,《考古学报》2016年第3期。

重要来源和组成部分，舍此便不成其为中国考古学。习近平总书记在党的十九大报告中提出要推动中华传统文化创造性转化、创新性发展，"不忘本来、吸收外来、面向未来，更好构筑中国精神、中国价值、中国力量"[1]，这为中国考古学未来的理论建设指明了前进的方向。在当前考古学学科理论、学科体系、学术话语的建构过程当中，在吸收西方考古学理论体系的同时融入中国古典主义考古学的文化传统与历史基因，也成为新的时代摆在中国考古学面前的一个重大的命题。

今天，我们正处在一个新的时代，中国考古学也迎来了她的新的历史机遇。党的十九大报告中，习近平总书记深刻指出："文化自信是一个国家、一个民族发展中更基本、更深沉、更持久的力量。"[2] 重新审视中国考古学的古典主义传统这份珍贵的历史遗产，我们的态度是从这一具有中华文化深厚根基的传统当中去加以整理、扬弃、吸收和继承呢？还是将这一传统继续置于当代考古学的学术体系之外，身在宝山却空手而返呢？

相信中国考古学者一定会认真地思考和回答历史留予我们的这个命题。

（原载《思想战线》2019年第6期）

---

1 习近平:《决胜全面建成小康社会，夺取新时代中国特色社会主义伟大胜利——在中国共产党第十九次全国代表大会上的报告》，人民出版社，2017年，第23页。
2 同上书，第23页。

名实之间：关于中国考古学研究"范式"的讨论

现代意义上的考古学是指以田野考古方法获取实物资料，并用以研究古代人类和古代社会的一门学科。学术界一般认为其发源于西方并从西方传入中国，而有别于此前中国本土已有的"金石学"。金石学至多被认为是"中国考古学的前身"。最具权威性的表述为《中国大百科全书·考古学》"考古学"词条中所述："考古学的产生有长远的渊源，但到近代才发展成为一门科学。近代考古学发祥于欧洲，以后普及到世界各国。北宋以来的金石学是中国考古学的前身，但直到20世纪20年代，以田野调查发掘工作作为基础的近代考古学才在中国出现。作为一门近代的科学，考古学有一套完整、严密的方法论。"[1]在这样的定义之下，近代以

---

1 《中国大百科全书·考古学》，第1页。

来的"考古学"被认为包含着三个层面的含义:"第一种含义是指考古研究所得的历史知识,有时还可引申为记述这种知识的书籍;第二种含义是指借以获得这种知识的考古方法和技术,包括收集和保存资料、审定和考证资料、编排和整理资料的方法和技术;第三种含义则是指理论性的研究和阐释,用以阐明包含在各种考古资料中的因果关系,论证存在于古代社会历史发展过程中的规律。"[1]

中华人民共和国成立以来,中国考古学者坚持以马克思主义为指导,开展了卓有成效的考古学田野工作,足迹遍布祖国的陆疆与海疆,甚至走出国门,在上述考古学的三个层面上都取得了令世界瞩目的发展和进步。尤其是改革开放以来,中国考古学与西方考古学的交流走上正轨,不断引进和借鉴西方考古学的理论与方法来开展本土实践,一批受到西方系统学术训练或者深刻影响的考古新人更是十分活跃地对既往的中国考古学现状——尤其是考古学理论与方法——展开了一系列回顾与反思,[2]促使如何构建具有中国特色的考古学研究理论体系这个问题在新的时代背景之下越来越具有紧迫感和重要性。其中,关于考古学研究中"范式"的讨论,也再次成为一个热点议题。

---

1 《中国大百科全书·考古学》,第1页。

2 其中具有代表性的论文如陈胜前:《中国考古学研究的范式与范式变迁》,《中国社会科学》2019年第2期;陈胜前:《文化历史考古的理论反思:中国考古学的视角》,《考古》2018年第2期;张海:《中国考古学的历史主义特征与传统》,《华夏考古》2011年第4期等。

一 范式的意义及其与考古学的关系

"范式"这一概念最初是由美国哲学家托马斯·库恩（T. S. Kuhn）提出的，其主要定义包括法则、理论、应用和指南在内，为"特定、完整的科学研究传统"提供模式的广为接受的科学实践规范。[1]近年来，在理解库恩提出的"范式"时也有国内学者进一步解释："它相当于一种思维框架或概念纲领，所有材料收集、分析都围绕它来开展。"[2]并具体阐释这种范式是"科学共同体的信念，这种共同的信念建立在某种公认并成为传统的重大科学成就（如牛顿的万有引力说、达尔文的进化论等）基础上，为共同体成员提供把握研究对象的概念框架、一套理论和方法论信条，一个可供仿效的解题范例，它规定了一定时期中这门科学的发展方向和研究途径，同时也决定着共同体成员的某种形而上学的信念及价值观"[3]。按照这种解释，"范式"似乎已经成为科学研究中最顶层的理论纲要和行动指南。

事实上，库恩提出的科学研究中的"范式"，起初只是针对自然科学而言。所以在很长的一段时间里，西方考古学家在阐释考古学理论的时候，并没有采用这个概念，而是各有其表述方式。一些学者甚至认为："一个学科可能同时存在功能显著不同的

---

1 〔加〕布鲁斯·崔格尔：《考古学思想史》，徐坚译，岳麓书社，2008年，第4页。

2 陈胜前：《文化历史考古的理论反思：中国考古学的视角》，《考古》2018年第2期，第69页。

3 陈胜前：《当代西方考古学研究范式述评》，《考古》2011年第10期，第85页。

范式。范式之间可能只有松散的联系，也可能按照不同的速度发生变化，并逐渐而不是突然导致整体性变迁……在任何时代，没有任何一种类型可以单独构成一个时代的范式。"[1] 从西方考古学思想史的视角，我们也可以将范式理解为一种思潮、一种流派，或者是一种"高级阐释"的理论，大致相当于前面考古学定义之下的第三个层面——理论性的研究和阐释。

扼要地回顾西方考古学的思想发展史，我们不难发现，各种思潮、流派和理论在不同的历史发展阶段呈现出纷繁交织的场景。由于研究主体考古学本身的复杂性，处于竞争中的不同派别存在着较之自然科学更多的学派和相互竞争的范式。

从欧洲最初的古物学当中，发展出历史学的"中世纪范式"，将史前坟墓和巨石文化纪念碑等遗迹与《圣经》和上帝创世神话相联系，将人类所有的事件视为一系列具有宇宙观意义的偶发事件的组合，而这些事件都是"上帝预设的结果"。14世纪以来欧洲文艺复兴和启蒙运动兴起，进化论思想广泛传播，促使欧洲古典学中萌生了"史前考古学"和"古典考古学"两大支柱，曾被视为天上降下的"雷石"和"精灵的螺钉"之类的石器被确认为新石器时代的石斧和尖状器；墓葬、巨石圈之类的遗迹开始和文献记载中的各国历史相联系，也有考古学者将这一时期的研究路径视为"启蒙范式"[2]。

---

1 〔加〕布鲁斯·崔格尔:《考古学思想史》，第5—6页。

2 同上书，第45—49页。

考古学研究范式革命性的变化始于19世纪。19世纪上半叶，丹麦学者汤姆森（C. J. Thomsen）尝试将收藏中的史前古物编排进三个连续的时期，即后来著名的石器、铜器、铁器"三段论"，充分体现了当时早期人类发展进化主义的观点，被史家认为是"一个不依靠文献材料的有效编年体系的奠基工作"[1]。19世纪下半叶，随着民族主义和国家主义在欧洲各地的兴起，加之以采用传播论和移民论来解释文化变迁的风气日盛，瑞典考古学家蒙特柳斯（Gustay Oscar Montelius）在汤姆森之后发展出考古类型学的方法，开始注意到欧洲各地不同类型器物的形态和纹饰的变化，试图在此基础上推导并校正一系列地区性的编年。而英国民族学家泰勒（E. B. Taylor）也在其《原始文化》（*Primitive Culture*，1871）一书中提出"文化"这个概念，并且将其定义为"包括知识、信仰、艺术、道德、法律、习俗和其他人类作为社会成员所获取的能力和习惯的综合体"[2]。这就使很多欧洲考古学家认为，由地理和空间所界定的史前考古器物组合，与族群认同之间是可以相互联系的，由此在中欧及其邻近地带首先产生出"考古学文化"概念。

20世纪初叶，马克思主义考古学家戈登·柴尔德（V. Gordon Childe）进一步发展了对于"考古学文化"的理论阐释和具体实践，认为"文化—历史方法"有能力研究和阐释考古学记录中的

1　〔加〕布鲁斯·崔格尔：《考古学思想史》，第59页。
2　同上书，第136—137页。

时空变化，可以利用考古资料的分类、年代学走向"文化重建"。这种"文化—历史"研究取向影响越来越广泛，1910年以后也发展到北美。如同特里格所说："这种类型的考古学在世界各地都深受欢迎。族群和国家都渴望更多地了解他们自身的史前史。这种知识在弘扬集体荣誉感，促进集体稳定上意义重大，同时也有助于经济和政治的发展。对于那些过去深受殖民主义历史学和考古学忽视或者贬低的民族来说尤其重要。"[1] 这一研究范式因其以考古学文化的研究为主体，对于建立不同国家、不同地区的考古学时空框架起到直接的推动作用，也对中国史前考古学产生过重要影响。国内甚至有学者认为，从20世纪80年代至今，中国考古学研究的主流范式仍然是"文化—历史"考古学。[2]

20世纪以来，和西方考古学的发展并驾齐驱的，还有苏联时期以马克思主义为指导的考古学理论范式的产生，这是过去某些研究者有意或者无意加以忽略的部分。苏联是第一个在马克思主义历史唯物主义和辩证唯物主义的理论框架内阐释考古学资料的国家，十月革命胜利后，将原沙俄物质文化研究院更名为国家物质文化史研究所（CAIMK），并在莫斯科大学、列宁格勒大学等设立考古系，培养大量考古学专业人才。苏联时期的马克思主义考古学理论主要建立在三个重要的基点之上：其一，用生产力与生产关系之间的矛盾来阐释社会发展进步的动因。其二，以马克

---

1 〔加〕布鲁斯·崔格尔：《考古学思想史》，第173页。

2 陈胜前：《中国考古学研究的范式与范式变迁》，《中国社会科学》2019年第2期，第189页。

思、恩格斯对摩尔根（Morgan）《古代社会》的研究以及《家庭、私有制和国家的起源》所提出的单线式社会经济发展模式，以及"三种社会形态"和"五个社会发展阶段"来揭示和判断某个考古学文化所从属的发展阶段、社会性质，并寻求社会变迁的规律。其三，是马克思主义民族理论中对于民族志的关注，利用考古学资料寻找和区分"民族认同""民族起源""民族文化"等问题。[1]苏联时期考古学对于1949年以来中国的考古学理论体系的建立影响甚大，是20世纪50年代以来曾经在中国考古学界占据主要地位的一种理论阐释模式。

20世纪30年代开始，"功能主义"开始成为英国和美国人类学研究的一种主要潮流，主张从文化环境与变化的内因和外因来考察社会的变迁。"过程主义考古学"也随之成为一种潮流，考古学家们不仅要研究遗物和遗迹的形制特征，而且开始关注其功能（function）与过程（process），用以研究文化的发展过程，解释文化变化的原因与机制。[2]与此前相比较，特里格认为这个变化的特征在于："文化—历史方法揭示了文化的时空分布和文化间相互关系的基本框架，在文化的内部特征的系统研究上得到功能主义的补充和完善。"[3]过程主义考古学的兴起，同时还催生了一批考古学"中程理论"，如实验考古、民族考古、环境考古、生态考古等，

1　〔苏〕А. Л. 蒙盖特（А. Л. МОНГЕЙТ）:《苏联考古学》，中国科学院考古研究所资料室译，内部资料，1963年，第4—30页。

2　陈胜前:《考古学的文化观》，《考古》2009年第10期，第61页。

3　〔加〕布鲁斯·崔格尔:《考古学思想史》，第243页。

甚至还开始进入以往很少涉及的精神领域考古。[1]

20世纪60年代，新进化主义理论在考古学中得到应用，以路易斯·宾福德（Lewis Binford）为代表的一批年轻的考古学家领导潮流，"新考古学"走上舞台。那么，"新考古学"到底"新"在哪里呢？与此前的考古学理论和流派相比较，他们"以进化论思想为指导，从系统论角度看待遗存所反映出的文化和社会，运用演绎逻辑的类比、统计方法，探讨不同时空人类文化的异同的文化发展过程"[2]。尤其是在研究方法上，新考古学派提出先假定模式，再抽样验证、演绎规律的解释程序，也和传统考古学以归纳、统计为主的方法有所区别。新考古学虽然流行的时间不长，在20世纪70年代末即走向衰亡，但其影响却十分深远。尤其是在20世纪80年代以后，新考古学的影响也波及正处在改革开放时代的中国，曾引起过中国考古学界积极的介绍和热烈的讨论。[3]

继"新考古学"之后，西方考古学的理论不断推陈出新，层出不穷，进入一个"多样性阐释"的新阶段。欧洲出现了社会考古学、认知考古学、后过程考古学、新马克思主义考古学等不同流派。[4]这些流派的形成及其特点，从总体上而言可被视为20世纪

1　陈胜前：《当代考古学概念的构建》，《南方文物》2012年第4期，第34页。

2　杨建华：《外国考古学史》，第187页。

3　这场讨论由考古学家俞伟超先生主导，可参见其为中国历史博物馆考古部编《当代国外考古学理论与方法》一书所撰写的序言，三秦出版社，1991年，第1—10页。

4　杨建华：《外国考古学史》，第190—214页。此外，陈胜前则将当代西方考古学研究归纳为八个范式，包括文化—历史范式、过程主义范式、生态范式、进化范式、能动性范式、马克思主义范式、历史与艺术考古范式等，参见氏撰《考古学研究的问题来自哪里？》，《南方文物》2013年第2期，第98页。

60年代以来过程主义考古学的后续发展，它们力图从不同的方面和角度去弥补其不足。其中影响较大也被学术界批评最多的是后过程主义考古学，它质疑考古材料的客观性，强调人的能动性，具有三个主要特征：第一个特征是它的结构主义和象征理论，强调人类行为受信念和符号概念所控制；第二个特征是将"读史"和了解遗存的意义（meaning）作为研究的目的，为此强调考古遗存所在背景（context）的研究与诠释；第三个特征是把人作为一种能动因素来看待，强调意识形态的能动作用。[1]如同西方学者指出的那样，西方考古学理论近年来一个最为显著的转变，是从"纯真的实证主义转向了影响深远的相对主义"[2]，这也引起了考古学家们更多的反思。如戴维·克拉克（David L. Clarke）在1973年发表了《考古学：纯洁性的丧失》一文，重新提醒人们反思"作为考古学的考古学"的终极研究目标究竟应当如何设定。下列问题被重新提上议程：考古学究竟是"人类学的考古学"还是"历史学的考古学"？在考古材料、考古学理论与方法等学科之内的"内部话语"和超越考古学领域、运用更广泛的阐释考古材料的社会科学理论"外部话语"之间，考古学家应当如何对接？

回顾西方考古学思想史的变迁，也让中国考古学者不得不思考这样一些基本问题：中国考古学是否也和西方考古学一样，经历过不同研究范式的演进？如果的确存在着这些范式，那么它们

1　杨建华：《外国考古学史》，第206—207页。

2　〔加〕布鲁斯·崔格尔：《考古学思想史》，第321页。

是否是西方考古学范式的"中国翻版"？这些西方考古学的研究范式对于中国考古学理论体系的构建具有什么借鉴意义和价值？

二　关于中国考古学研究范式的历史进路

无可否认，近代中国考古学是从西方传入的，如同欧洲一样，中国考古学形成之初便与地质学、生物学等学科密切相关，一批早期从西方学成归来的中国考古学家（如李济、梁思永、夏鼐等人），自然也就将西方考古学的一些理论、方法带到了中国。例如，当时流行于西方的进化论、传播论也对中国考古学产生了直接的影响。但是，这却并不意味着中国考古学的研究范式也同样是步西方考古学研究范式之后尘而发展、变迁的。完全套用西方考古学的研究范式来观察和理解中国考古学的理论创建和在此指导之下的研究实践，也未必符合中国考古学的客观实际。这是因为，西方考古学所经历的历史文化背景、文字和文献传统、关键信息的选择、主要研究对象和研究目标的设定等方面，都和中国考古学大相径庭。

追根溯源，西方考古学"范式"的提出，大多是从文献编年相对比较薄弱的国家和地区首先开始的，而主要研究的对象，则是没有文字记载的史前考古。但对于中国考古学而言，从其接受西方近代考古学之始，它所要研究的对象，就既有史前考古，也包括历史时期考古，也就是今天中国考古学者常说的"前段"与"后段"（在这两大段之间，也有学者提出还有一个"原史考古"[1]）。中国是一个有着长期形成的、不曾中断过的文字系统和文献编年系统的国家，这一点和西方世界古代文明有着根本性的区别。虽然在考古学初传入中国之时，中国古文献记载的古史编年体系在近代"新史学"运动中正在受到以顾颉刚先生为代表的"疑古"风潮的挑战，顾颉刚所提出的"层累地造成的中国古史"观也在很大程度上颠覆了传统的古史编年体系，但"重建古史"却同时成为狭义历史学（文献史学）和近代考古学共同追求的高层目标，这就决定了中国考古学从一开始在研究目标和基本范式上就有别于西方考古学。学术界一般认为，中国考古学诞生的标志是20世纪二三十年代由中央研究院历史语言研究所主持的河南安阳殷墟遗址的发掘。这次发掘中，田野考古工作的基本方法来自近代西方考古学，但研究的基本范式却是将发掘材料与甲骨文、《史记》等文献记载的殷商史相互对照，希望通过系统、科学的考古发掘来重建殷商史，[2]并由此上溯到殷商史之前的新石器时代仰韶文化，以探寻中国早期文明的源头。

这样一种研究范式具有中国考古学独特的历史根性，在史前考古领域，从20世纪初的殷墟发掘开始，可以说一直延续至今。

1　如朱凤瀚认为，关于"原史"（protohistory）一词，当前中西学界有不同的解释，西方一般是指处于史前与历史时期之间的一个过渡阶段。而在中国，有学者认为这一阶段的下限，应该包括典籍中记载的夏代。"因为迄今为止，我们还不能确切证明夏代已有了真正的文字。"参见朱凤瀚：《论中国考古学与历史学的关系》，《历史研究》2003年第1期，第16页。

2　李济：《再谈中国上古史的重建问题》，《历史语言研究所集刊》1962年第33本，第351—370页。

虽然在中华人民共和国成立初期曾经也一度受到苏联考古学的影响，以物质文化史作为研究对象，以"三种社会形态"和"五个社会发展阶段"等马克思主义理论来揭示和判断某个考古学文化所从属的发展阶段，但"重建古史"的高层目标却始终未曾改变。20世纪70年代以后，在夏鼐先生等前辈学人所倡导的"考古学文化"研究的基础上，苏秉琦先生首先提出了"区系类型"理论，成为中国新石器时代考古具有重大指导意义的研究范式。如同已有学者所指出的那样，苏秉琦先生提出的中国新石器时代考古"区系类型"理论，其基础仍然是对战国秦汉以来中国统一多民族国家历史形成过程、历史脉络的宏观思考，其最终目标仍然是探讨中国文明起源的历史轨迹。[1] 此后，苏秉琦先生进一步发展了"区系类型"理论，提出中国文明起源"三步曲"，即"古国""方国""帝国"三个发展阶段，以及"原生型""次生型""续生型"三种模式，形成对中国文明形成与发展的考古学文化谱系和文献历史的宏观思考。他总结说："区系类型的研究是一项通过考古实践得出认识，然后又回到实践中去接受反复检验并在高一层次的基础上指导实践，不断丰富、发展、深入研究的系统工程。其最终目的是从宏观上阐明把中华民族凝聚到一起的基础结构。"[2] 很显然，中华人民共和国成立后，以夏鼐、苏秉琦为代表的一批考古学家所要努力建设的史前考古理论范式，和西

---

1 张海：《中国考古学的历史主义特征与传统》，《华夏考古》2011年第4期，第140页。
2 苏秉琦：《关于重建中国史前史的思考》，《考古》1991年第12期，第1109—1117页。

方考古学者提出的范式在路径和方法上是有所不同的。20世纪80年代以后，在各种现代科技手段支撑之下的国家级考古项目，如"夏商周断代工程""中华文明探源工程""考古中国"等重大项目，从本质上讲，其最终目标仍然是中国考古学家围绕着各地考古学文化发展谱系的特征，以及由此而导引的社会复杂化、发展过程中区域间的交流互动，与文献记载体系相互观照、印证，来建构中华民族统一的多民族国家形成过程的高层理论。

最近，有学者将这一时期的中国考古学研究范式纳入西方考古学理论体系当中，认为苏秉琦先生提出"区系类型"的学说，是西方"文化历史考古范式"在中国"正式形成"的标志，主张从20世纪80年代至今，"文化历史考古无疑是中国考古学研究的主流范式"。[1] 这样的说法从表层来看，似乎有其合理的因素，因为从西方考古学的这一研究范式的逻辑程序上观察，"区系类型"理论也是从准备、材料获取、分析、解释、整合、比较、抽象等步骤出发，最后来构建"考古学文化"的概念。而"这个概念除了具有时空框架的意义之外，同时具有指示社会人群的意义"[2]。在这个层面上，它和中国新石器时代考古中"考古学文化"的研究理论具有相同的表征。但是，若从更深层面来观察，西方考古学的"文化历史考古"范式缺乏中国史前考古研究范式中对于固有

1　陈胜前：《中国考古学研究的范式与范式变迁》，《中国社会科学》2019年第2期，第189页。

2　陈胜前：《文化历史考古学的理论反思：中国考古学的视角》，《考古》2018年第2期，第68—78页。

古史文献传统体系的观照和整合。它对于解决考古学的时空框架是有贡献的，即可以说明"何时"与"何地"的问题，但却无法完全胜任"如何"与"为何"的阐释。这和苏秉琦先生的"区系类型"理论所要追求的更高层次的学术目标及其阐释路径，不可完全等量齐观。此外，从中国史前考古学的长期具体实践来看，从历史文献的研究中去寻求考古工作的线索与实证，以及传统的文献史学所引导的宏大历史视角作为考古学研究的高层目标这两大特点，[1] 也和西方考古学的"文化历史考古"范式有着明显的区别。

如果说西方考古学研究的各种"范式"（包括前文所介绍的"文化历史考古范式""过程主义考古范式""后过程主义考古范式"等）对于没有文字记载的中国史前考古，尤其是新石器时代考古还起到过一些直接或者间接的影响的话，在进入中国各个有文字记载的历史时期考古时，这些"范式"则影响甚微。和史前考古相比较，中国历史时期考古的直接源头甚至可以说主要不是西方的近代考古学，而是中国传统的金石学。

早在近代考古学传入中国之前，和欧洲的"古物学"一样，中国从汉唐时代开始，实际上已经有了古典主义的考古学，即所谓"金石学"。张勋燎先生曾经指出："金石学研究的对象是有文字以后阶段的材料，属于历史时期考古的范围，而与史前考古完全无涉，只能说金石学是中国近代历史时期考古学的前身，而

---

1 张海：《中国考古学的历史主义特征与传统》，《华夏考古》2011年第4期，第139页。

不能笼统地说金石学是近代中国考古学的前身。近代欧美考古学传入以前，中国考古学研究的对象远不限于石刻和以铜器为主的器物，还包括了大量古代墓葬、城塞、壁画、水利设施等遗迹在内，在实地勘察的基础上进行复原研究，做了许多工作，取得了辉煌的成绩。"他首次提出应当将中国传统的金石学称为"中国古典考古学"，认为"中国古典考古学是中国近代历史时期考古学的前身"[1]。

和史前考古相比较，由于中国具有历史悠久、连续不断的文字和文献体系，历史时期考古学从研究对象来看，无论是遗物还是遗迹当中都保留下来许多不同类型的带有文字的考古遗存。这些遗物和遗迹不仅本身就是未经后人改动过的、原始的考古材料，同时还可以成为佐证与之同时出土的其他没有文字的共存遗物、遗迹的直接的文字说明，"是认识遗物遗迹年代、名称、性质、用途、意义等历史情况的可靠依据，是准确联系考古材料和古书记载的纽带"[2]。历史时期考古的断代方法也和史前考古有很大的不同，曾经被誉为在考古学研究中具有"革命性"意义的放射性同位素C14断代方法，由于其存在的可允许的误差值往往达到百年以上，在历史时期考古中可能会是几个朝代的出入，其意义和利用价值也大为下降。而历史时期考古充分利用传统金石学所总结和流传下来的一套断代方法，则可以从古史纪年的年号、朔

1　张勋燎：《中国历史考古学论文集（上）》，第5页。

2　同上书，第6页。

闰干支、官名、地名、避讳等不同的因素出发，将所要研究的对象的年代精确到公元纪年的年、月甚至日，[1] 这是任何科技考古所采用的自然科学方法都无法企及的。

正是由于中国历史时期考古学的直接源头是传统的金石学（也就是前文所说的"中国古典考古学"），所以它能够继承金石学中的许多研究成果。例如，对于商周青铜器的器名、纹饰、功能等方面的研究，至今仍然大量沿用了金石学研究的成果；通过对于各个历史时期出土的墓碑、墓志、地券等石刻材料的释读，金石学为后世提供了具有很高学术水平和参考价值的样本。金石家们甚至也和今天的考古学们一样，走出书斋，来到田野，对历史时期考古中的陵墓、城址等进行实地测绘、考察和记录，如吕大临、吕大防、游师雄、张礼等金石学家就曾经组织过相当规模的对唐长安、汉唐陵墓、长安城遗址的田野考察，为后世留下了《长安城图题记》等记载，这些金石著作的勘察结论"经新中国成立后科学考察研究证明，其准确程度之高是相当惊人的"[2]。

当然，无可否认，这个时期近代西方考古学还没有传入中国，金石学家们所做的田野工作与西方考古学利用地层学、类型学理论与方法所开展的科学实践相比较，还存在着很大的局限性。但客观而论，他们已经为后来的中国历史时期考古收集、保

---

1 四川大学考古系长期由张勋燎教授主讲"中国历史时期考古研究方法论"，对于这些断代方法有过系统、全面的总结和传授，笔者曾经多次受教，获益匪浅。

2 张勋燎：《中国历史考古学论文集（上）》，第6页。

存了大量考古材料，开展了多个领域卓有成效的先期研究，得出了许多正确的结论。在研究方法上，他们也为后世开创了将考古材料与历史文献记载高度整合，并将其置于历史背景之中加以考察和阐释的学术路径。这些成果，也是远远早于任何西方考古学的"范式"而存在于古代中国学术体系之中的。朱剑心先生曾经评论说："案金石之学，实为研究中国三代以下古器物文字之学……而研究者大抵局限于古器物之本身，仅足为证经订史之一助，与今日所谓考古之学，以唯物主义之眼光，从各种古物以研究古代文化之发展过程，而务其远者大者，固自有别。然其学为中国过去考古学之核心，千百年来，学者萃其精力于名物制度之考订，铭刻文字之训释，其有稗于学术文化者，功亦匪细。"[1]朱先生在这里所说的金石学为"中国过去考古学之核心"这个观点，是对传统金石学与现代历史时期考古学之间的关系做的一个相当正面的肯定，我认为也是公允之论。

长期以来，考古学界在讨论中国考古学研究范式这一话题时，实际上主要还局限在史前考古研究，很少涉及历史时期考古这个时段。究其原因，我们曾经推测可能与以下几个因素有关。第一，包括现代考古学在内的所有现代学科体系是近代西方的舶来品，其中必然会体现着西方的学术传统和问题导向。现代考古学诞生的欧洲，考古学要解决的主要问题仍然还是人类起源、农

1 　朱剑心：《金石学》，文物出版社，1981年，第1页。

业起源（农业革命）、文明起源这三大史前考古的命题，欧洲古希腊、古罗马以及后来历史时期的考古材料与问题的研究，都显然不是欧洲考古学的主要阵地，更多的关注反而来自艺术史与古典学。这些"先天"的基因不可能不遗传到中国考古学当中。第二，近代考古学传入中国之时，正值近代中国在西方"民族国家"兴起的背景之下，面临国家、民族存亡危机的落后、屈辱的时期，中国考古学必然会承担起建立民族自信心和自尊心，寻找中华文明一脉相承、中国文化源远流长、中国文明连续不断的考古学证据的重任，"重建古史"——尤其是重建中国上古史——成为中国考古学最紧要、最迫切的任务。而历史时期考古学显然在这一任务总体上，不会如同史前考古学那样做出太大贡献，因而声音式微。第三，20世纪50年代之后，中国历史学的主流均围绕一系列宏观历史问题展开，主要关注点集中在古史分期、中国政治史、制度史等方面，而在这些领域，历史考古学显然参与度较低，影响面不大。[1]

但是，这并不意味着在历史时期考古领域，中国学者缺乏宏观理论的思考。著名历史考古学家徐苹芳先生对于历史时期中国考古学分区研究的尝试，[2] 俞伟超先生对中国古代墓葬制度发展经

---

[1] 霍巍、王煜：《关于历史考古学研究的几点思考——〈文物、文献与文化——历史考古青年论集（第一辑）〉序》，收入王煜主编：《文物、文献与文化——历史考古青年论集（第一辑）》，上海古籍出版社，2017年，第2页。

[2] 徐苹芳：《中国历史考古学分区问题的思考》，《考古》2000年第7期。

历"周制""汉制"与"晋制"的"三阶段论"构想，[1] 宿白先生
对于中国石窟寺考古研究的理论、方法的建构及其具体实践，[2] 都
是在中国历史时期考古鲜明的史学传统和金石学传统之下，力图
构建历史时期考古学高层理论体系的重要实践和重要过程。这当
中，尤其是宿白先生对于中国石窟寺考古理论和实践的贡献，可
以说已经成为一种历史时期考古中针对石窟寺这一专门领域考古
的研究范式。对此徐苹芳先生曾做过详细的评述，讲过一段很长
的话，谈及中国历史考古的特点：

> 中国考古学家应如何对待历史文献，是研究中国历史
> 考古学的一个首要问题。凡属根据历史文献确定了的历史史
> 实，是不可变更的。具体的史料则鉴别其真伪价值，因此，
> 研究中国历史考古的学者，应当具备史料学的知识和鉴别能
> 力。虽然，考古学的研究对象和方法与历史学不同，但历
> 史考古学在断定具体年代和解释内容变化时，一定要利用历
> 史文献资料，包括考古发现的碑刻铭记资料在内，这是历史
> 考古学所必要的内容和手段。中国历史考古学在运用类型学
> 时显然与史前考古学有所不同，历史时期的社会文化是复杂

1　俞伟超：《汉代诸侯王与列侯墓葬的形制分析——兼论"周制""汉制"与"晋制"的
　　三阶段性》，原载《中国考古学会第一次年会论文集》，文物出版社，1980年，第
　　332—337页；后收入氏著《先秦两汉考古学论集》，文物出版社，1985年，第117—
　　124页。

2　宿白：《中国石窟寺研究》，文物出版社，1996年。

的，类型学的排比有时并不反映它们的真正内在联系，我们必须把考古发现的遗迹遗物置于大的历史环境之内，按照不同对象，分别予以解释。[1]

这可以说是对中国历史时期考古（即徐先生所言的"中国历史考古"）特点的一个很好的总结，也是对历史时期考古研究方法的严肃思考。有学者认为，这些讨论还主要局限在方法论上，中国考古学的发展在不同历史时期有不同的具体研究任务，但早年殷墟发掘为中国考古学所确立的最高目标，即"重建古史"却始终如一，从而中国考古学者们所提出的各种理论也都是围绕着如何重建古史而展开。从这个意义上说，中国考古学的理论建设基本被限定在了方法论的层面，缺乏西方考古学对考古学的认识论和本体论的高层理论建构。[2] 而笔者认为，这反而恰恰表明中国考古学者对于中国考古学——尤其是历史时期考古学——的主要传统和特征有着自身清醒的认识，能够充分认识到中国考古资料的特殊性和中国历史文化的延续性，对于构建具有中国特色的考古学理论体系有着理性的思考，并且不断进行科学的探索和实践，朝着这个目标努力前行，并不盲从于西方考古学的任何"范式"。但是，这也绝非意味着中国历史时期考古学者会闭目塞听，完全排斥对于西方考古学范式的认知。我们可以关注西方各种考

1 徐苹芳：《中国石窟寺考古学的创建历程——读宿白先生〈中国石窟寺研究〉》，《文物》1998年第2期，第61页。
2 张海：《中国考古学的历史主义特征与传统》，《华夏考古》2011年第4期，第142页。

古学流派、理论和思潮的发展与争论，对其中合理的成分也可以加以借鉴（如近年来西方艺术史、社会史介入历史考古学的例子就很多），但却并不需要从西方考古学固有的"范式"中去寻求某种"高层理论"的支持。如同张勋燎先生所言，"企图完全照搬欧美近代考古学的方法来研究中国考古，恐怕真正科学的中国历史时期考古体系是永远无法建立起来的"[1]。在中华人民共和国成立后、考古学走过70年历程的今天，重温前辈学人的这些思考和论述，无疑是颇有启迪意义的。

三 余论：建构中国考古学研究范式的未来之路

在近年来有关中国考古学研究范式与范式变迁的讨论中，出现了一个值得注意的现象，即将中国考古学曾经走过的道路以及具体的实践过程都整体性地纳入西方考古学的范式当中加以考察，如将其划分为"马克思主义指导下的中国考古学研究""文化—历史考古学""功能主义考古学""古典—历史考古学"等"范式"来和西方考古学的发展路径与理论模式相对接，并且预言"在可以预见的将来，如果中国考古学重视基本理论建设的话，在文化历史考古范式之外，至少还可以增加古典—历史考古及功能—过程考古两个范式，形成立足于中国历史与文化、理论

1　张勋燎：《中国历史考古学论文集（上）》，第7页。

与实践创新基础之上的中国考古学学术体系"[1]。

笔者对这种勇于探索和大胆借鉴的精神表示钦佩，但对于这一基本立场和表述方式却有所保留。如同前文所论，中国考古学既是西方传入的学科，但是又具有自身的传统，这就注定其研究范式与西方考古学的范式之间既有共性，也各有个性。其中，范式产生的历史背景、文化传统以及研究领域、研究目标的设定，均是影响范式形成的关键性因素。完全套用西方考古学的范式来评估和预设中国考古学研究的范式变迁与未来走向，未必能认清中国考古学的前行之路。例如，所谓"古典—历史考古范式"，实际上不必预期，而是早已存在；也不必怀疑其"是否足以构成范式""是否有自身特殊的概念纲领"，从传统金石学发展到中国历史时期考古学的历程，如同前文所论，已经充分显示出这是具有中国特色的"古典考古学"，无论是在断代方法、类型学理论的运用，还是在与历史文献相互观照从而置于历史背景之下的文化阐释等从低级到高级的理论与方法上，都已自成体系，并先于近代考古学传入中国而存在于古代中国传统学术体系之中，并非步西方考古学"范式"之后尘而派生出的"衍生产品"。另外，即使是史前考古领域，尽管其可能更多地会受到西方考古学范式的某些影响，但其发展路径是否也在亦步亦趋地重复西方考古学所走过的老路，笔者也深表怀疑。但因本人非这一领域的专家，

1　陈胜前：《中国考古学研究的范式与范式变迁》，《中国社会科学》2019年第2期，第182—203页。

尚有待识者指正。

　　在中华人民共和国成立70周年、改革开放40周年之际，中国考古学已经不会再重新回到闭关自守、故步自封的保守状态，中国考古学者与西方考古学者之间的交流与互动已经成为常态，双方都能清醒地认识到各自文化上的传统、特点与差异，彼此之间的平等对话可以求同存异、相互借鉴。如同美国考古学家艾兰（Allan Sarah）所说，东西方学者在考古学研究上的确是存在着差异的，但是，"这些方法上的差异对探讨中国古文明不仅有益，而且是一种推动力"[1]。当前中国考古学的发展，需要有符合中国实际的研究范式，并逐步构建具有中国特色的考古学理论体系。东西方考古学者在研究范式上的差异，对于探讨世界古代文明和中国古代文明各有其用，不仅有益，而且是一种推动学术发展的正能量。

　　那么，应当如何认识和预期中国考古学研究范式未来的发展之路呢？从宏观上看，首先应当以客观、平等的学术眼光来看待西方考古学的研究范式，一方面承认其对于中国考古学（尤其是史前考古学）的理论建构已经产生的和未来可能进一步产生的影响和借鉴作用，从中吸取西方有益的历史经验，"他山之石，可以攻玉"。但另一方面，更需要认真总结和梳理中国考古学自身发展的历史经验，尤其是充分认识自金石学以来中国考古学所继承的本土历史遗产，从中国数千年文明史的宏大历史背景和发展

---

1 〔美〕艾兰：《考古学的世纪回顾与展望》，《考古》2001年第1期，第4页。

脉络中去寻求规律，借助中国独特的文献史学传统和丰富的文献史料去建构考古材料与中程理论（中间理论）、高层理论之间的联系，由此形成具有中国特色的考古学范式和理论体系。

其次，实践是检验真理的唯一标准，任何考古研究的范式都必须以解决实际问题为目的。中国考古学的研究范式，必须能够解决中国考古学和中国历史发展中的实际问题。因此，未来中国考古学的发展和理论建树，在很大程度上取决于中国考古学者在对不断丰富和增长的考古资料的积累当中，是否能够发现和提出问题，同时有效地解决问题和阐释问题。所以，应当在马克思主义理论的宏观指导之下，提倡理论与范式的多元化、技术水准的国际化、问题意识的全球化，让中国考古学形成的不同研究范式既具有世界意义，又保持中国风格，从而在考古学学科发展的背景之下，为"人类命运共同体"贡献中国历史智慧和中国现实经验。

建设中国历史时期考古学叙事

当中国考古学发展建设进入一个重要的历史阶段,《南方文物》及时地设立了"历史时期考古"专栏,其意义极为深远。受编辑部委托,首期开栏之际,借此机会将这个栏目将要承担的任务和我们的一些思考加以表达,希望引起大家的讨论,共同来办好这个栏目。

一 面临的问题和任务

历史时期考古学就其根本而言,是对古代文明发展到高级形态的历史阶段的考古学研究。这种高级形态往往表现为:人群划分方面,国家、民族及其观念完全确立,并形成长期而复杂的相互关系;社会组织方面,政府、官僚体制的系统运行,也形成了无所不在的主动性和强制性社会规范,整体社会千头万绪而秩序井然；社会生产方面，各主要领域持续发展，总体上处于前现代阶段的生产力水平和技术水平；社会文化方面，形成了特色鲜明、内容丰富、体系完整、范围广大且影响深远的文化传统，尤其是哲学、文学、历史、艺术和宗教传统等。要通过一鳞半爪的考古遗存，去研究这样一个高级形态的文明社会，其难度可想而知。十分容易产生两种偏向：一种是将研究初级文明形态的方法套用过来，将问题简单化和程式化，结果可能导致研究越"深入""系统"，反而距离认识这个高级文明的面貌越远。一种则依附于记录和研究这种高级文明形态的成熟体系，即传统的历史叙事之中。做得好的可以对这种叙事进行补充和修正，做得不好可能还会扬短避长，甚至牵强附会，丧失了考古学研究的主体性和严谨性。我们认为，中国历史时期考古学研究面临的最大问题正在这里。

中国历史时期考古学一般指对战国秦汉以来的考古遗存的发掘和研究。其实，商周时期的社会也较大程度上属于上述高级文明形态，只是一方面其与秦汉以来大一统王朝的历史面貌还有较大差别，另一方面文献传统还不甚发达，历史背景远不如之后清晰，一般未将其归入。即便只从东周开始计算，中国历史时期考古学研究的对象仍然是世界上延续时间最长、地域最广、内容最完整、形态最稳定、文化传统最为强大、材料也最为丰富，并一直延续发展至今的高级文明。在这方面我们完全不必妄自菲薄，今天中国的中小学生仍然能够直接背诵一千年前、两千年前甚至近乎三千年前著名文献的原文，无须转译，知识、文献传统一直衔接，从未中断，这是世界上其他任何文明都不曾有过的经历和经验。作为这一文明的直接继承者和延续者，我们拥有最为完整、丰富、连续的考古材料，也可以直接运用知识传统和文献传统，更与这一文明体系中的人物、事物具有最高的文化感同度，中国历史时期考古学研究应该取得最令人瞩目的成就，然而现实却不尽如人意。

中国历史时期考古学研究确实取得了不少重要的成果，并且名家辈出，取得了很高的学术声誉。然而，当我们冷静下来，回到考古学研究的出发点，仔细与史前考古、商周考古取得的整体学术成就对比时，就会发现我们的成果虽然丰富，但对于认识我们所研究的这个高级文明却贡献有限，甚至尚未建立以考古学为主体的基本叙事。我们的叙事实际上更多是在按朝代、分类别，整理、表述考古材料而已，缺乏自身的核心理念、基本逻辑和重大问题的建设。

就方法论而言，中国历史时期考古学研究中着力最多的部分，仍然是对史前考古的基本方法的直接套用，但明显有所不足。一方面，鉴于历史时期遗存种类和数量的丰富性，已经很难在一个简单的逻辑序列之下涵盖各种考古材料；另一方面，此时整个中国的主要地区都在统一文化之下，地域因素此消彼长，简单的类型学划分已经很难满足认识历史时期各个阶段社会文化演变的需要。客观来说，史前研究中常用的方法在建立考古遗存自身序列的基础阶段时，是具有价值的，但在建立这一基础总体之后便很难上升到对高级文明社会的研究和认识。

史前考古中文化、类型的谱系即是历史的框架，可以进一步提升为文化甚至社会发展的阶段和局面，这既是基础问题也是主要问题。而历史时期——不要说至今罕见某一时段考古学区系类型的真正建立——即便建立起来，一则不能代替已有的历史框架，作为认识文明的基础；二则与这个高级文明的主要面貌和发展并不直接相关，甚至相去甚远。许多学者已经认识到这个问题，呼吁在类型演变中要能"透物见人"，切中社会的变化。结果是绝大多数的此类研究还是"两张皮"，不是以类型变化去附会已有的历史认识，最终仍无知识贡献，就是前面整理考古材料，后面泛论历史背景，缺乏具体联系。

我们认为，这归根结底还是方法的问题。因为除了少数特殊遗存或特殊方面能真正反映社会变化外，大多数一般物品的形态变化显然无法直接对应高级文明中的复杂社会。历史时期的遗存中有许多已经不是陶容器那样机械性生产的日常用品，虽然仍能从中看到时空变化的总体趋势和阶段性，但往往很难用一种精确的标尺去度量它们的具体变化，而且很多变化也没有较为普遍的时空意义。直接套用史前考古的基本研究方法，不但可能偏离我们的对象和目标，自身也可能削足适履、过犹不及，还使相关方法庸俗化并破坏其科学性。

考古学是否能够参与到主流史学界重点讨论的政治、制度、经济等重大问题之中，成为检验考古学作为历史科学重要组成部分的一个显性标志。但是总体情况并不理想。近年来，一些重要历史人物的墓葬也发掘了不少，甚至引起一时轰动，也激活不少话题，但考古发现的材料对于对这些人物和历史事件本身的认识并没有太大推进，反而是在以往主流史学界不太关注的文化交流史、社会思想史、社会技术史和艺术史等方面，考古材料已经极大甚至是总体上改变了这些领域的知识构成和叙事方式。可喜的是，近年来在这些领域的研究中还出现了一些面向历史问题而以考古学研究为主体叙事的探索。

因此，客观评价历史时期考古学的成就，成绩还是以发现考古材料为主，但在研究水平上还有待提高，在方法论上还需要不断探索总结。尤其是在中国历史本身重大问题的研究上，参与度还需要大幅提高。

二 构建的态度和方法

总结起来，我们认为，缺乏针对中国特有的连续型高级文明形态的考古学叙事，是目前中国历史时期考古学研究面临的最大问题。那么，如何来建设？这当然应该是见仁见智的问题，任何理性的思考都值得鼓励和听取。我们个人关于建设历史时期考古学叙事有以下几点基本的思考。

第一，中国历史时期考古学叙事，是对于中国特有的连续型高级文明社会的历史文化发展的考古学叙事。它首先不能背离系统地理解中国古代历史文化发展的根本目的，从问题着眼，从物着手，最终要见人、见社会、见文化、见历史。既不能脱离整体史学研究的框架和背景，还应该广泛地从传统学术和现代史学中吸取养分。例如，对于有着上千年积累的古代金石学，相比史前而言，它有很大的部分与历史时期考古学重合，也是后者的一支重要来源。再如，古代的礼学研究可谓自成体系、蔚为大观，其中关于丧礼、葬礼、祭礼的部分与我们直接相关，虽统称为"礼"，其实也有大量的"俗"，远不仅仅是礼制的问题。清代徐乾学《读礼通考》中关于丧葬的部分，就值得我们认真加以研读和吸纳。不论时代如何变化、技术如何发展、学科如何划分，延续传承的中国传统文化永远是我们传统文化研究的"母乳"，其中有我们的根本基因和养分，在形成中国历史时期考古学叙事的基本体格之时，母乳丰沛，岂能弃之不饮。

第二，作为现代学科的考古学产生于欧洲，在各地的发展中形成了一些具有普遍意义的方法论，在中国也形成了一些适合自身情况的方法，成为现代考古学的基础。这个方面在中国考古学的各个段落都是以往强调的重点，现在仍然需要在新时代、新条件、新情况中去发展，此点无须多论。

这里需要强调以往不太被注意的一点，尤其对历史时期考古学而言。那就是现在发展的考古学体系，主要兴起于古典世界以外的欧洲，甚至是古典文化最为缺乏的北欧，基本针对的是对史前或类似于史前的初级社会的研究，后来在美洲的发展也是一样。欧洲考古学中还有一支早期来源，就是文艺复兴以来的古典主义研究，如对古代铭刻、雕塑、器物等的研究。由于现代科学体系的发展形成主要在英、美、德、法等国家，当然这也是当时经济、科技、文化格局的产物，现代考古学的发展走上了英、美这些非古典主义的路子。古典主义传统下的相关研究分散在现代历史学、考古学、艺术史等领域。这些方面虽与史前考古关系不大，但与历史时期考古的材料、方法、理论皆有很大相似度，应该是我们建设中国历史时期考古学叙事时更为重要、更加相关的他山之石。

第三，中国历史时期考古学叙事必须是考古学的叙事，不仅是使用的主要材料，更重要的是关注的主要问题，展示出的主要面貌绝不能是传统史学的附庸，构建起的历史文化发展体系也应该与传统史学具有不同的层面、维度、侧重，才能真正在总体上有益于增进对历史文化的认识和理解。这就需要历史时期考古学研究中凝聚起一些自身的重大问题和核心话题。这在史前考古和三代考古中是特别明显的，如史前晚期社会复杂化、文明一体化及所谓夏文化的问题等等。历史时期考古中显然缺乏这样的重大和核心问题，一面是对各种材料的整理、叙述和总结，另一面是十分丰富而又特别零散的研究。这是因为历史时期考古材料系统而又繁杂，传统史学叙事又比较强大和清楚，一面容易被材料牵着走，另一面容易被传统史学牵着走。当然这两个方面也取得了大量而丰富的知识贡献。现在，在这两个方面都已有相当的积累，而且已经出现明显的重复之势的情况下，是否能在此基础上提升和聚合一些中观层面的比较重大和核心的问题，一方面为学术研究开辟新的空间，另一方面为构建历史时期考古学叙事立柱架梁？

这些问题应该既观照某一阶段、某一方面的历史文化形态和发展，又从考古材料的系统梳理出发；既符合历史文化叙述的基本逻辑和通俗语言，又具有考古学思维和论述的显著特征；既不脱离整体的历史框架和背景，又与传统史学所展示的面貌和层面具有总体不同；从而推进对历史文化多层次、多面向、多视角的认识。

第四，新的时代、新的任务就必然对我们提出新的要求。如前所述，要建构中国历史时期考古学叙事需要具有较为深厚的传统历史文化基础和关怀，对古代文献和古代的相关研究要有一定的掌握和了解。对考古本身的知识和研究恐怕也要打破原来习惯的分时代、分类别、分专题的模式。历史时期考古各个主要段落的研究是必不可少的，各段落的研究重心有所侧重也是势所必然。但是，在知识构成和思维方式上应该有更多长时段、全面性的努力。还应该密切关注史学乃至整个人文社会科学研究中的动向和趋势，对我们的位置、长短得失和发展水平保持清楚的认识。虽然是偏向实物材料的考古学科，仍然要保持理论和方法的长期思考和不断调适。保持开放包容的态度，转益多师，从中外相关学科的研究中广泛吸取营养。

总之，我们认为，历史时期考古学研究在原有的模式下取得了较大的成就，也产生了丰富的研究成果，使得我们对历史文化的认识更加准确、直观、具体。但是，距离我们从考古学角度认识中国特有的连续型高级文明社会形态及其发展的根本目的尚有很大差距。在之前丰富和扎实的基础之上，转而以问题为导向，进而建设历史时期考古学叙事，是时代和学术发展给我们提出的新任务。学术的真正繁荣在于百花齐放、百家争鸣，我们衷心希望《南方文物》在新时代、新风气中绽放出绚美的南国奇葩。

（原载《南方文物》2020年第1期，与王煜合作）

中国历史时期考古的时代使命：霍巍教授访谈录

受访人简介：

霍巍，1957年生，四川大学文科杰出教授、博士生导师，四川大学历史文化学院院长，四川大学博物馆馆长，教育部"长江学者"特聘教授，教育部人文社会科学重点研究基地四川大学中国藏学研究所所长。学术兼职有香港城市大学客座教授，日本文部省国际日本文化研究中心客座教授，吉林大学中国边疆考古中心学术委员会委员、客座教授，中国社会科学院考古研究所中国文明研究中心客座研究员等。2011年被教育部聘为历史学教学指导委员会委员；2013年被国家社科规划办聘为国家社科基金评委；2015年受聘为第七届国务院学科评议组成员，并任考古学召集人之一。

霍巍教授长期从事中国考古学的教学与研究工作，在业内享有广泛声誉。主要研究领域为汉唐考古、西南考古、西藏考古、文物学与艺术史、中外文化交流、博物馆学。先后在国内权威学术期刊《考古学报》《历史研究》《民族研究》《考古》《文物》《世界宗教研究》《中国藏学》以及国际著名学术刊物《东方学报》等发表论文近百篇，出版《西藏古代墓葬制度史》《西藏西部佛教文明》《战国秦汉时期中国西南的对外文化交流》《西南考古与中华文明》《考古发现与西藏文明史第一卷：史前时代》《吐蕃时代：考古新发现及其研究》《青藏高原考古研究》《皮央·东嘎遗址考古报告》等多部学术著作。

访问者（以下简称"访"）：霍老师您好！很荣幸有机会向您采访。我们知道，您自从1978年考入四川大学考古系以来，已经在考古学界耕耘了40余年，取得了很多成绩，尤其是在历史时期考古的领域，创获颇丰。而这40年，中国考古学也发展得十分迅速，重大发现令人目不暇接，各项研究也都有所突破。那么在您看来，历史时期考古研究在这40年间发展得如何？它目前在中国考古学的体系中，处于一个什么样的位置？

霍巍教授（以下简称"霍"）：谢谢！我想先谈谈今天我要说的"历史时期考古"。中国考古学是一个整体，但实际上它可以分成三个大段。第一个阶段是史前考古，研究的对象是几乎没有任何文字记载的时代，也就是我们常说的石器时代考古；第二个阶段是原史考古，这个时期已经有了一些文字记载，但数量很少，内容也很模糊。因此这一段历史的研究，还非常依赖考古材料，考古学本体发挥的价值很大。原史考古在我们中国，就是常说的三代考古。如果把这两段划开，中国考古学的第三个大段，就是进入战国秦汉以后的考古学研究。从战国秦汉开始，我们中国已经有了比较完备的文献记载，这与前两个大段落是很不一样的。我今天要谈的历史时期考古，主要说的就是这第三个阶段。

大家都知道，1977年国家恢复高考。而我是在1978年有幸考入四川大学，学习中国考古学的。在我学习期间及毕业以后，我感觉到，改革开放以来的中国考古学有了很大的进步与提升。各个时段的考古新发现都层出不穷，而且不断有重大发现。但是我始终感觉，我们的历史时期考古，尽管在资料积累层面比过去要迅猛得多，但是对于中国文明起源、发展以及特征这些方面所做出的贡献，还是跟史前考古领域有一定差距。改革开放以来，在史前考古这个时期，随着一系列重要考古遗址的发掘，考古学家们重新拼缀出一幅中国史前时期文明发展的线条、框架与版图，而这个版图，是过去仅靠文字记载所不能建构的。因此史前考古的成就与贡献，确实是大家都有目共睹的。

而就历史时期考古而言，我们每个年度也都有一些能够反映不同文明阶段的重大考古发现。但是非常遗憾，这些重要的考古发现并没有帮助我们从大的框架、体系方面，建立起像史前考古那样的文明体系。我们基本上还是停留在以文献史料为基本框架，考古材料仅仅是起到印证、补充作用的一个状态。我觉得这跟中国考古学整体的发展水平相比，还是有很大的差距的。也就是说，随着考古材料的不断增多，中国考古学的前段和后段，对中国文明研究的贡献有一种不对称性，这是我长久以来观察到的一个现象。

访：我们想知道，这种"不对称性"的出现，背后可能有哪些原因呢？

霍：要回答这个问题，首先要明白这个现象说明了什么，那就是我们对历史时期考古的关注目前还很不足。表面上看，大家都承认中国考古学有这三大段，但实际上，由于各个段落特点不一样，大家往往将中国考古学的主要关注点放在前两段上，所谓"古不考三代以下"的观念还根深蒂固。甚至有人认为，既然历史时期有了丰富的文献记载，那考古学还能发挥什么作用呢？近年来也是这样，新技术的运用、新理论的提出，基本上也都是围绕着前两段展开的。夏商周断代工程、中华文明探源工程也都是围绕着前两段展开的。

因此，比较起来，第三个大段的关注度远不如前两段那么高。而且似乎很难把考古学的理论和方法一以贯之、恰如其分地运用到第三个大段的研究中。类型学、地层学似乎主要在前两个大段的研究中发挥比较大的作用。那么在第三段，主要的理论和方法应该是什么呢？又如何正确运用我们类型学、地层学的基本手段呢？这些问题讨论得比较少，导致从事历史时期考古的相当一部分研究者以及他们所指导的学生，缺乏对历史时期考古在方法、理论层面的思考，只能机械地套用前两个段落所采用的方法。对一些本来不需要那么烦琐的，已经有明确纪年的，或者可以通过跟纪年材料相比较而准确断代的考古材料，还要用类型学的断代手段。有一些科技考古的技术运用得也不到位，不知道在历史时期考古中怎么样去发挥科技手段的价值。

正是这些现象的存在，导致我们的历史时期考古在一些大的问题上没有发挥应该发挥的作用，这是我的一个基本观感。所以如果我们要把中国考古学作为一个整体、一个体系来看待，很显然，历史时期考古是我们的弱项，应该予以加强。

访：您刚才说，我们的历史时期考古，这40年来在一些大的问题上没有发挥应该发挥的作用。那在历史时期考古领域，究竟有哪些重要的大问题是我们应该予以重点关注，并发挥考古学自身价值的呢？

霍：中国历史时期考古的研究对象，是文明发展到高级阶段的考古遗存，较之史前时代要丰富很多。具体而言，第一个是物质生活的进步，带来了人们衣食住行整个物质社会条件的改变；第二个是精神层面的进步，其一表现在国家、社会的形成，各项制度的完备；其二是人们的精神信仰世界更加丰富，产生了不同的宗教，从过去原始的自然崇拜向宗教信仰层面发展，比方道教，那是到了汉代以后才形成的。还有一些来自境外的宗教，是不同的历史时期沿着丝绸之路传到中土的，这些都体现出社会的进步和发展。

因此，历史时期考古研究的角度的确与史前考古不太一样。如果说对于史前时期，我们考古学关注的是人类社会的初级发展，那到了历史时期，我们就要关注文明相对高级的阶段，关注人类从物质到精神层面的进步。刚才我已经谈到了几个方面，这些都应该是历史时期考古可以施展身手的广阔空间。非常遗憾的是，我们现在谈早期社会，似乎材料和话语都很多，但是真正进入文明发展的高级阶段，存在如此丰富的考古遗存和文献记载，我们的话语反而显得比较单调，也比较平庸。这是中国考古学目前存在的一个最大问题。

实际上历史时期考古的前辈学者，已经在两条主线上努力地做出了贡献。其中之一是中国古代文明、古代社会在起源之后，是如何发展、兴盛的，过程中又有哪些特征。尤其反映在上层领域，一些制度是怎么形成的。比如都城、陵墓，这些都是中国古代文明发展特征在考古学中的反映。因此，以往我们的历史时期考古，聚落研究做得比较少，主要考虑的是帝陵以及各地不同等级的墓葬所反映出的等级制度。

这方面的工作，前辈学者只是开了一个头，我们没有一步步地去深化。举例来说，对于中国古代墓葬制度的发展问题，俞伟超先生提出了三段，即"周制""汉制""晋制"。俞先生只是提出了一个纲要，我们必须去接着思考这个问题，接着思考这样的阶段性变化。这个变化不完全与朝代更迭相对应，而是有自己独立的脉络。运用考古材料去构建这样的时空框架，这样的工作才刚刚开头。

除了这条主线以外，还有一条线是中外文化的交流、中国文明与域外文明的互动。比如宗教考古对佛教、景教到基督教这一类宗教考古遗存的关注和梳理，很大程度上都涉及中外文明的交流。这也是我们如今应该关注的主要问题之一。

在我们的学术史中，以往有过两个极端。一个极端是完全否定中国文明的独立发展，即"中国文明西来说"。另一个极端则是完全否认中国文明与域外文明的交流，生怕被扣上"西来说"的帽子。这两种倾向都是不正常的。而到了改革开放以后，我们已经可以正大光明地探讨中国文明与域外文明的交流，以及中西文化的比较。我们可以看到，宿白先生就曾经从若干带有域外文明因素的考古现象入手，讨论了从商代就开始有的中西文明交流问题。这个比丝绸之路在时代上更早，早在殷商时期的青铜文化中，就已经有了欧亚草原文明的一些因素。到了汉代，这种中西交流就更加丰富了，既有技术体系上的，也有思想观念上的。所以我认为在这条线路上，这40年来，相比起改革开放以前确实有进展。到了今天，那更应该有一大批新的优秀成果涌现。

另外，还要补充一点。对于所谓"四裔"，即周边地区的考古研究，也是历史时期考古研究的主要内容之一。这方面，在文献中往往充斥着族群的误解与偏见，考古材料的价值不言自明。比如对吐蕃的研究，无论是靠汉文还是藏文的记载，都很难把许多问题说清楚，正是近些年的考古发现与研究，建构起了我们对吐蕃时代的历史认识。

访：您刚才总结了历史时期考古的两大主线，也谈到前辈学者在这两条线上都有贡献。谈第一条主线时，您提到前辈学者已经开了头，但我们却没能继续深化。那在您看来，我们应该如何改变这种现状？

霍：要做出改变，首先应该明白我们的不足，其中之一就是对文献的利用能力。我们今天新一代，甚至中生代的学者，应该讲，跟老一辈学者相比，对古代文献的利用能力还有一定差距。所以，我们还不能够非常娴熟地把考古材料和文献材料融为一体，很好地去阐释历史时期这些考古发现的价值。实际上，要宏观地去考察中国古代的政治制度、经济制度，以及各地所形成的地域文化等这些大的方面，背后都有很多文献记载可以利用。我们在这些层面，往往不能够把地下发掘出的材料，跟文献记载中的宏观历史关怀紧密地结合起来，融为一体。

所以我们看到，有关历史时期考古的论著，比较常见的还是两张皮。前面是对考古材料的梳理，但是这种梳理最后却并不能透物见人，看不到大的制度性变化留下的痕迹。这方面最值得学习的例子，还是刚才提过的俞伟超先生对"周制""汉制""晋制"的总结，他提出了中国古代墓葬制度有所谓阶段性的变化，这就是在充分熟悉考古材料和文献记载的基础上，产生的一种很好的宏观观照。我们非常希望能将考古材料和文献材料捏合成整体，去看大的制度变化的关键点，进而形成考古材料自身构建出的时空框架，为中国文明的历史提供另一种观察维度。

此外，如今历史时期考古工作缺乏系统性，还基本上处在个案研究比较多的状态，将这些个案放到体系中加以考察的工作做得还不够。所以总的来说，我认为我们缺乏一个宏观理论的指导，目标不够明确。很明显，我们中国考古学在史前考古中，就是要搞清中国文明起源的路径、主要的样态以及特征。但是到了历史时期考古中，我们就没有这样一个大的宏观目标来指导我们开展研究。近些年来才有学者注意到，比如中国的"中"，就是文化的结晶，"中""和"的观念在考古材料中都有反映；比如宫城，历代宫城的门道、道路的设置，都是一些制度性以及理念上的反映。我们在这一方面的研究，不是说没做，但是总的来说还没有形成体系。

访： 对于您指出的这两点不足，我们当然应该努力地去弥补自身的差距。但是我们也想知道，可能存在哪些因素限制了自己？

霍： 影响因素当然有很多，在这里我只强调一点，那就是学术史上的重要影响。中国的历史时期考古，应该说本来有着非常悠久的传统，因为从秦汉以来，我们实际上就已经有了非西方系统的考古学元素，我们把它叫作"金石学"。我很同意把中国的金石学视为中国历史时期考古的前身，它当然不是今天现代意义上的史前考古学的前身，但可以称作历史时期考古的前身。在那个时代，恰恰和后来"古不考三代以下"的理念相反，金石学家往往是不看史前时期的，而是从三代开始往后看，尤其以"金"和"石"两个大类为主体。"金"就是我们讲的青铜器，"石"就是汉魏以后的石刻、造像、碑志等。这种古典主义传统，早在西方考古学传入中国以前，就已经有方法论上的特点：第一，充分运用文字材料，高度重视那些有纪年、有铭刻的实物资料进行解读，而且把它们放置在当时的历史环境中加以考察；第二，将实物材料本身和文献中的记载紧密地结合起来。

这个情况，实际上和西方考古学形成的过程是很类似的。西方考古学最初也有自己的古典主义传统，他们首先关注的就是有铭刻、有文字的材料。像埃及学、亚述学的形成，都是从解读器物上的古代铭刻开始，而这些铭刻的载体，很多都是考古的资料，这些就是西方考古学的古典主义来源。他们之后才发现，仅仅靠这个是不够的，这种办法对于古典文明的研究有用，但是无法解决对西方没有文字记载的时代，以及对一些缺乏文字的所谓"蛮族"的文明研究。研究这部分历史，只能靠考古材料的质地和样式变化来进行分期排年，形成后来"石器时代""铜器时代""铁器时代"的三期说。

　　所以西方考古学同样是个整体，传入中国以后，我们注意得比较多的是其非古典主义传统的部分，就是我们讲的由三期说发展起来的类型学、地层学，而忽略了它也有古典主义的传统。强调了一部分，忽略了一部分。不过实际上，在西方考古学刚刚传入中国的时候，也不完全是这种情况。殷墟的发掘与研究就是一个结合体，当时方兴未艾的考古学界并没有排斥中国古典主义的传统，而是与西方传来的现代考古学相融合。我们可以看到，殷墟考古一方面重视西方的地层学、类型学这样的田野考古理论，但是也充分关注出土的甲骨文材料，及其与《史记·殷本纪》记载之间的联系，这就是一个很好的结合。

　　但是越往后，我们反而对中国古典主义的传统，或者说对金石学的态度发生了变化，我们不太尊重前辈留下来的遗产。在史前考古的工作中，我们倾注了很多力量。但是在历史时期考古这部分，关于其前身，关于金石学和历史时期考古学之间的线索，这条学术上的脉络在逐渐地被淡化。这是一个很值得注意的现象，其影响非常深远。直到现在，我们讲到科学的考古学科，往往都是以史前时代作为"科学考古学"的典型与样板。而历史时期考古学，往往很难上升到这个层面和高度。这就是因为我们有意识或无意识地忽略了中国考古学体系古老却又独一无二的特征，或者叫传统。

访：您可否仔细谈谈，中国考古学体系中这种古老却又特别的传统，主要的内涵是什么？我们在历史时期考古的实际研究中，又应当如何围绕着这种特征或传统来展开研究呢？

霍：这种特征和传统主要就是中国文明有别于其他文明的汉字体系，从甲骨文、金文发展到汉代的隶书，再到以后不同的字体。实际上这个源头应该追溯得更远一点。秦统一以前，各个地方都有自己的文字体系，比如秦国的石鼓文、楚国的鸟虫书，但它们也都还在一个大的体系之中。秦统一之后，文字在全国的统一实在功莫大焉，我们形成了非常完备的汉字体系，这个是中国文明非常重要的标志，使之有别于西方各大文明。其他文明并没有一以贯之的文字体系和文献体系，而只在我们中国有。所以在拥有这个体系的基础上，今天我们以中国古史为研究对象的考古学，应当同样重视对这些文字体系、文献记载体系的梳理。

最近我看到冯时教授写了一篇非常有意思的文章。他提出的一个观点，我非常同意。他讲到，要全面看待中国的文字体系。产生于中原地区的甲骨文、金文文字，成为我们文字体系的核心和主干，但是也不能忽略其他地域中，那些很可能与甲骨文、金文同期，甚至更早一点——新石器时代晚期——就出现的一些文字雏形。也就是说，文字体系的形成具有多样性，在书写方面受不同地域的影响。当然，不同地域的文字，同样一个字形，是不是表达同样的意思、使用同样的读音还有待甄别。但至少在中国的文明起源中，文字在各地的起源，以及最后形成的汉字体系，是这个文明最大的特征。这个特征可以说从史前时期一直延续到历史时期，一以贯之，几千年来体系都是稳固的，这是中国文明有别于其他文明最大的特点。所以虽然中国文明有过朝代的更替，统治集团也有变化，但是这个文字和文献的体系，一直是中国古代文化中非常坚固的一条线索。

这一点，在考古学材料上，也是得到充分反映的。那么无论是对于历史时期考古也好，还是对于史前时期考古也好，我们都应该很好地把这个特征抓住，围绕着它予以行之有效的研究，这就涉及之前谈到的问题——如何去解读文字和文献的材料。这方面，我们的古人应该说做了大量的实践，留给我们的金石学著作很多都跟这个有关系。因此我们在今天的历史时期考古研究中，尽管有了西方的类型学、地层学方法，有了西方传来的各种科技考古的技术，但是最终要解决历史时期考古的问题，还是离不开文字和文献。所以，我认为在方法论上，我们中国的考古学应该有自己的特点，这个特点恰恰在有文字以来的历史时期考古研究中反映得最充分，不是简单地用某种科技手段可以取代的。

要很好地利用文献解决考古问题，我们一方面要客观地看待"疑古"的观念，也就是曾经由古史辨派提出的观点。不可否认，这一理念中有合理的成分，但其针对的现象主要还是集中在上古时期。秦汉以后尽管也有文献作伪，也有古史辨派所警惕的一些文献存在，但总体来讲，历史时期考古可以使用的文献十分丰富，可以参互比较，进而可以相对容易地甄别伪书或是过于片面的记载，这和上古时期完全不一样。因此，要解决历史时期考古的若干问题，我们就必须高度重视丰富的文献材料，并加以利用。

另一方面，我们更要反对"考古学只是证经补史，是历史学的附庸"这种认识。重视文献价值的同时，绝不能忘了考古材料自身蕴含的特殊价值与意义，所以我们的解决问题之道就是"整合"二者，而不是简单地补充或对应。我在这里用了"整合"这个词，所谓整合，应该是各取所长，各自发挥优长之处。文献记载可以给我们一个宏观的、整体的、比较有序列性的历史叙事，但是往往没有细节；而考古材料可以从细节上见微知著、以小见大，发现很多文献材料所不能提供的信息。

访：您说了一个概念叫"整合"，那究竟该从哪些角度入手，将历史时期考古出土的材料和丰富的文献记载整合起来呢？

霍：我可以举几个例子，来加以说明。例如张勋燎先生提出的道教考古。道教尽管有《道藏》，有大量的道书文献，但过去的情况是，研究道教者不用考古材料；研究宗教考古的，往往不懂道书文献。所以这样一来，我刚才讲的整合就没有完成，各执一端，很多事实看不清楚。具体来说，天师道中有一套法术，是在墓葬里面利用朱书镇墓瓶为人解注，其中的细节，在考古材料中有大量的反映，而这是文献材料没有弄清楚的记载。还有像天师道形成的地域、主要流行的范围，道书文献的记载和考古出土的材料之间，是不能够两相吻合的，这就需要加以整合，将考古材料和文献记载加以相互比较，才能够对天师道的形成、影响范围有比较全面的认识。

再举一个例子：早期佛教的研究。文献典籍里讲"明帝夜梦金人"，汉明帝晚上做梦梦到金人，这个金人头顶上有项光，是佛。事实上现在的考古材料里面，发现了许多可能和佛教有关的早期图像。这些图像跟文献材料之间也要加以整合，我们才能对早期佛教传入中土的情况，形成一个比较明确的认识。

我再举第三个例子：中国古代的墓祭。古有墓祭？还是古无墓祭？墓上祭祀究竟是从什么时代开始的？这个问题，文献记载中本来就有不同的意见，但是结合考古材料，我们通过研究殷商时期的墓葬、战国时期像中山王陵这样的墓葬，就可以对中国古代墓祭制度的起源和发展形成一些新的认识。

第四个例子，是我最近正在思考的一个问题：陵前神道的形成。同样如此，何为"神道"？那一定是通"神"之道。神道本身的形成一定是和人们的灵魂观念联系在一起的。但是中国从春秋战国以来，文献典籍里对灵魂的描述就有着地理上的区别。北方的鲁地、中原，南方的楚地、巴蜀，对于灵魂的态度就是不一样的。对灵魂态度的不一样，会直接影响墓葬的营设，也直接影响到神道的设置。

这些问题都是事关中国思想史、中国哲学史的大问题。在这些层面上，其实我们有相当大的空间，但是我们现在做得不够好。这些题目过去曾被认为不是考古学的题目，我认为这是非常滑稽的。那什么才是考古学的题目呢？难道只有分型分式才是考古学的题目吗？因此，我一直主张，考古学是一个整体，考古学的方法论不是排他的，考古学的方法论是以解决问题作为最终目标的，中国历史时期要解决什么问题，就决定了历史时期考古可以采用什么样的方法。其中对文字和文献的高度重视，把对文字与文献的诠释运用到考古材料的解读当中，就是主要的方法之一。这个方法不能被忽略。而我们常常强调的史前时期的研究方法未必会适用于历史时期，这是很明显的。

所以我认为，上述的林林总总，都是目前中国历史时期考古学中存在的一些问题。这些问题我们要去思考，同时反复地进行实践。解决好了，我们才能够真正把四十多年来，甚至更长时段内积累的大量考古材料，加以系统的梳理和研究，进而说明中国文明的发展与兴盛，以及进入高级阶段后反映出的若干问题。只有做到这一点，历史时期考古才能和史前考古并驾齐驱，为中国考古学做出贡献。

目前坦率地说，我认为历史时期考古之所以还远远不能跟史前考古做出的贡献相比拟，就在于我们有这么多思想上的禁锢、理论和方法上的停滞不前。研究视野局狭，没有很好地实现整合，所以也就没有很好地利用考古材料去解读中国文明的历程，更没有把中国文明和世界其他文明做一种横向的比较。这就是我一直强调的两条主线，第一条是我们自身体系内的，对中国文明从起源、初期阶段，发展到高级阶段过程中的若干观察和思考；第二条就是我们这个体系跟其他文明体系之间发生的交流。刚才我也谈了，技术层面、思想精神层面实际上都有交流。但这两条线，在如今的历史时期考古研究中，都没有形成一个比较合理的框架。这两个时空关系，我们没有用考古材料很好地和文献材料加以整合。这里我要强调一点，考古材料的变化未必和文献记载中的朝代更替同步，往往要滞后，所以不能完全跟王朝更替的政治史去对应，应该以一个独立的视角去看待这个体系。

访：您反复强调了中国历史时期的独有特点，以及历史时期考古的古典主义传统。但我们知道，考古学在中国形成一门现代学科，这与当时从西方传入的理念、方法密不可分。那么今天，我们再反过来强调我们固有的古典主义传统，其意义究竟在何处？

霍：这是我要特别指出的一点，就是中国历史时期考古所具有的当代价值。因为我们的中国考古学，曾经走过一条螺旋式的道路。最早，我们对"中国文明西来说"抱有强烈的抵触，而且经过考古工作证明，中国文明确实是独立发展的，是拥有自我根性的文明体系。

但是一段时间内，我们又走到了另一面，就是言必称西方，好像一切都是西方比我们强。我刚才也说到，在中国考古学的体系当中，也用西方传来的现代考古学，或者叫田野考古学中的部分观念来涵盖一切。甚至还有一部分学者认为，未来中国考古学的发展进步，就是要从西方考古学的理论和方法当中找到我们的解决问题之道，比如后现代主义考古学、新考古学，要从这里面去拿东西，来形成我们中国考古学未来的理论和方法。我认为这种观点是有片面性的。因为西方的理论，尤其是英美的理论，包括后现代主义考古学、新考古学，研究的对象往往都不是古典时代的，而是主要集中在史前时期，它们是针对没有文字记载的考古现象的。

所以目前在中国考古学的研究体系中，要警惕一切唯西方马首是瞻的情况，应当非常客观、冷静地去看待差异，既要吸纳从西方传入的现代考古学，或者叫田野考古学的科学基因；但另一方面，还要从我们自身的古典主义传统出发，继承并发扬光大我们自身独有的文化基因，这样才能形成具有中国特色的考古学理论和方法，用以指导中国大地上的考古实践。

这个任务很艰巨，我们的前辈学者没有能够最终完成，应该说这个历史任务落到了改革开放以来中国考古学的中生代和新生代学者肩上。所以在今天，习总书记提出了"文化自信"，具体到考古学研究当中，我们的文化自信在哪里？就在于中国考古学整体体系的形成之中，一定也有传统文化留下的精粹之处。糟粕当然要排除，但是精要之处应该努力地加以继承和发扬，这也是我们中国历史时期考古一个时代的命题。

访：宿白、俞伟超先生都曾提出，要谨记考古学是历史学科的一部分，您今天在这一问题上也谈了很多。不过，我们观察到有这样的一个现象，一些历史时期考古的研究，讨论到最后，仅仅只是为了证明历史学已有的结论，或者干脆把历史学已有的结论照搬过来，用以解释发现的考古现象。您怎么看待这个问题？如何避免？

霍：这个问题也就是西方学界曾经批评中国考古学的"历史主义

倾向"或叫"历史主义偏见"。我刚才也谈到，我们考古学研究的对象是实物材料，实物材料和文献记载之间，绝对不是一个简单的对应关系。所谓"证经补史"，过去不少人对于历史时期考古往往就有这样的看法。在我看来，我们很多考古学的研究，首先要用实物材料，来形成考古学自身的叙事体系。这一点就有别于文献材料。或许我们观察的只是一个片段，只是大历史过程当中的一个小过程，但这凸显的就是我们考古学的特色，否则就成了纯粹的文献研究。不过，这两者之间的关系又不能完全地切开，你做的研究和历史记载毫无关联度，也会让我们生疑。因此我反复强调，这两者之间的关系应该是一种整合。

所谓整合，就是考古学的观察要有历史背景。请注意，只是背景，不能完全用历史书写来取代，只是考古材料与历史背景相互照应。这样观察的侧重点，和一般的文本叙事会有所差异。这样的例子在考古学研究中很多，刚才我也举过一些。如果仅仅只是简单地套用文献研究中已有的结论，简单地借用一些历史记载当中的观点，给考古材料套上一个帽子，那不是我们的考古学，恰恰丧失了考古学应该具有的学科属性和学科特点。究竟怎么去做，还需要我们从事考古学研究、受过考古学训练的学者认真地进行思考，并实践如何和文献材料建立整合关系，而不是简单地套用某个模式。

举例来说，魏晋南北朝时期的世家大族确实是魏晋政治的一个特征。但是当我们运用考古材料进行研究时，应该选择一个什么样的着眼点？我们可以通过对世家大族墓葬的排列、墓室的营建、随葬品的陈设等各个方面来观察，这些世家大族在丧葬的具体实施过程中是如何选择和行动的，进而形成我们的一套表述。这套表述或许跟大历史背景之间有相互应和之处，但很可能还有相当一部分是历史记载所没有涉及的，甚至是有差异的。这种情况下，我们就应该坚持基于实物研究所得出的叙事。这才是一个正确的方法，而不能简单地贴标签、戴帽子，那不是历史时期考古的方法。

历史时期考古还是考古学。当然，广义上讲，考古学还是历史科学的一部分。但是考古学有自身的属性，研究的对象是实物。实物形态是有质地、制作过程、色泽、类型变化等若干可以观察到的特征的，这些完全可以跟历史叙述之间形成一个整合关系，有分有合，凸显考古学研究的学科属性和特点。

访：前些年，上海古籍出版社翻译出版了英国考古学家希安·琼斯（Sian Jones）的理论著作《族属的考古》，他们的微信公众号向读者提了一个问题："你认为，多少年后，中国将有自己的族属考古理论？"我看到，大部分读者都选择了10年或20年，甚至还有不少人选择了50年。我想，这一情况或多或少也反映了我们中国考古学目前的一些状况，那就是理论建设的相对薄弱。您刚才也谈到了历史时期考古缺乏宏观理论的总结和指导，那您认为究竟该如何做，才能推动我们自身理论的形成？

霍：历史时期考古的理论和方法是两个概念。方法是多元的，所有的方法都可以用。但是什么叫理论？理论是经过若干个案研究以后，发现的具有指导意义的一种方法论层面的提升和总结。但是目前这个阶段，就以你说的族属为例，在方法论上，解决族属考古问题的手段就很单调和欠缺。所以没有若干方法的尝试，我们很难在若干方法的比对当中找到具有规律性和指导意义的内容，也就无法对若干方法进行总结、归纳和提升，以形成理论。

例如区系类型，现在看来完全可以称之为一个理论。在一开始，苏秉琦先生就是用区系类型的办法解决古部族，或者叫人群的问题。但通过这种区系类型的研究可以发现，各地确实存在不同的群团性。居住在巴蜀的人，有自己的群团性；居住在荆楚的人，也有自己的群团性。那么这个区系类型的方法，在考古学的若干实践中被证明可行，就上升成一个区系类型的体系，这就形成一个理论了。像族属这一问题，目前首先在方法论上还比较欠缺，所以短时间内就更难谈到理论的形成。要形成历史时期考古的理论，也是同样的道理，我们只有在具体问题中探索了多种维度的方法之后，才能比较好地总结、归纳出理论，进而再来指导具体问题的研究。

访：您曾在川大主办的历史考古青年沙龙中讲了"考古学的'守戒'与'破界'"，这对我们今天谈到的历史时期考古研究有哪些启示？

霍：考古学毕竟是一门独立的学科，先不谈理论，从方法上讲，考古学从获取材料到解读材料，都有自己独特的手段。基本的地层学、类型学方法，在历史时期考古中同样能发挥自身的价值。谁叠压了谁，谁打破了谁，都能很好地说明问题。比如在乐山麻浩崖墓中发现的佛像，之所以我们能够确定它是东汉的遗物，晚不到三国时期，就是因为两座墓葬之间形成了打破关系，这座发现佛像的墓葬被另一座东汉晚期的墓打破了。所以说在历史时期考古中，类型学、地层学这样的基本方法还要继续运用。

而"破界"是讲什么呢？这个意思是说我们不要把自己牢牢地绑缚在类型学、地层学这两个方法上。对于史前考古来讲，确实器物的排列是重要的断代方式。但是在历史时期考古的研究中，有时一个墓碑、一块墓志就可以解决时代问题。甚至没有墓碑、墓志，出土一个五铢钱也很能说明问题。

破界还有一个重要层面，就是在我们跟其他学科之间。我们要看看其他学科在考虑什么样的问题。例如艺术史的研究同样用墓葬的考古材料，但是艺术史学者就会考虑到墓葬当中那些今天已经看不到但是当时一定有过的礼仪程序：从迎丧、下葬、闭圹，到最后的祭奠。像这样的视角，我觉得就是考古学应该学习的地方。要破就应该破这样的"界"，使我们的视野更加开阔。

历史学就更不必说了，历史学提出的若干重大问题，我们都要去思考对比其与我们的考古材料之间有多大的关联度，在历史学者提出的某些重大命题的背景当中，有没有考古学的痕迹。如果有，是什么样的情况，是与那些重大命题互相呼应呢，还是完全两码事。比如说"唐宋变革论"，在被日本学者最早提出来以后，已经逐渐形成了一个理论。但是在考古学上，有没有所谓"唐宋变革"，这就是一个大的问题。如果我们要说明这个变革确实有，就要想想文献梳理出的发起地域、发起方式、发起的阶段性以及整个流程，在考古材料构建起的框架中能否看到。类似这样的问题，我们至少应该予以关注。所以历史时期考古，因为面对的社会确实更加复杂，材料也更加丰富，我们就一定要破画地为牢之界，才能充分发挥考古学自身的作用，形成自己的书写与表达。

访谈：马伯垚、金弘翔、吕宁晨

整理：马伯垚

校对：王煜、金弘翔

（原载《南方文物》2020年第1期）

雪泥鸿爪

神兽西来：丝绸之路上的天马和翼兽

一　汉代凿通西域与中亚马神崇拜的东渐

汉代所说的西域，并不是那么遥远。一般来说，广义的西域最远大体上也就是到了地中海西岸这一带，而狭义的西域则主要指西域三十六国和中亚一带。汉代开通的丝绸之路，主要是从长安出发，然后经过西域三十六国，再越过葱岭，即翻过兴都库什山，然后进入中亚的费尔干纳盆地。这里有文献记载中的大宛、康居等"昭武九姓"，另外还有一支游牧民族叫大月氏，原居于我国北方草原，后来被匈奴一路驱赶到了中亚地区，留下的一部分叫小月氏。匈奴是汉朝的强敌，在汉王朝建国之初形成很大的威胁。所以到了雄才大略的汉武帝主持朝政之后，便要设法联合大月氏来共同夹击匈奴。从这个意义上来看，西域的开通和后来丝绸之路的形成，一开始的目的显然不是进行丝绸贸易。这个行为最初是由中国方面发动的，具有明显的政治和军事意图。汉武帝派张骞出使西域，目的是要去联络大月氏，和汉军形成夹击之势，以收到军事上的奇效。

张骞最远走到什么地方呢？他也就走到了大月氏这一带。但是他的使团派出的一些小分队可能走得更远一些，史书上说到了安息、帕提亚这一带，也就是说已经到了古代罗马帝国的东部边界。但是，张骞主要活动的区域还是在中亚这一带（包括西域三十六国）。我们通常所讲的汉代的丝绸之路，也主要就是在这一带展开。

1978年，一支苏联考古队在著名的中亚考古学家维克多·伊万诺维奇·萨瑞阿尼迪（Viktor Ivanovich Sarianidi）带领下，在阿富汗西北部席巴尔干镇附近一个小小的山丘——蒂拉丘地，发掘出土了一批重要的古代墓葬。一共发掘了6座墓葬。6座墓葬当中，5位墓主人是女性，1位是男性。这个地点正好就是在史书记载的"大月氏"活动的地域之内，这就和张骞出使西域到达的大月氏联系起来了，因此学术界推测这可能就是大月氏的"五翕侯"之一的墓群。在这几座墓葬里出土了大量的黄金制品，总计达到21 600多件。其中的一些黄金制作的装饰品极富特色，有的是悬挂在女性头部的装饰品，在二号墓、三号墓中都发现了同类的装饰品，甚至在墓中还出土了年代最早的"步摇"。[1]但是，考

1　Fredrik Hiebert and Pierre Cambon, *Afghanistan: Hidden Treasures from the National Museum, Kabul*, National Geographic, 2008, pp. 211–293. 成都博物馆编著：《阿富汗：古代文明的十字路口》，文化艺术出版社，2018年，第52页。

古学家们还来不及展开科学的研究和整理，20世纪80年代以后，阿富汗就陷入战乱之中。这些黄金制品最早收藏在阿富汗国家博物馆，但是塔利班对异文明充满敌意，不仅炸毁了举世著名的巴米扬大佛，也开始攻击阿富汗各地的博物馆，阿富汗国家博物馆也遭到了攻击。当时，全世界的考古学家都十分担心蒂拉丘地这批黄金宝藏的下落。一直到塔利班倒台之后，我们才知道，在战火纷飞的年代，一些勇敢的阿富汗人冒着生命危险保护了这批国宝。直到近年阿富汗局势平定之后，这些珍宝才重见天日，开始在全世界巡回展出。

在这些黄金制品当中，有两件冠饰分别出土于两座女性死者的墓中，其母题是"一人双兽"，中间是一位女神或者叫一位女王，她的两边各有一只神兽。这是两只什么样的神兽呢？表面看上去很像是马，它有马的头，还有马的蹄子，但是它的身躯却被拉长，很像是一条龙，它的头上又长着马所不具备的角，是一只独角，所以又很像是传说当中的独角兽。除此之外更重要的，是在这只神兽的肩上还生出了双翼，似乎还可以飞升。这样的一种神兽，在现实生活中实际上并不存在，但却是中亚古老文化中的龙神或者马神。[1]这让我们联想起来，在古代中国也有类似的龙神和马神的记载。如《周礼·夏官》记载："及祭马祖……马八尺以上为龙，七尺以上为骒，六尺以上为马。"这个观念很像是来源

1　Fredrik Hiebert and Pierre Cambon, *Afghanistan: Hidden Treasures from the National Museum, Kabul*, pp. 246-247. 成都博物馆编著：《阿富汗：古代文明的十字路口》，第244—245页。

于古代游牧民族的,他们就将高大的马视为"龙"。汉代人王充写下的《论衡》,大家都知道,都熟悉,他在《论衡·龙虚》中也讲:"世俗画龙之象,马首蛇尾,由是言之,马蛇之类也。"就说马跟蛇、龙都是有联系的,它们在形体上是可以合成的。所以从汉代的这些记载当中,实际上透露了一个信息:龙本是虚构的动物,但在古代它还与高大的马有关,它们之间有一种非常微妙的关系。那么,接下来我们要问,这个观念是从哪里来的呢?又是怎样传到中原的呢?

要回答这个问题,我们不得不把我们的眼光投向当时生活在中国北方的古代少数民族。《史记·匈奴列传》记载匈奴人古代的祭祀:"岁正月,诸长小会单于庭,祠。五月,大会茏城,祭其先、天地、鬼神。"就是说匈奴人在每年的正月和5月都要举行集会和祭祀,在5月举行的这次祭祀最为隆重,叫作"茏城大会",这个茏呢,写的是"葱茏"的"茏"字,其实就是"龙","龙蛇"的这个"龙"。在《史记》这条史料下面还引了北魏崔浩的一个注,是这么解释的:"西方胡皆事龙神,故名大会处为龙城。"所以"茏"和"龙",古音是可以通假的。这段史料是什么意思呢?就是讲匈奴人的祭祀对象,除了祭祖、祭天、祭鬼神之外,龙神也是很重要的一个祭祀对象。而这里所说的龙,很可能就是匈奴人心目中的高头大马。如果这个推测无误,我们至少可以认为,早在西汉和东汉时期,中国的文献典籍已经注意到,龙跟马是有关系的,高大的马也是龙,是西方游牧民族心目中崇拜的马神。这个习俗的源头,有很大的可能性来源于西域(中亚)。

汉文文献中西方的"胡人"是一个很大的概念，在汉代大概主要就是指北方草原地带的一些游牧部族，更多的可能是指"西胡"，就是以匈奴、大月氏为主体的一些少数民族族群。从前面我们举出的可能属于大月氏翕侯王墓地的阿富汗"黄金之丘"所出土的双马神冠饰来看，这些胡人的信仰体系中可能很早就有崇拜马神——也将其视为龙神——这个信仰系统存在，并且也很早就不断向东传播，逐渐进入中原地区。

二　汉武帝通西域和"天马"的传入

那么，来自中亚草原地带的"马神/龙神"崇拜是否也通过丝绸之路渐次影响传播到中国呢？要回答这个问题，我们首先来观察一下汉代考古材料中一些新的文化现象。

首先，在汉代考古的图像资料当中，出现了不少象征"天马"的图像，在四川地区的东汉画像中便有大量的天马。不过，目前最早的天马的形象，我认为在西汉时期便已经出现，其典型的代表就是著名的出土于甘肃地区汉代墓葬中的"马踏飞燕"铜马。过去虽然有不少的学者解释过它的图像学意义，但我还是要问，为什么这马不踏乌龟、不踏狗熊，而是去踏着飞燕？这究竟象征着什么？很显然，只有当它凌空奔驰的时候，才可能把天上的飞燕踏在它的脚下。所以，它象征的是可以在天空中飞翔的神马，也就是天马。这铜奔马出土在甘肃是有道理的，它应该就是人们想象中的西域天马形象的一个最初的雏形，并通过丝绸之路传来。

在当时中国人的想象空间里面，如何表达能够飞翔的物体？中国古人是很聪明的，想要让它飞起来，有各种各样的办法。例如，佛教艺术中的"飞天"要飞起来，就给它画上几条飘带，让它在空中飘舞起来。那么，让一只奔马踏着飞燕，就可以知道飞得再高的飞燕都会被马踩踏在脚下，这马就一定是可以凌空奔驰的马，那就叫作"天马"。这是一种非常好的表达方式，当然不是所有的人都这么聪明，都这么善于表达。我们观察到的更多的表达"天马"的方式，就是让马背上长出一对翅膀，如同我们在阿富汗蒂拉丘地"黄金之丘"出土冠饰上看到的"一人双马"的情况。后来在四川、河南、陕西等地发现的大量汉代天马的图像，也是生有双翼的天马。

"天马"一词，最初是从《史记》《汉书》等典籍中开始出现的，而且都和汉代凿通西域、开通丝绸之路这个大的历史背景相关。如《汉书·西域传》载："遭值文、景玄默，养民五世，天下殷富，财力有余，士马强盛……闻天马、蒲陶则通大宛、安息。自是之后……钜象、师子、猛犬、大雀之群食于外囿。殊方异物，四面而至。"

丝绸之路的开通，是张骞出使西域带来的结果，最初只是出于军事和国家政治的目的。但是等到丝绸之路开通以后，它的功能就逐渐增加，经济、宗教、商贸各种功能都不断地丰富起来。我认为，"天马"的传入也是丝绸之路文化交流带来的一个很重要的产物。天马、葡萄都是异域的奇珍，巨狮、大雀（什么是大雀？照我看来大雀和狮子一样，都是中原地区不见的珍稀动物，它实际上也就是生活在中亚、西亚一带的鸵鸟）已经成为汉代皇家苑囿（就是皇家动物园）里的观赏性动物。所以天马的出现，一定跟通西域是有联系的，这在史书里交代得很清楚。

在中原地区、四川地区保存下来许多天马的图像，最简单的方式，就是让马的肩上长出翅膀，成为长着翅膀的天马。天马的前面有的时候还有胡人牵引。还有一些时候天马是由仙人牵引的。仙人的形象在汉代比较易于辨识，他的头上往往有高耸的发髻，身上长出羽毛。为什么会由仙人来驾驭天马？这显然和汉代升仙的观念有关，我在后面再做分析。

这些天马的形象，很多都长出了短而丰满的双翼。有些天马图像还带着铭刻，其中的一尊便带有"天马"铭刻。但有的学者将其释读为"王马"，因为这个题铭的书体是汉代的八分书，"王"字和"天"字很容易混淆起来，但这是不对的。这时天马的图像上有的已经有了题铭。不仅如此，在晋代时，一些地方志记载中还出现了祭祀天马的"天马祠"。如《华阳国志·蜀志》"会无县"条下载："会无县路通宁州，渡泸得堂狼县，故濮人邑也。今有濮人冢，冢不闭户，其穴多有碧珠，人不可取，取之不祥。有天马河，马日千里，后死于蜀，葬江原小亭，今天马冢是也。县有天马祠。初，民家马牧山下，或产骏驹，云天马子也。今有天马径，厥迹存焉。"《华阳国志·蜀志》"江原县"条下也记载："文井江上有常堤三十里，上有天马祠。"从这些距离汉代不远的文献史料可见，当时"天马"的观念和信仰沿着丝绸之路已经深入中国西南地区。人们心目中的天马，都是可以"日行千里"的良马，人们在它死后还会专门为之设立祭祀的祠堂，可见其影响之深远。

那么接下来我们就要问了，为什么会有天马的出现？天马传入中土究竟具有什么样的意义？以往研究天马，大部分学者把注意力放到了汉代骑兵的改善上，说汉军和外敌作战战斗力不行，原因主要就是马种不好，需要改良马种。汉通西域之后，汉武帝听说大宛有好马、汗血马，因此便不断地派出使臣，发兵大宛，甚至征服大宛，一开始是以强迫他们贡纳的方式去寻求良马。到后来实在不行，就直接出兵征服，迫使大宛以全国之力来给汉朝贡献良马。究其原因，我认为固然不能排除当中的确有改良马种的意义在里面，但是如果我们更为仔细地进行文献梳理便不难发现，从大宛引进的天马，实际上数量是非常有限的，要用那么有限的马匹来改善汉军整个骑兵的马种，谈何容易？那么，还有没有别的动因呢？接下来，通过文献史料的梳理，我们可以发现另一个隐藏在历史深处的潜在因素。

三　汉武帝的升仙、昆仑神话和天马之关系

汉代"天马"信仰的盛行，是和汉武帝的升仙信仰有密切关系的。在"天马"信仰和文献史料之间，其实潜伏着一条暗线，只是过去大家不太注意而已。最为简略地追溯一下汉武帝的求仙——也就着祈求长生不老不死——之路，大体可分为两个阶

段：第一个阶段主要是向海上求仙，如传说中的蓬莱仙山、瀛洲仙岛之类，但是，他的海上求仙失败了，效果不明显。后来，随着丝绸之路的开通，汉武帝逐渐把他的目光移向了"陆上丝绸之路"，开始崇信"昆仑神话"。古史记载中的昆仑山，不是指今天我们实实在在地理位置上存在的昆仑山脉，而是战国秦汉以来人们信仰体系当中的一个升仙之处。随着汉代国家版图的不断扩张和西域的开通，昆仑的地理位置也不断地向西移动。最初人们认为它可能是在中国的西南地方，四川的峨眉山、岷山，都曾被认为是"昆仑之丘"所在之地。汉武帝以后，昆仑的地理概念不断地西移，最后被移到了"流沙"之地，很显然，已经移到今天的"沙漠丝绸之路"上去了。

那么，"昆仑神话"又跟"天马"有什么关系呢？我们在这里先来看几段史料。《史记·大宛列传》记载："初，天子发书《易》，云'神马当从西北来'。得乌孙马好，名曰'天马'。及得大宛汗血马，益壮，更名乌孙马曰'西极'，名大宛马曰'天马'云。而汉始筑令居以西，初置酒泉郡以通西北国。因益发使抵安息、奄蔡、黎轩、条支、身毒国。而天子好宛马，使者相望于道。诸使外国一辈大者数百，少者百余人。"同样的记载也见于《汉书》中的《张骞李广利传》。很有意思的是，这些文献都出现在和西域有关的记载当中。

文献中所说的"天子"就是指汉武帝，他从《易》书当中得到了"神示"，说"神马"要从西北方向来。他先是得到了乌孙的马，把它叫作"天马"，后来发现还有更好的马，叫"汗血马"，产自大宛，所以就把乌孙的马改名叫"西极马"，而把大宛的马改叫"天马"。从此以后，汉武帝的求仙从寻求"天马"开始，动用了国家力量，不断发遣使节前往西域，先后抵达安息、黎轩、条支等地。黎轩，又称犁靬、犁鞬，就是今天的东罗马。稍近一点的就是条支、身毒，"身毒"就是今天的印度。"天子好宛马"，致使"使者相望于道"，可见汉武帝的求仙、求天马可谓不遗余力。

这个事件并非孤证，在《史记》的《乐书》当中，也有关于天马的记载："又尝得神马渥洼水中，复次以为《太一之歌》，歌曲曰：'太一贡兮天马下，霑赤汗兮沫流赭。骋容与兮跇万里，今安匹兮龙为友。'后伐大宛得千里马，马名蒲梢，次作以为歌。歌诗曰：'天马来兮从西极，经万里兮归有德。承灵威兮降外国，涉流沙兮四夷服。'"整个是讲汉武帝得到西域神马大宛马以后，非常高兴，他甚至在皇家举行的祭祀活动中也将这个过程写进了祭祀之歌，将愉快的心情表达得淋漓尽致。他为此专门作歌，称为《太一之歌》，供奉"太一"之神，歌中颂赞"太一贡兮天马下"。那么，"太一"神又是何方神圣呢？太一就是当时的上帝，也叫天帝。这里所说的"上帝"不是基督教的上帝，而是汉代中国仙界的最高神，也是昆仑山上的最高神——太一神。歌词大意是说，通了天以后，太一神派了天马来迎接武帝升仙，然后讲这个天马是流着"汗血"的宝马，奔驰万里而来。这里还有一句非常精彩的话，"今安匹兮龙为友"，这正应和了我前面所讲的匈奴的"龙神"和《周礼》中记载的马与龙的关系，也是将天马作为龙神来看待的。

循着这个线索，我们又从《汉书》中找到了汉武帝所作《郊祀歌》十九首，其中颂唱道：

> 太一况，天马下，霑赤汗，沫流赭。志俶傥，精权奇，籋浮云，晻上驰。体容与，迣万里，今安匹，龙为友。元狩三年马生渥洼水中作。（唐颜师古注曰：此言天马乃太一所赐，故来下也。东汉苏林曰：籋音蹑，言天马上蹑浮云也。）
>
> 天马徕，从西极，涉流沙，九夷服。天马徕，出泉水，虎脊两，化若鬼。天马徕，历无草，径千里，循东道。天马徕，执徐时，将摇举，谁与期？天马徕，开远门，竦予身，逝昆仑。天马徕，龙之媒，游阊阖，观玉台。太初四年诛宛王获宛马作。（《礼乐志第二》）

在这条史料的后面，东汉文颖为它作注："言武帝好仙，常庶几天马来，当乘之往发昆仑也。"还引了应劭的注："阊阖，天门。玉台，上帝之所居。"从而将汉武帝的升仙信仰、天马喜好以及和昆仑神话之间的关系都揭示得很清楚。应劭注里讲到的"阊阖"，就是昆仑的升仙之门，也叫作"天门"。在重庆三峡地区发现的汉墓木棺的棺首上，曾经发现一些圆形的铜牌饰，铜牌饰的中间刻有两个字："天门"。守候在天门上面的是西王母，西王母的上面还有一个地位更高的神的形象，虽然他没有题铭，但可以肯定那就是天帝，就是我们所说的仙界最高神太一。这个题记位于两阙之间,明确了其"天门"的性质,而天门与天马正属于一套体系。[1]

后来还有个叫苏林的文人,是汉末魏初人,给这条史料也做过一个注释:"天马上蹑浮云。"所谓"上蹑浮云",就是说天马可以踏在浮云之上。前面我们讨论的"马踏飞燕"铜马,正是天马在天上飞翔奔跑,下踏着浮云和飞燕,这是非常形象化的艺术表现。《郊祀歌》中的第二段还形象地描述了天马来自西极,经过流沙,九夷降服。很显然,意思是天马是通过征服西域各国,从丝绸之路传来中土的。最后还有一段很精彩的歌词,"天马徕,开远门,竦予身,逝昆仑",这是说天马最后的目的地是到了"昆仑",这正是天马和昆仑神话之间联系的确切表述,证明天马可以乘载灵魂去往不死之地——昆仑。这歌词是在汉太初四年汉军诛灭了大宛,获得天马之后写下的,从而再次证明在汉武帝对大宛的征讨中,对天马的追求是其重要目的。而得到大宛的天马,就等于得到了灵魂去往不死之地、可以升仙的最佳"交通工具"。

四 天马和有翼神兽

天马最典型的形象特征是带有双翼。这种生出双翼的马在现

---

1 张勋燎:《重庆巫山东汉墓出土西王母天门画像棺饰铜牌与道教——附说早期天师道的主神天帝》,收入〔日〕安田喜宪主编:《神话、祭祀与长江文明》,蔡敦达等译,文物出版社,2002年,第146—168页。

实生活中并不存在，但是，它却寄托了当时人们可以通过这种有翼的神马升往仙界的希望。事实上，在汉代凿通西域之后，随着天马传来中国的，并不只限于有翼的天马，还出现了其他一些大型的带翼动物，我们可以将这类动物称为"有翼神兽"。从目前的考古发现来看，至少从春秋战国开始，在中国已经出现了一些带翼的动物形象，李零教授曾经对此做过比较系统的研究。[1] 不过，春秋战国时期出现的带翼的"神兽"形体上还较小，和我们所见到的东汉时期的大型有翼神兽区别很大。

中国曾经有过一个有翼神兽盛行的时代，大体上我认为也应该是从汉代通西域之后开始的。我们的古人已经注意到这个现象。东汉时期的应劭在他的《风俗通义》里面就说到，当时的墓葬前面已经出现了一些新的事物。是些什么新的事物呢？就是在墓前出现了石雕的老虎形象，这是过去所没有的。[2] 后来唐代人封演更进一步指出，秦汉以来，在帝王陵前就开始出现过去所没有的石麒麟、石辟邪、石象、石马之类，而在人臣墓前，则出现了石羊、石虎、石人、石柱，等等。[3]

1　李零：《论中国的有翼神兽》，《中国学术》2001年第1辑（总第5辑），商务印书馆，2001年；另见其《再论中国的有翼神兽》，收入氏著《入山与出塞》，文物出版社，2004年。

2　应劭《风俗通义》："墓上树柏，路头石虎。《周礼》：'方相氏，葬日入圹，殴魍象。'魍象好食亡者肝脑，人家不能常令方相立于墓侧以禁御之，而魍象畏虎与柏，故墓前立虎与柏。"应劭著，王利器校注：《风俗通义校注》，中华书局，1981年，第574页。

3　封演《封氏闻见记》卷六"羊虎"条下记载："秦汉以来帝王陵前有石麒麟、石辟邪、石象、石马之属，人臣墓有石羊、石虎、石人、石柱之属，皆所以表饰坟垄如生前之仪卫耳。"封演著，赵贞信校注：《封氏闻见记校注》，中华书局，2005年，第58页。

其实在这个现象的背后，隐藏着一个重要的历史背景的变化。商周以前的墓葬当中没有这些石刻，到了秦汉（其实准确地讲是汉以后），才有了这些新的事物。不过，至于秦代有没有这样的大型石兽，目前还没有直接的考古证据。西汉时期，在霍去病的陵前，虽然开始出现一些纪念性的大型石刻，但是这些石刻的含义跟我们今天讲的陵前神兽还不是一个系统，也没有发现其中有带翼的神兽之类。所以我推测，墓前出现大型有翼神兽，很可能始于东汉时期。

早在1914年，法国人色伽兰（Segalen，也译成谢阁兰）就在四川地区调查发现过一些大型的石兽，种类有石狮、石羊和石鸵鸟等。在他的《中国西部考古记》一书中，刊发了许多珍贵的照片。石兽可分雌、雄两种，雄的带有性器官。石兽旁边还有石阙跟它共存。[1]后来的调查发现，与这些石兽共存的，不仅有石阙，还有石碑。在东汉时期，石阙、石碑、石兽在各个区域都有发现，但是四川地区是非常集中发现的一个区域。色伽兰调查发现的石鸵鸟是站立起来的，这是在同时期相对比较少见的一类石刻。色伽兰除了为这尊石刻像拍摄过照片之外，还在书里配上了写生的线图，可以看到鸵鸟的形象非常逼真，这就是文献中所载的所谓的"大鸟"，也就是产自中亚和非洲的鸵鸟。近年来，四川的文物考古工作者在渠县境内开展调查，重新发现了这批石兽，最重要的是发现了这件鸵鸟的残体，同时还发现了石人，这

---

1 〔法〕谢阁兰：《中国西部考古记》，冯承钧译，中华书局，2004年，第10—13页。

是过去没有见过的石刻组合。[1]

　　四川成都附近有一个叫作芦山的县城，这里有一个石刻博物馆，收藏了9具东汉时期的大型石兽。它们有什么特点呢？第一，非常高大，属于大型的石兽；第二，有的神兽带有短羽，长出非常丰满的羽毛；第三，有性别之分，雄性的带有性器官，没有性器官的就是雌的；第四，有的头上有角，有一个角的，也有双角的。这说明当时古人已经为这些石兽赋予了许多象征性意义，它们不再是现实生活当中存在的动物，而是在一般所见的动物的身上，添加了很多想象的元素。有的石兽的原型可能是狮子，有的原型可能是老虎，但都带有双翼，这就成为我们所说的"有翼神兽"。

　　北魏时成书的《水经注》中，有很多材料都讲到，汉代在墓主人神道的前面已经出现了石狮子、石麒麟。后来在河南、陕西、山东各地的汉墓前面，发现了许多和四川地区形态相同的大型有翼神兽，可以证明文献记载的可信。还有一个非常重要的线索，除了在陵墓前面发现有翼神兽以外，在四川的芦山县一个汉晋时代的城门遗址前面，还发现有镇守大门的有翼神兽。我国著名考古学家俞伟超先生生前到过这个遗址，看了之后他很兴奋，说这是中国目前发现的第一例镇守城门的石兽，由此表明不仅在地下世界，而且在阳间——就是当时人们生活的世界里，也流行这类大型的有翼石兽。它们镇守在城门口的入口处，这和西亚、

1　肖仁杰：《四川渠县新发现的汉晋墓阙构件和石像生》，《四川文物》2013年第2期。

中亚一带古代城门前的有翼神兽很可能具有同样的象征意义。"有翼神兽"这个母题的出现，在中国过去的艺术史上没有出现过，所以我们可以比较大胆地推测，它们的出现，可能还是受到了外来因素的影响，是汉通西域之后的新的文化因素，和"天马"几乎同时出现在中国本土。

过去有学者将这些石兽命名为"天禄""辟邪""麒麟"之类，并且想方设法去寻求它们的原型。[1]实际上，我认为能够真正找到的原型只有狮子、犀牛、老虎、羊、马、牛等动物，还有就是"大雀"——鸵鸟，这些都是现实生活当中存在的动物；而所谓"天禄""辟邪""麒麟"等，和"天马"一样，都是人们想象出来的动物，也叫"神兽"，给这些本来都活动在陆地上的动物添上一双翅膀，就成为可以在天上飞翔的"有翼神兽"了。这个构想出的"天国神兽"，是人类对于另一个神灵世界的若干奇思妙想之一，而且从西方到东方都曾经流行一时。

关于中国有翼神兽的来源，目前学术界大体有两种基本倾向：一是外来说，二是本土起源说。外来说又有三种主要的观点：第一种观点认为，这些狮形的有翼神兽可能来自波斯和北印度，脱胎于古代亚述和波斯。第二种观点认为，这些有翼神兽可能来自中亚波斯，大月氏的黄金艺术当中出现的有翼神兽就可能和它们有些关系，受到波斯拜火教因素的影响。第三种观点认

1　朱希祖：《天禄、辟邪考》，收入中央古物保管委员会编辑委员会编：《六朝陵墓调查报告》，南京出版社，2010年，第238—251页。

为，它们是来自欧亚草原艺术的神兽"格里芬"。[1] 这三种观点各执一端。其实总的来讲，这类有翼神兽的源头，我个人以为都应该从最古老的亚述文明中去寻找，这是世界上出现大型有翼神兽最早的地区，以后是古巴比伦，然后在有翼神兽不断演变的过程当中又传到中亚地区，和多种宗教、多个民族的信仰相结合，产生出不同的变体，形成不同的支系。汉通西域之后，很可能从中亚、印度等地又传到了中国。当然，目前由于还缺乏考古学的证据，许多具体的中间环节还不是很清楚，但总的来说，我个人是赞同外来说的，这些有翼神兽，尤其是陵墓前的大型石兽，比较集中地出现在东汉时期，应当不是一个偶然的现象，它和汉代西域丝绸之路的开通、外来文化的影响关系十分密切。

五　东汉时期的有翼神兽对南朝陵前石兽的影响

最后我还要谈一点，东汉时期这些墓前的有翼神兽，对于后来南朝时期帝王陵墓前的神道石兽产生了直接的影响。只是汉代的有翼神兽主要流行在社会中下层，目前还没有两汉帝陵前面设置这类有翼神兽石刻的直接证据。但到了南朝，帝陵前面已经形成了一套定制，在陵墓神道的两侧配置有石柱、石表、石碑和一

1　沈福伟：《中西文化交流史》，上海人民出版社，1985年，第67—74页；林梅村：《大夏黄金宝藏的发现及其对大月氏考古研究的意义》，收入氏著《西域文明——考古、民族、语言和宗教新论》，东方出版社，1996年；李零：《论中国的有翼神兽》，《中国学术》2001年第1辑（总第5辑）。

对有翼神兽（有的一角，有的两角），这个定制对于后来的唐、宋、明、清帝陵也产生了深刻的影响，成为中国古代陵墓制度的重要组成部分。

南朝陵墓石刻制度的形成，目前还有几个问题需要进一步解决。第一个问题，就是传播路线的问题。虽然我们可以推测它是受到东汉以来墓前石兽的影响，但是具体的传播路线还需要做进一步的研究。在讨论六朝陵墓石兽的具体来源时，不少学者都引证《南史·齐豫章文献王嶷传》的一段记载：

> 上（齐太祖）数幸嶷第。宋长宁陵隧道出第前路，上曰："我便是入他冢墓内寻人。"乃徙其表阙麒麟于东岗上。麒麟及阙，形势甚巧，宋孝武于襄阳致之，后诸帝王陵皆模范而莫及也。

根据这个记载，南朝刘宋时期的石表、石阙和石麒麟都是由宋孝武帝从北方的襄阳制作而来，并且甚为精巧，成为后世南朝诸陵的范品，没有能够超过它的。考古发现在和襄阳接壤的南阳一带的确发现过东汉时期的墓前石兽，在《水经注》里也有关于这个地区石麒麟的记载。只是目前在今天的襄阳一带还没有发现过这类石兽，还有待将来进一步的考古调查和发掘。所以，关于这条传播路线的存在，我们不能轻易否定。但另一方面，我注意到，近年来在长江三峡也发现了汉晋时代的石阙、石柱和带翼的神兽，那么从今天考古学所提供的材料来看，可能还要关注到长江通道的问题。从四川到重庆三峡，过去有所谓"江水道"的存在，所指就是古代巴蜀之间从蜀地通过长江抵达巴地，然后顺江而下直达长江中下游的历史通道。今天在四川盆地发现的东汉墓前石阙、石兽和在重庆三峡地区发现的遗物同属一类，从时代上看以四川稍早、三峡稍晚，正好形成一条传播线路。这对于我们理解南朝时期陵墓石刻的来源无疑提供了一个新的可能性，即除了从北方的襄阳传入南朝之外，还可能从西面的长江水道传到长江中下游地区。

第二个问题，是南朝石兽的造型风格问题。就目前存世的南朝石兽来比较分析，它们之间是存在造型风格上的不同的。一方面是由于陵墓等级的不同，可能存在着造型风格的不同。过去已经有学者注意到，南朝帝陵前的石兽和等级低一级的南朝贵族墓前的石兽有所不同。另一方面是时代的关系，南朝前期刘宋时代的石刻，与后来齐、梁时期的石刻相比也有所变化。[1] 我这里还要进一步提出，今后我们还应从南朝石刻可能存在的源流不同上加以考察。比方说来自北方地区的石兽和来自长江上游的石兽的造型风格是否有所不同，等等。

第三个问题，我们还要关注这些石刻之间组合关系的形成问题。对这个问题的观察可能要从东汉的墓前神道石刻开始。东

1　张璜:《梁代陵墓考》，南京出版社，2010年。

汉时期出现了这些墓前的石人、石兽、石阙，是否已经存在制度化的迹象？要认真统计、分析一下，这些东汉墓前哪些有碑、哪些有阙、哪些有石表，这些石刻又有哪些种类，是否存在着一定的组合关系。比方说，在一些墓前面出现了石人，这个现象过去我们没有找到太多的例证。但是近年来在四川渠县发现的东汉石阙前面，据说就有石人了。这就表明从汉代以来，可能墓前神道的两侧，就既有动物（神兽），也有石人，也有碑，也有阙，甚至还有石表、石柱之类。所以，南朝的这一套陵墓石刻制度，我认为很可能是从东汉以来就已经开始孕育，最后到南朝时期的陵墓，有关神道石刻已经形成一套体系。南朝形成定制以后，直接影响到了后代的唐陵和宋陵。唐、宋陵墓石刻跟南朝、北朝陵墓石刻的关系，也是中国古代陵墓制度的另一个重大问题。但相对而言，南朝陵墓的体系要更为清楚一些，我们的研究，必须从东汉、南朝开始着手。现在国内外学术界都十分关注的一点，就是南朝的这套陵墓石刻制度是如何形成的。因为南朝去汉不远，所以它们之间是最好做比较的。这个问题清楚了，唐宋以后陵墓石刻的源流演变也会清楚起来。这也是我们目前讨论中国陵墓制度发展变化的一个重要的转折点。

第四个问题，是南朝陵墓前的神道石刻制度的形成，与统治者对于丧葬礼制的制定与实施之间的关系问题。因为大家知道，两汉的时候流行厚葬，两汉以后的三国魏晋时期，曹操父子都主张薄葬。他们是不是真正实行了薄葬？现在看起来情况也不是那么简单，可能三国时期的一部分时间里真正实行了薄葬，但是后来制度也开始松弛，实行得不那么严格了。两晋时期，帝陵大多"依山为陵"，所以目前还没有发现这个时期的陵墓神道石刻。但进入南朝的刘宋，又已经把汉代厚葬的某些传统继承过来。这在陵前石刻上面首先得到了体现。这些问题所涉及的一个根本性的因素，是统治阶级内部对于丧葬礼制的顶层设计，以及不同层面对于这些制度的具体实施与执行的情况。在我看来，这一套陵墓体系的形成，可能有上、下两个层面的互动。从目前的情况看，这些大型石兽的最初接受者既有最高统治者皇帝，也有社会各个阶层的人。前面我讲过，汉武帝喜欢天马，他的推动肯定是最有力的，势必影响到社会中下层，所以才会出现一个有翼神兽盛行的时代，全国各地都从东汉开始出现了大量与天马、有翼神兽相关的考古遗存。东汉时期，由于汉明帝改革墓祭制度，开始在陵前祭祀，有了"上陵之礼"，所以在墓前开始有了神道、石阙、石祠堂和石兽之属。但我一直在思考这样一个问题：为什么在目前所见的考古材料中，这些大型石兽并没有在两汉的帝陵前面发现，而是在地位和品级较低的社会阶层中出现呢？是否有这种可能性的存在，即在神道两侧设置有翼神兽之类的礼俗，最初只是出现在"人臣"墓前，后来这个习俗自下而上，又反射、影响到统治阶级的上层，发展到南朝的时候，终于成为帝陵前固定的一套石刻制度。两汉时期的帝陵前面，目前没有发现过这些石刻，但是到了南朝时期，很显然社会中下层的这些习俗已经被上层统治者所吸纳，在帝陵前面开始出现等级分明的石刻组合。这些本来是社会中下层的丧葬习俗，最终上升为皇家丧葬礼制，形成了一个由下至上的"反向影响"的过程。在中国古代社会，"国之大事，在祀与戎"，这些事关国家层面的制度，不仅仅可以从文献史料的记载当中，也可以从大量的考古实物当中，去寻找历史的遗痕，这也是我们今天这个讲题的意义之所在。

在党的十九大报告中，习近平总书记指出："文化自信是一个国家、一个民族发展中更基本、更深沉、更持久的力量。"同时还提出，要"不忘本来、吸收外来、面向未来，更好构筑中国精神、中国价值、中国力量，为人民提供精神指引"。通过本次讲座，我们可以清晰地看到，中华民族是一个具有自我创新能力，同时也具有融汇外来文明能力的伟大民族。尤其是通过丝绸之路，中华民族一方面吸收外来文明，另一方面又立足于自身的文化传统和"文化基因"实现创造性的转化，从而发展了本土的物质文明和精神文明，也反过来对世界文明做出了卓越的贡献。历史上的"汉唐盛世"，就是这样一步步发展起来的，使中国成为当时世界上最具活力，也最具影响力的世界大国和世界强国。今天，我们正处在中华民族实现中国梦、走向伟大民族复兴的新时代。重温历史，鉴古知今，我们能够更为深刻地理解党和国家所倡导的"一带一路"精神的伟大历史意义和重大现实意义，学习习近平新时代中国特色社会主义思想，从而更加增强"四个自信"，坚持社会主义核心价值体系，在科研和教学工作中做出我们自己的贡献！

谢谢大家！

（本文由2019年6月1日在广西师范大学所做的学术讲演"神兽西来：丝绸之路上的天马和翼兽"录音稿整理而成，并经审定删改。原载《广西师范大学学报》［哲学社会科学版］2020年第1期）

佛教艺术初传中国

一　佛教艺术在印度的起源

佛教在印度起源，是世界上著名的三大宗教——佛教、伊斯兰教、基督教——之一。佛教与中国文化之间有着极其密切的关系，对中国的影响也历时最长，影响面最广。佛教在印度本土流传了约1 800年，我们大体上可以划分出这么几个阶段：原始佛教时期（公元前6—前4世纪中叶）、部派佛教时期（公元前4世纪中叶—1世纪中叶）、大乘佛教时期（公元1—7世纪）、密教时期（公元7—12世纪）。

佛教在印度起源和发展起来之后，开始通过不同的途径向外传播，概括地讲有两条主要的传播路线：其一称为"北传佛教"，从印度北部流传到中原，并且由此传入朝鲜、日本、越南以及中国的藏、蒙地区；其二称为"南传佛教"，从印度南部流传到今斯里兰卡、缅甸、泰国、柬埔寨、老挝和中国云南傣族地区。与佛教的传播一道，佛教艺术也开始向外传播。当然这当中已经有学者注意到一个问题，那就是佛教思想的产生和佛教艺术的出现之间可能还有一个"时间差"。一般说来佛教艺术的出现要稍晚一些，但我们在这里对这个时间差可以忽略不计。

在进入今天讲座的主题内容之前，我们先来简要地回顾一下有关佛教艺术在印度兴起和发展的情况。

从考古发现的材料来看，印度早期出现的佛教艺术作品主要可以分为三大类：第一类是佛教信徒们的礼拜物件，如象征佛降诞的佛足迹、象征佛觉悟成道的菩提树、象征佛说法的台座与法轮、象征佛圆寂的佛塔等；第二类是佛本生故事，表现的是释迦牟尼降生之前世世代代的故事；第三类是佛传故事，表现传说中释迦牟尼一生的经历。但这个时期的佛本生故事和佛传故事中还没有出现佛的形象，也都是采用象征物来表示佛陀的。佛传故事的情节各有不同，有的选取了四个片断，称为"四相"，也有选取八个片断、十二个片断的，分别称为"八相""十二相"。之所以在早期的佛教艺术品中没有出现佛的形象，是因为早期印度佛教并没有将释迦牟尼作为神来加以崇拜，而且同时也认为佛的形象是不可以人为造作的。东晋时期瞿昙僧伽提婆译《阿含经》解释说："如来自身，是为大身，此立不可思议。所以然者，如来自身，不可造作，非诸天所及。"又说："如来自身，不可摸则，不可言长短，音声亦不可法则。"

关于早期佛像在何时、何地起源的问题，一直是学术界一个悬而未决的问题。目前主要的观点一是犍陀罗起源说，二是摩菟罗起源说。犍陀罗最初只是一个地域名称，后来才发展成为一种艺术流派和一种艺术风格的代名词。按照学术界的通说，所谓犍陀罗是指印度河西岸的一片地区，它的北面为斯瓦特河谷，西面可达今阿富汗境内的哈达，南面抵达印度河谷，其中心为白沙瓦和塔克西拉（也译为旦叉始罗）。自古以来，这个地区就是众多国家与民族活动频繁的地带。公元前6世纪和前5世纪，犍陀罗是波斯帝国阿契美尼德王朝的属地。公元前4世纪，又一度为亚历山大大帝率领的马其顿军队占据，紧接着印度人旃陀罗笈多建立的孔雀王朝征服了这个地区，但印度人在此只统治了一个世纪，之后这一地区又被西方的征服者夺回。约公元前2世纪，希腊人取代了印度人，成为这一地区的统治者。一个世纪之后，安息人（帕提亚人）和大月氏人又占据了这里，其中由大月氏人建立的贵霜王朝再次建立起外来民族的统治地位。公元3世纪，犍陀罗又属于萨珊王朝波斯帝国，公元4世纪再度为贵霜人寄多罗所征服。最后，来自北方的白匈奴人（中国史书也称之为"嚈哒人"）约在公元465年席卷犍陀罗地区，他们不信奉佛教，对这里的佛寺——采取了毁灭性的打击，犍陀罗作为佛教文化中心的历史也才宣告结束。

由于有这样一种复杂的历史背景，所以犍陀罗佛教艺术从一开始便具有西方与东方文化交相融汇的特点。

当贵霜第三代王迦腻色迦于公元2世纪前半期在位之时，贵霜帝国处于国力最强盛，经济、文化最为发达的时期。迦腻色迦是继阿育王之后极力推广佛教的又一个国王，在他的支持之下，佛教在贵霜的中心地区举行了第四次集结，这是佛教在释迦牟尼升天600年之后所召集的一次规模盛大的大会，被认为是佛教史上的一个重要的转折点。在这次会上，佛教僧侣们背诵并论释三藏经文960万言，成为大乘佛教的主要经文。据传迦腻色迦王为此专门修建了佛塔，收藏这部经文，因而这次集结成了确立大乘佛教地位的标志性的大会。

　　大乘佛教与小乘佛教相比，无论是在教义理论还是在修习实践方面，都有很大的不同。小乘教派基本上保持了释迦牟尼学说的原旨精神，在前三次的佛教集结当中，都将大乘教派的主张作为"外道"来加以排斥。在对佛陀的看法上，小乘认为佛陀基本上是历史人物，只是加上了某些神话解释，但大乘则将佛陀看作崇拜的原则，认为佛有二身、三身以至十身，把释迦牟尼生前反对的偶像崇拜、祭祀仪式都搬进了佛堂。在修习的路径和结果方面，小乘主张求得自身的解脱，而大乘则主张要化度众生，所以讽喻小乘是用小车来完成个人的修度，而他们则是用巨大的车乘来普度众生。在修行方式上，大乘也变个人的潜心修习为膜拜礼佛。可以说，至此时，佛教才完成了彻底的宗教改造，这个变化成为佛像产生的社会背景。

　　最早的佛像出现在迦腻色迦朝铸造的金币上，时代约当公元1世纪末至2世纪初。金币的一面铸着国王迦腻色迦，他头戴王冠，手执长矛，站立于火坛边祭奉；在金币的另一面，则铸出了释迦牟尼的形象，他右手前伸，作施无畏印，左手向下握住衣服的下摆，头上有明显凸起的肉髻，有长大的耳垂，头后有头光，身后有身光，身着紧贴躯体的通肩大衣。

与这件佛像可以比较的还有出土于拉合尔的另一件石雕佛像，佛的动作特点与金币上的释迦牟尼像相同，也是左手向下握着衣服的下摆，右手现已缺失，但从动作上来看也是作施无畏印，头上有凸起的高肉髻，头光呈圆板形，身上的通肩大衣紧贴身躯。这尊佛像可被视为犍陀罗佛像的代表之作，有的研究者认为"这座雕像作于印度，却可能出自一位远游的罗马乡村雕刻家之手，在衣纹处理上明显带有希腊罗马的传统"。

通过众多的犍陀罗佛教艺术品，我们可以将犍陀罗佛像的特点归纳为这样几个方面：第一，佛像的脸形明显具有西方希腊、罗马人的特点，脸形长方，眼眶略深，有高且直的鼻梁和薄小的嘴唇，头发为呈波状的卷发，鼻翼较窄，有欧罗巴人种的体质特征；第二，佛像身上的衣纹细密贴身，如初出水面一般，似乎可让人感觉到人体肌肤的质感；第三，佛像的体形也显得比较修长，同样具有欧罗巴人种的形体感。

上面这样一些特点，对于早期佛像的犍陀罗起源说显然提供了有力的支持。北京大学晁华山教授认为："佛像首先在犍陀罗产生，是由于这里受希腊罗马的自由思想的影响，希腊罗马早有制作各种神像的传统，在这里，东方的宗教与西方的雕刻艺术很久以来已经融合很深。可是在摩菟罗，由于不出现佛像的思想几个世纪以来根深蒂固，如果没有强大的外力推动，要突破传统是很困难的。"[1]他的这个意见可以作为犍陀罗起源说的代表性观点。

摩菟罗位于印度恒河中游的西北部、新德里以南，是贵霜王朝时期印度恒河流域的一个佛教中心。这个地区的佛像产生也很早，但在佛像的体态特征与造像风格上，甚至包括采用的石料等方面，却都与犍陀罗佛像不同。摩菟罗佛像总的特点是强健有力，形体悍勇，体质特征上具有传统的印度人的特点。选用的石料方面，犍陀罗佛像多采用一种青灰色的岩石来雕刻佛像，而摩菟罗佛像则多选用一种红砂岩作为原料。

出土的摩菟罗佛像中有代表性的可以举出这样一例：出土于孔雀城卡特拉石堆的一尊公元130年的释迦牟尼坐像。雕像采用当地的红砂石刻成，佛像高69厘米；释迦牟尼坐在刻有狮子的佛座上，头上方为菩提树，背后衬着一个带有植物纹样的大光环，两边均有飞天；释迦牟尼右手施无畏印，左手置于膝部，右手掌心与两脚心上还刻出了象征佛法与智慧的圆圈纹。佛像的身体粗壮强健，身上穿着一件透明的薄纱外套，透过这层轻薄的外衣，里面的肌肤凸显，轮廓清楚，完全是一种在温暖气候中生活的印度人的装束，与犍陀罗式佛像希腊罗马式的长袍具有不同的风格。

由于摩菟罗地区出土的佛像也有年代很早的，所以在20世纪80年代以后，以印度学者R. C. 沙玛（Shama）为代表的一批学者连续发表论文提出早期佛像的摩菟罗起源说，认为犍陀罗佛像的年代只不过最多早至公元1世纪下半叶，而在摩菟罗很早以前就

1　晁华山：《印度、中亚的佛寺与佛像》，文物出版社，1993年，第254页。

有制作药叉像的传统，对神绝对皈依的信仰形态早已形成，所以具备了创造佛像的有利环境。所以他们主张公元前1世纪的下半叶至1世纪的上半叶，最早在摩菟罗已经开始制作佛像。[1]

通过上面简要的概述，我们不难看出，在贵霜王朝时期，在印度北方的犍陀罗与恒河流域的摩菟罗，都有年代很早的佛像出土，而且大体上都是在同一时期，所以要确切地断定哪一个区域是早期佛像的起源地，哪一个地区佛像的出现要比另一个区域更早，目前还是一个尚存争议、悬而未决的问题。在没有新的考古出土材料发现以前，我们目前尚难对这一问题做出更有说服力的判断与推论。但是，在公元前1世纪末至2世纪初的贵霜王朝时期，佛像已出现于古代印度，并开始向四周传播这一事实，却是可以肯定的。

公元4世纪以后，以阿旃陀石窟第16、17、19窟为代表的一批石窟造像，融合了犍陀罗艺术与摩菟罗艺术两方面的特点，开始形成具有印度自身特点的佛教造像艺术，进入佛教艺术全盛发展的时期。

二　佛教艺术向外的传播

贵霜王朝地处东西方和南北方交通的枢纽地带，又具有强大的经济实力与军事实力，因而，随着其势力的扩张，佛教也随着

1　〔日〕宫治昭：《近年来关于佛像起源问题的研究状况》，李静杰译，《敦煌研究》2000年第2期。

贸易和商旅的往来首先向其周邻地区传播，然后再传向更远的地区与国家。迦腻色迦王之后，贵霜的国力虽然有所衰退，但是佛教的流行并未减弱，而且大力向境外传播。

按照晁华山教授的研究意见，贵霜王朝时期佛教以犍陀罗和迦湿弥罗为中心，并以放射状向周围传播，按照传播地区的远近，由强到弱形成了同心圆式的四重佛教文化环带：以中心地区佛教最流行，寺院密度最大，教派最为集中，而周围地区渐远则渐弱。按照他的划分，这四重环带最为中心的一环，即中心圈，是犍陀罗与迦湿弥罗。第二环即贵霜南北边地环，北部指兴都库什山以北，直到阿姆河流域；南部包括恒河上中游的摩菟罗、佛陀伽耶和桑奇。第三环即近邻环，东方指向中国西域，西方指向安息，南方指向阿旃陀、阿玛拉瓦提和斯里兰卡。第四环，即远方环，主要指向中国内地、南方和中印半岛北部。他的这个观点，显然是建立在犍陀罗起源说这一基础之上的传播论，他所讲的第一、第二两环，实际上有可能都是中心圈内的核心环，是贵霜王朝时期佛教最为兴盛、佛像的制作与佛寺（包括石窟寺）最为密集的一环，也是佛教艺术的起源地。

他所讲的第三环，与我国早期佛教的传入有着最为直接的关系。佛教从中心的一环向北越过兴都库什山，再越过荒漠到达巴克特里亚（大夏）北部，在那里游牧兼农耕的吐火罗人首先接受了佛教的影响。向北传播的一支一直渡过阿姆河，到达索格底亚那，然后又向北经过一个个绿洲，直到望得见锡尔河，佛教的高僧大德们才停留下来不再前进。21世纪以来，考古发掘的大量佛教遗址证明了这个地区昔日佛教兴盛的情况。后来传入我国新疆的佛教艺术中，也具有这一区域佛寺与造像的某些特点，说明这里的佛教具有强大的实力，能够派遣高僧到中国的新疆传播佛教。

从第三环向东发展传播的一支，由犍陀罗和罽宾出发，沿着克什米尔北部的河谷北去，这就是中国史书中所载的"罽宾古道"，从这里可到达新疆的于阗，再向东到达鄯善，从于阗北上又可到达疏勒、龟兹，在这里形成佛教传播第三环的东部地区。现在，这条"罽宾古道"已经被考古发现所证实，在上述地区也发现了贵霜王朝时期的佛寺遗址及遗物。

中国内地是贵霜王朝佛教向外传播最外的一环，亦即第四环。进入中国内地的佛教高僧，有的来自贵霜中心犍陀罗的罽宾，也有的来自北方的巴克特里亚和索格底亚那，还有的来自恒河中游的印度本土，甚至更为遥远的安息。

佛教传入中国内地之后，到公元2世纪末在当时的首都洛阳地区和东部的徐州地区已有小规模的流行，建有佛教的寺院。到公元3世纪时，这两地的佛寺已有几十所，南方的长江流域也有了少量的寺院。到公元4世纪时，中国中原、南北方各地，以及河西地区都有了佛寺。从西域到内地，佛寺已经形成一条连绵不断的长线，广布于大河上下、长江南北。而石窟寺的开凿，随着佛教传入中国，也从上述第三环的东部，一直延伸到第四环。第三环内最早的石窟寺为新疆克孜尔石窟，约建于公元3世纪。公元5世纪以后，第四环的中国内地已开始大规模地修建石窟，各个石窟流行区已连成大片，佛教艺术中最为重要的石窟造像艺术已在中国的土地上蔚然成风。

三　佛教艺术初传中国时期的遗物

佛教艺术初传中国，目前考古发现的图像材料可以早到汉代。1980年，北京大学考古系俞伟超教授发表《东汉佛教图像考》一文[1]，其中提出了一批在中国发现的迄今为止时代最早的佛教图像，对这批图像我们可以再做些分析。

俞伟超先生认为，内蒙古和林格尔汉墓中出土的榜题为"仙人骑白象"的壁画和与之相对的榜题为"猞猁"的壁画均具有佛教含义，是与佛教有关的图像。白象可能与佛教的行像活动有关，而"猞猁"就是"佛舍利"。但后来也有学者提出不同的看法，认为白象和猞猁都应当是中国神话传说当中的神灵动物之类，与佛教并无关系。与之类似的还有出土于山东滕州的一块东汉画像石残块，画面上有六牙象，被认为表现的是佛教传说内容，是否可靠也很难确定。

山东沂南画像石墓中室的八角擎天柱的四个正面上，分别刻出东王公、西王母以及和他们相对的头上带有项光的童子像。这类带项光的人物图像显然受到佛教的影响，但他们毕竟还不是真正的佛像（图一）。

1　俞伟超:《东汉佛教图像考》,《文物》1980年第5期。

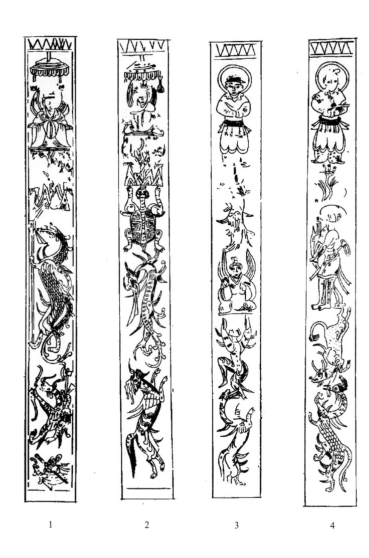

图一　沂南画像石墓中的东王公、西王母和立佛图（引自《东汉佛教图像考》）

1.中室擎天柱东面画像　2.中室擎天柱西面画像　3.中室擎天柱南面画像

4.中室擎天柱北面画像

图二 新疆出土棉布上的女神像

新疆尼雅遗址出土的一座夫妻合葬墓中，发现了白地蓝色蜡缬棉布上的图像，其中一幅图像上也有项光，手中执角杯。俞伟超先生认为其为佛像，但后来有学者考证其应当为古希腊的丰收女神像，而不是佛像（图二）。

在这批早期佛像中，我认为最无争议的是四川乐山麻浩一号崖墓、柿子湾崖墓中发现的两尊佛像。这两尊佛像都是半圆雕，

图三　四川乐山东汉崖墓中的佛像

分别雕刻在两处崖墓的门楣上方。佛像身穿通肩大衣，高肉髻，头部有项光，右手作施无畏印，左手下垂提握着衣角，已经具备了佛像几乎所有的要素。和上述其他地区发现的早期佛教图像相比较，它们已经是一种成熟形态的佛像。我特别要指出的是，这两尊佛像因为是阳凸起来的半圆雕，而不是阴凹下去的雕刻品，这就决定了它们只能和崖墓同时雕刻而成。换言之，墓葬开凿的年代就是这两尊佛像雕成的年代。这一点很重要。目前对于乐山麻浩一号崖墓的年代，大多数学者根据墓葬中伴出的器物判断认为是东汉时期墓葬，也有意见认为可能晚到三国。我曾经在乐山

图四　四川乐山东汉崖墓出土的陶质钱树座上的佛像

地区做过崖墓调查，根据这个地区崖墓兴衰的历史来看，我赞同将其年代定为东汉晚期。所以，四川乐山崖墓中发现的这两尊石雕佛像，是迄今为止我国发现的年代最早的佛像（图三）。

四川地区早期佛教图像的发现并不只有这两例，崖墓中出土的陶质钱树座和青铜钱树的树枝、树干上面，也曾经发现过大量具有佛像雏形的图像。这类图像被有的学者称为"类佛像"，它们往往也具有许多佛像的特征，如也有头光、高肉髻，手施印相，身穿通肩大衣等，但总的来说显得十分粗陋（图四）。

稍晚一些，在长江中下游地区的三国西晋时期的墓葬中，也

图五　长江中下游地区三国西晋时期魂瓶上塑造的佛像

出土过一些带有佛像装饰的器物，如在一种叫作"谷仓罐"（又称为"魂瓶""五联罐""堆塑罐"等）的青瓷器上，堆塑有佛像、胡人形象等。一些铜镜的纹饰中也出现了佛像，与中国传统的神兽交织在一起，称为"佛兽镜"。这些佛像总的来说已经初步具备了佛像的特征，如都有头光、手结印相、结跏趺坐等，不过仍然很粗糙，都是作为器物上的装饰性图案纹饰出现的，并不是被尊崇的主体物件（图五、图六）。

　　但在北方地区情况却有所不同。十六国时期的后赵出土的

金铜佛像已经是真正意义上的
佛像，已是一种偶像崇拜的产
物了。所以，有的学者用"北
方佛教重偶像，南方佛教重义
理"来诠释中国南北方早期佛
教艺术的不同特点。除此之
外，我认为还有必要考虑在中
国北方最早接受佛教和佛教艺
术的，应当是北方的少数民族
这个重要的因素。

图六　魂瓶上部堆塑的佛像

　　在上述这些早期的佛教艺
术遗存当中，我感到最令人费
解也最让人兴奋的，是四川地区这一批佛教图像。它们不仅年代
较早、数量丰富，而且其中有的佛像（如麻浩和柿子湾崖墓上的
石刻佛像）形象稳定、成熟。对于它们的来龙去脉现在还不是很
清楚，它们究竟是通过哪条路线传入四川的，现在学术界也有许
多推测。不过正是通过这批早期佛像的发现，我们确信早在东汉
时期，佛教艺术已经在中国的不少地区出现了。

四　佛教艺术初传中国的路线

　　关于佛教和早期的佛教艺术传入中国的路线，简要地归纳过
去学术界的讨论意见，主要有这样几种观点：一种观点以梁启超

先生为代表，认为早期佛教是通过海路传入中国的；[1] 另一种观点是汤用彤先生提出的，认为早期佛教的传入是通过传统的"陆上丝绸之路"传入的；[2] 后来还有一种推测，认为早期佛教是通过所谓"西南丝绸之路"，也就是"印度—缅甸—云南—四川"一线传入的。[3]

对于这个长期以来悬而未决的问题，近年来荣新江先生曾发表题为"陆路还是海路？——佛教传入汉代中国的途径与流行区域研究述评"的文章，对20世纪以来形成的各家不同意见进行了较为系统的总结、归纳与评论。[4] 我正是通过荣新江这篇文章的介绍，了解到在阿富汗的一些新的发现。后来又从网上查询到北京大学东方学系王邦维教授撰写的一篇文章《论阿富汗新发现的佉卢文佛教经卷》[5]，并且很快通过他的这篇文章在香港城市大学的图书馆里查找到了美国华盛顿大学教授邵瑞祺（Richard Salomon）撰写的《犍陀罗古代佛教经卷》这本新出版的著作。近年来阿富汗的这些新发现对于我们重新去考虑早期佛教传入中国的路线很有启发意义，而这个发现本身也充满了戏剧性色彩。

1994年9月，伦敦的英国国家图书馆得到一位匿名捐赠者所捐

1　梁启超：《佛教之初输入》，《佛学研究十八篇》，《饮冰室专集》卷五二，中华书局，1936年。

2　汤用彤：《汉魏两晋南北朝佛教史》上册，中华书局，1983年。

3　童恩正：《古代中国南方与印度交通的考古学研究》，《考古》1999年第4期。

4　荣新江：《陆路还是海路？——佛教传入汉代中国的途径与流行区域研究述评》，《北大史学9》，北京大学出版社，2003年，第320—342页。

5　王邦维：《论阿富汗新发现的佉卢文佛教经卷》，《中华佛学学报》2000年第13期。

赠的一批古代写卷，写卷来自当时尚在战火当中的阿富汗。这批
写卷全部用桦树皮作为书写材料，上面书写有佉卢文的佛经。这
批写本佛经在送到英国国家图书馆时已经非常残破，有些只是一
些碎片。在经过初步的修复之后，英国国家图书馆邀请邵瑞祺教
授对写经的文字和内容做进一步的研究。据邵瑞祺教授在书中的
介绍，这批写经送到英国国家图书馆时一共是29件，与其一起送
来的还有5个陶罐。据捐赠者透露，写经便出自这几个陶罐当中，
它们可能来自阿富汗东部的贾拉拉巴德（Jalalabad）地区，这里
就是唐玄奘《大唐西域记》卷二里所讲到的"那揭罗曷国"。经
邵瑞祺教授整理与辨识，这批写经的内容涉及经与注疏、论与注
疏、偈颂类文献、譬喻及相关文献、其他文体与杂类文献等方
面，写经的年代可能为公元1世纪早期至2世纪早期。其中最引人
注目之处，是在譬喻类经典中提到了公元1世纪初期犍陀罗地区
两位月氏王的姓名，一位叫吉霍尼伽（Jihoniki），另一位叫阿斯
帕瓦尔曼（A'spavarman）。这就不能不令人联想到，中国古代文
献记载，月氏与佛教初传中国之间曾有过密切的关系。

早年汤用彤先生就曾经指出："最初佛教传入中国之记载，其
无可疑者，即为大月氏王使伊存授《浮屠经》事。"[1]此事最早见载
于《三国志·魏志》裴松之注引《魏略·西戎传》："汉哀帝元寿
元年，博士弟子景卢受大月氏王使伊存口授《浮屠经》。"这次在
阿富汗境内发现的这批佛经写卷正是位于大月氏地区，并且年代

<hr>

1　汤用彤:《汉魏两晋南北朝佛教史》上册，第34页。

如此之早，说明当时的月氏王不仅信奉佛教，而且很可能扮演着向外传播佛教的使者这一角色。所以从这个意义上来说，早期佛教及其艺术传入中国，阿富汗的发现对"陆路说"无疑是一个有力的支援。

再回过头来看看四川地区发现的这批早期佛教图像。过去有相当多的学者都对"西南丝绸之路"抱有很大的希望，我本人也曾经相信在这条路线上一定会有重要的发现可以廓清四川汉代佛像传入的来龙去脉。但这么多年过去了，在"印—缅—滇"这一线却并没有发现足够的考古证据来支持这一假说。近年来吴焯先生提出新说，认为四川地区的早期佛像从造像的内容和形式来看，皆取结跏趺坐式，着通肩大衣，左手提衣角，右手施无畏印，正是西北印度佛教造像特有的形式，因此乐山、彭山崖墓中出现的早期佛像"固可能自川缅入印度道传来，但更大的可能则是取羌中通西域的第三条路线。乐山、彭山距成都不远，均在岷江沿岸，正当这条交通在线，佛教传入应首先受染"[1]。结合上面提到的阿富汗的新发现来看，这种可能性进一步加强了。当然，这个假说的最终成立，还有待于更多的考古材料，这里仅仅还是一个初步的推测。

五　佛教初传中国与本土信仰间的融合

最后，我们谈谈佛教与其艺术初传中国时与中国本土信仰相

---

[1]　吴焯：《佛教东传与中国佛教艺术》，浙江人民出版社，1991年，第149—150页。

互融合的问题。早年汤用彤先生在他的名著《汉魏两晋南北朝佛教史》中早已指出："佛教在汉代纯为一种祭祀，其特殊学说为鬼神报应……祭祀既为方术，则佛徒与方士最初当常并行也。……盖在当时国中人士，对于释教无甚深之了解，而羼以神仙道术之言。教旨在精灵不灭，斋忏则法祠祀。浮屠方士，本为一气。"[1]

我们从考古材料中也可以观察到同样的现象。前面所提到的中国早期佛教图像，大多与中国古代本土传统信仰中的神灵杂糅在一起，非常形象地反映出，当时的人们是把这些西传而来的佛教艺术品也作为神仙一类偶像来加以崇拜的。

上面提及的山东沂南画像石墓中室的中心柱上，与带有头光的童子像相对而出的，是中国本土传统信仰中的西王母、东王公的图像，这表明它们之间是一种"并列关系"，具有同样的神格。

而在中国西南地区的早期佛像与西王母图像之间，还存在着一种"置换关系"。也就是说，原本应是西王母的位置，被早期佛像所占据。这里我们可以举出下面的例子来加以说明：在四川彭山东汉崖墓中出土的一尊陶质钱树的树座上面，出现一尊早期的佛像，佛像的两侧各为一尊胡人像。四川宜宾南溪东汉崖墓出土的一具石棺的侧面，正中为西王母坐于龙虎座上，西王母的左边立一裸体仙人，右边立一世俗装束的妇女；这尊裸体仙人应是胡人的形象，其布局方式与彭山崖墓陶座上的图像极为相似，但不同之处却在于主尊一为佛像，一为西王母像；这说明在当时人

1　汤用彤：《汉魏两晋南北朝佛教史》上册，第37—38页。

们的心目中，西王母即佛，佛即西王母，都是可以保佑人们、使人长生不死的神灵。

1998年，在汉中城固调查发现了一尊铸造在摇钱树枝头的铜像，这尊铜像一方面具有佛像的某些特点，如有明显的圆形头光，唇上有口髭，一手结施无畏印，一手握衣角，结跏趺坐姿，服饰上有U字形的褶纹，等等；而另一方面，它与过去在四川南溪发现的摇钱树上的西王母像又有着许多共同点，如它的双肩仍有羽状的毛翼向上扬起，身下的台座仍为龙虎座，另外，在它所处的摇钱树树干上，也铸有各种仙人怪兽。给人的感觉，是在西王母像的环境中，将西王母"置换"或者说是"变容"成为佛的形象。当然它还是属于早期的佛像，和其他四川地区出土的钱树佛像一样，都显得十分粗陋、原始。汉中城固在历史上属于古代巴蜀与西南夷的行政区域，因此具有共同的文化特征。

观察分析这些早期佛像，我们不难看到，它们虽然已经具有佛像的若干特征，却实际上与西王母这样的形象在功能上并无二致，它们实际上并未脱离中国本土的西王母信仰崇拜这个空间背景。四川绵阳何家山崖墓在考古发掘时曾经发现一个有趣的现象：在与出土钱树树干铜佛像的一号崖墓紧相毗邻的二号崖墓中，也出土了钱树的残件，但上面的尊像只有西王母像而没有佛像。可见在当时人们的心目当中，基本上是把这些早期佛像与西王母的形象等量齐观的，这与后来真正将佛像作为偶像崇拜的佛教造像之间应当还有相当一段距离。

中国学者当中，从考古学的角度最早注意并明确提出这一问题的是杨泓先生，他在《试论南北朝前期佛像服饰的主要变化》一文中曾经注意到：四川乐山汉代崖墓中发现的两尊佛像，在造型方面"又和汉代传统的神仙形象有所关联，以彭山陶像为例，可以说明这一情况。一般'摇钱树'座上，多在相同的位置塑神仙（如西王母等），其形象均是拱手端坐，而这一佛像处在神仙的位置处，姿态也相近，衣纹手法也是接近的"[1]。

但是，我们并不否认这些脱胎于西王母图像的早期佛像所透露出的重要信息。我曾经在写给《九州岛学林》的一篇文章中指出，这一文化现象实际上暗示着，随着汉代以来"丝绸之路"的开通与佛教东渐，被视为荒僻之地的中国西南，也同样受到西来文化的染化。通过某些目前我们还难以廓清的孔道，当时的人们已经获得了关于佛教及其图像的一些肤浅的知识。尽管这些知识可能与另一尊西方神灵——西王母——的传说还混淆不清，以至于才"张冠李戴"地创造出一些具有西王母特征的佛像，或者将佛像身边的胁侍绘成常见的胡人形象。这里，我们还必须注意到的一个基本事实在于，在佛教及其艺术初传中国时，对于中土人士而言，关于佛的形象还多停留在人们的想象揣摩之中，连汉明帝对佛的形象的认识也是从梦中得来："梦见神人，身体有金色，项有日光。"（《四十二章经序》）《后汉书·西域传》中也记载说："世传明帝梦见金人，长大，项有光明。以问群臣，或曰：西方有神，名曰佛，其形长丈六尺而黄金色。帝于是遣使天竺问佛道

1　杨泓：《试论南北朝前期佛像服饰的主要变化》，《考古》1963年第6期。

法，遂于中国图画形象焉。"可想而知，远在西南中国的艺术家们基于当时的知识背景和信仰习惯，大概也只能创造出这种半神半佛的形象来。这便成为早期佛教艺术初传中国时一个颇具有时代特征的现象。

（本文由在香港城市大学中国文化中心的讲演稿整理而成，
原载香港城市大学中国文化中心编：《宗教信仰与想象》，
香港城市大学出版社，2007年）

流变中的精致：南北朝造像与佛教美术的
"中国化"进程

——以成都南朝造像为中心的考古学观察

公元5—8世纪约400年间，即中国的南北朝至隋唐时期，是佛教美术从印度传入中土最为重要的一个发展阶段。源于南亚的佛教造像艺术在经过中亚、我国西域不断东渐的过程当中，以其蓬勃的生命力吸收了不同地区、不同民族的艺术精华和养分，逐渐适应于中华本土文化的土壤，培育出一代又一代充满灵动、生机与活力的佛教造像式样流传至今。其中，又尤其以十六国至南北朝这个时期处在一个关键性的转折期。兴盛于遥远而温润的南亚沃土的佛教造像艺术，经过改造和变容，实现了它的华丽转身，融入中华大地多民族的艺术海洋之中，以新的面貌展现给世人。

佛教美术有不同的呈现方式。例如，一是在地面建造寺院，在寺院中彩塑佛像、绘制壁画；但这类佛寺由于多为土木建筑，往往失之于年代久远而毁灭不存。二是在崖壁上开凿窟龛，于窟龛之中雕塑佛像、绘制壁画，形成所谓的"石窟寺"——也就是"开凿在石头上的佛寺"。三是用不同的材质（如金铜、漆木、泥塑、石造等）来制作佛像。相对而言，在这三类遗存当中，前两类都是不可移动的文物，只有第三类属于可以移动的文物，这些可以移动的佛像——尤其是石造佛像，因其材料易得、便于雕刻制作，也便于作为造像主体的发愿者携带、流动和供奉，成为佛教美术品中的大宗，也是佛教考古重要的遗存之一。此次"映世菩提"特展，就是以南北朝时期一批精美的佛教造像为中心而展出的，在中国佛教造像史上堪称代表之作。

一　西佛东渐：佛教造像风格流变中的本土化趋势

佛像在印度起源于何时？这还是一个学术界迄今为止也没有最终解决的问题。但从现有考古材料来看，大约在公元前后，在印度已经出现了最初的佛像，似已成为学界的公论。那么，佛像又是何时、通过何种途径传入中国？这同样也是一个学者们至今仍在不停追寻答案的问题。位于中国西南以成都平原为中心的四川地区，在早期佛教美术传播过程中具有特别重要的意义。因为在东汉时期（公元1—3世纪）的四川汉代崖墓和作为墓葬随葬品的"摇钱树"上，已经出现了具有佛像的一些基本特征（如身姿、手势、衣饰等）的造像。只是因为它们还不是明确的作为崇拜主体的对象，往往和汉代传统的神仙形象（如西王母）有所关联。学者们一般将其称为"早期佛像"，以区别于后来规范化的、具有明确宗教偶像崇拜含义的佛教造像。类似这样的"早期佛像"，在汉晋时期也同时出现在北方和长江中下游地区。[1]如长江中下游地区的青瓷器"魂瓶"上面，就堆塑有造型十分粗糙的佛像，和其他的神仙、动物共处其中，显示出佛教初传中国时与我国本土的神仙信仰体系之间的相互融通和相互借鉴。

十六国时期，出现了迄今为止最早的一批真正意义上的佛像。其中带有纪年铭刻的最早的一尊鎏金铜造像是后赵石虎建武四年（即东晋咸康四年，公元338年）造像。这尊造像的特征是结跏趺坐于方座之上，双手置于腹前，身披广袖通肩大衣，大衣的式样以及衣衫纹饰都和四川东汉时期的"早期佛像"十分相似。这一阶段还发现了一批年代在公元4—5世纪、造型也较为相近的鎏金铜佛像（佛教界称其为"金铜佛像"），已经广泛流布于我国西北、中原和江南地区，有可能是因为其体积较小、轻便易携而被带到各地传播。这批金铜佛像的基本造型一致，其衣饰上的特点都是身着通肩大衣（袈裟），和印度、中亚一带流行的佛像衣饰有相似之处。[2]

新式样的出现大约发生在公元5世纪的下半叶。其中最为引人注目的，是在四川地区的岷江上游茂县出土了一尊纪年铭为齐永明元年（483）的造像碑，发现时已残破为几块。但其中最大的一块残石上雕刻有正反两面各一尊造像，一为弥勒坐像，一为无

1　俞伟超：《东汉佛教图像考》，《文物》1980年第5期。

2　杨泓：《试论南北朝前期佛像服饰的主要变化》，《考古》1963年第6期。

量寿佛立像。[1] 这两尊造像在式样上发生的最大变化，一是衣饰均为宽松博大的通肩大衣，胸前垂出内衣结带，结带下垂后一端左搭在腕上，另一端下垂至腹前，学界称其为"褒衣博带式佛衣"或者"冕服式佛衣"。另一个显著的变化发生在台座上，这两尊造像中的弥勒坐像均衣衫下垂，密集的衣褶不仅遮住双足，而且遮住了方形的台座。学界将这样的台座式样称为"裳悬座"或者"悬裳座"。[2] 这两个重大的变化是佛教美术在中华大地上发生的重大改变。和以往造像上的佛衣式样比较，它已经明显不同于佛教初传中国时流行的通肩大衣，也不同于南亚、中亚一带流行的袒露右肩的佛衣，和后来公元5世纪中叶至末期云冈石窟中出现的在袒露的右肩上搭以袈裟一角（有学者将其称为"偏衫"）的佛衣式样也大不一样了。

由此我们可以大体上看到，佛教造像在传入中国之后出现过三种明显发生了变化的佛衣式样：从最早的通肩大衣、袒右式大衣，发展到在袒右大衣的肩部加以遮盖的斜披式大衣，再发展到完全采用中国本土士大夫阶层的"褒衣博带"式服饰。对于前两个阶段，学术界提出的解释比较一致，认为"最初佛教僧侣还都是袒露右肩的，但是这种光赤着一条膀臂的样子，与我国古代的习俗不合，所以从北魏起，中国僧侣的服装就有了改进，在肩上

1　袁曙光：《四川茂汶南齐永明造像碑及有关问题》，《文物》1992年第2期。

2　〔日〕小杉一雄：《裳懸座考》，《仏教芸術》第5号，每日新闻社，1949年。

半搭偏衫，把裸露的肩部遮住"[1]。这个变化过程在云冈石窟中可以见到较多的例子，如云冈第20窟的露天大佛就是代表。但总体而论，"通肩式"和"斜披式"（偏衫）都还没有完全脱离印度式佛衣的式样，这两类服饰在同时期的佛教造像中也始终并存。最大的变化显然是"褒衣博带"式的出现，这种式样完全是中国式样，无论是在佛教的发源地南亚印度，还是在传播过程中途经的中亚地区，都没有这种式样的发现，可以肯定它是佛教美术"中国化"带来的结果。但由此却引发了一场旷日持久的争议，问题的焦点在于：这个变化是首先发生于中国的北朝（北魏），还是首先发生于中国的南朝？

日本学者长广敏雄最早提出这种服饰是北魏创立的，认为其始于云冈石窟第6窟，是北魏皇帝制定的服制，故将其命名为"北魏式服式"。[2]我国学者杨泓先生则主张这个变化是北魏受到南朝影响的结果，是北魏在"学习了南朝造型艺术传统后所创造出来的"[3]。他举出的一个很有说服力的证据在于，在南京西善桥的东晋晚期的墓砖当中，出现了"竹林七贤和荣启期"的画像，画

1　关于"偏衫"的提法，初见于杨泓：《试论南北朝前期佛像服饰的主要变化》，《考古》1963年第6期。后来宿白先生在其有关云冈石窟的一系列研究论著当中，也采用了这个提法，参见氏著《中国石窟寺研究》，第52—89页。后来日本学者对此提出了不同看法，认为这不是另外加上的偏衫，而只是将袈裟的末端搭放在右肩之上的一种着衣方式。参见〔日〕冈田健、石松日奈子：《中国南北朝时代的如来像着衣的研究》上、下，《美術研究》第356、357号，东京美术研究所，1993年。

2　〔日〕长广敏雄：《雲崗における仏像の服制》，《東方学報》（京都）第15卷第4期，1947年。

3　杨泓：《试论南北朝前期佛像服饰的主要变化》，《考古》1963年第6期。

中的人物正是身穿这种"褒衣博带"式的服饰。这种服饰宽松博大，双领下垂，从衣领可以看得见里面的内衣，内衣上的衣带结于胸前，结下双带下垂。这种服饰的特点，和上述南齐、北魏造像相似，但年代却要更早，应当被视为其源头所在。

上述这两种不同的观点后来引起越来越多的学者的讨论。如宿白先生认为，这种服饰变革的渊源应是南朝，"云冈太和十年（486）以后出现的新服制的佛像，很可能是北魏匠师根据至少是参考了南朝造像设计、雕造出来的"[1]。日本学者松原三郎[2]、吉村怜[3]等人也基本赞同"南朝起源说"，并且从南朝文化的优越性（文化水平高于北朝）、南朝造像中"天人"形象的变化等不同的角度来加以进一步的阐释。但是，主张"北朝起源说"的声音也从未止息。日本学者石松日奈子近年来在前人研究基础上提出不同的观点，认为北魏造像应是主要吸收了来自地接西域的"凉州造像"式样的因素形成的，是自成体系的。换言之，她并不赞同"南朝起源说"，认为北朝和南朝相比较，其现存作品的数量巨大，而南朝的现存作品则所存无几。虽然学术界一直存在南朝文

1　宿白：《〈大金西京武州山重修大石窟寺碑〉的发现与研究——与日本长广敏雄教授讨论有关云冈石窟的某些问题》，收入氏著《中国石窟寺研究》，第108页。

2　〔日〕松原三郎：《中国仏像様式の南北—その試論として—》，《美術史》第59号，日本美术史学会，1965年。

3　日本学者吉村怜在多篇论文中对这一观点均曾做过阐述，可参见其《论南北朝佛像样式史》《南朝天人图像向北朝及周围各国的传播》《论止利样式起源南朝》《论龙门样式起源南朝》《成都万佛寺址出土佛像与建康佛教》《止利式佛像与南朝样式的关系》等文，均收入氏著《天人诞生图研究——东亚佛教美术史论文集》，卞立强、赵琼译，中国文联出版社，2002年。

化优于北朝，所以北朝造像一定模仿南朝的观点，"可是，在我
们审视流传至今数量庞大的北魏造像的时候，在内容丰富而洋溢
着民族性的（北朝）独特造型面前，南朝起源说到底还有什么说
服力呢？"[1]

　　概括而言，引发这场"学术公案"聚讼难解的根本原因，仍
在于迄今为止考古所发现的南朝造像的确远远不能与北朝相比
较。公元5—6世纪开凿的大型窟龛仅发现南京栖霞山、新昌剡溪
大佛两处，[2]而作为南朝政治中心的建康（南京）发现的南朝佛教
造像数量又极少，[3]所以并不能从考古实物上完全支持"南朝起源
说"的成立。

二　齐梁之变：成都南朝造像发现的新启示

　　正是在长期以来中国佛教造像史上存在"褒衣博带"式样
"南北起源论"这场大论战的背景之下，继四川茂县南齐永明元
年造像碑的发现之后，成都万佛寺、西安路、宽巷子、商业街、
下同仁路等一批带有南朝纪年铭文的造像的出土，[4]才再一次引起

1　〔日〕石松日奈子：《北魏佛教造像史研究》，〔日〕筱原典生译，文物出版社，2012
　　年，第202—205页。
2　宿白：《南朝龛像遗迹初探》，收入氏著《中国石窟寺研究》。
3　近年来在南京地区考古发现了一批南朝时期的鎏金铜佛像，但数量也极少，在规模
　　和数量上均无法和北朝造像相比。
4　有关资料可参见四川博物院、成都文物考古研究所、四川大学博物馆编：《四川出土
　　南朝佛教造像》之第一章《四川出土南朝佛教造像概述》，中华书局，2013年，第
　　1—16页；另见成都文物考古研究院编著：《成都下同仁路——佛教造像坑及城市生活
　　遗址发掘报告》，文物出版社，2017年。

了人们的强烈关注。成都出土的南朝造像也成为南朝造像研究的主要对象而被学术界热烈讨论。

成都发现的南朝造像从类型上看可分为体形较大的立佛像、坐佛像、残头像以及较小型的背屏式造像等，其佛衣的式样既有通肩式，也有"褒衣博带"式，其中不少带有南朝齐、梁的纪年铭文和发愿文等。那么，应当如何来看待这批成都出土的南朝造像呢？一部分学者认为，成都的南朝造像渊源于江南地区，应当就是当时南朝流行的式样，可被视为南朝造像的代表作，"在江南没有发现更多的新材料之前，四川造像似可代表包括江南在内的南朝造像样式"[1]。而另有一些学者则认为，成都的地理位置和长江下游作为南朝政治中心的南京相距甚远，更为靠近西域、甘青地区，况且在南北朝后期还被并入北朝的西魏、北周，所以既不能完全视其为真正意义上的"南朝造像"，也不能视其为纯粹的"北朝造像"，很可能是居于南北朝两大造像系统之间的"第三世界"，其来源可能是经犍陀罗、西域、青海吐谷浑直接传入成都地区之后形成的一种新式样。[2]还有学者从更为遥远的"南海—东南亚—滇缅"一线的"南方通道"，去试图寻求成都南朝造像的源头。[3]

---

1 李裕群：《试论成都地区出土的南朝佛教石造像》，《文物》2000年第2期。前引日本学者吉村怜《成都万佛寺址出土佛像与建康佛教》也持这一意见。

2 〔日〕山名伸生：《吐谷渾と成都の仏像》，《仏教芸術》第218期，1995年。

3 〔韩〕郑礼京：《過渡期の中国仏像にみられる模倣様式と変形様式―如来立像を中心に―》，《仏教芸術》第247期，1999年。

其实，在这些看似纷乱驳杂的现象背后，已经隐约透现出成都南朝造像隐藏在历史大幕之后的真实轮廓，反映出佛教美术在中国进入南北朝这个最为重要的转折期之后，于流变之中吸纳融通、蜕化升华从而展示出的精致面容。下面，我们试从时、空两条主线上，去追寻成都南朝造像的主要发展线索。

首先可以观察到，成都造像和凉州造像之间在南齐时期有着密切的关系。其一，从前述茂县发现的齐永明造像碑的发现地点来看，它正好处在四川通向甘肃、青海等地的交通线路之上的岷江上游，其背后可能暗含着与甘青一带佛教文化之间的联系与交往。碑的残石第二石题铭中，造像者自铭"西凉曹比丘释玄嵩"，由此可以佐证其应为在西域凉州一带活动的僧人。造像碑上主尊佛衣式样为"褒衣博带"式袈裟，且在胸前系带打结，这是目前国内现存最早的实例，尚不见于江南地区。其二，齐永明元年造像碑上，除了两尊主体造像之外，还可以观察到以往的研究者们往往忽略的其他几件残石上的刻像。这些主像之外的残石之上，都有开凿出的小龛和造像，小龛的龛形多为圆拱顶，带有桃形的龛楣。龛内造像的衣饰褶纹呈U形，垂悬于台座之上的袈裟多呈三组平行的圆弧形（三瓣式）。类似的龛像同时也见于四川绵阳东汉平杨府君阙阙身上后来补刻的南朝龛像之上。[1]值得注意的是，与这类龛像在形态上十分相似的考古遗存，在西域凉州武威、酒

1　孙华：《四川绵阳平杨府君阙阙身造像——兼谈四川地区南北朝佛道龛像的几个问题》，收入巫鸿主编：《汉唐之间的宗教艺术与考古》，文物出版社，2000年，第89—138页。

泉、敦煌一带发现的北凉石塔上较为多见，最具代表性的例子如酒泉石佛湾子出土的北凉玄承元年（428）"高善穆造像塔"塔身部的一周七佛与弥勒菩萨龛像。[1] 从龛形和佛像U形衣饰的褶纹来比较，两者之间均有相似之处，尤其是披覆在台座上的袈裟也是三组平行的圆弧纹的基本式样，令人印象深刻。其三，成都造像中的齐永明八年（490）造像、齐建武二年（495）造像在题材、布局上均十分相似，均是一佛二菩萨，主尊褒衣博带，内着僧衣，胸前系带打结，袈裟下垂为"悬裳座"。背面的雕刻布局和题材也极为近似，在房形小龛内雕刻交脚弥勒坐像。这是凉州造像中流行的母题，这类交脚菩萨像在北凉石塔中也有较多发现。由此可以得出一个基本的认识：成都及附近地区在南齐时代的造像中，主要还是受到来自西北地区凉州式样佛教造像的影响，虽然也零星地出现了诸如"南朝天人"式样的因素，但并未占据主流。至于这一时期流行无量寿和弥勒信仰，也可以在凉州溯其源头。[2]

但是，公元6世纪初，梁武帝萧衍继位，改元天监，成都南朝造像中也发现了三尊有明确梁天监纪年的造像。我们可以明显地看出，与前一阶段的南齐造像相比较，进入梁武帝时代，此时成都南朝造像的风格和范式又进入一个发展变化的新阶段。这个时期，前一阶段南齐造像中带有西北地区凉州造像风格的桃形小

1　张宝玺：《甘肃佛教石刻造像》，甘肃人民美术出版社，2001年，图11。

2　宿白：《南朝龛像遗迹初探》，收入氏著《中国石窟寺研究》，第191页。

龛、在背屏式造像的背面雕刻交脚弥勒像的流行做法已经消失不见；高冠博带、成队排列的供养人像与佛说法、众人礼佛场面以及具有经变性质的楼阁莲池等图案开始交织出现在造像发愿文的上方；造像正面佛、菩萨、弟子、力士的组合更加完备；主尊的背光边缘出现了具有浓厚南朝装饰风格的"莲花化生"及"天人"图案，这类天衣飘荡的"天人"的图像过去曾在长江下游南朝大墓和河南邓县画像砖墓中有过发现，[1]其源头显然应到南方去寻找。上述这些现象都表明，随着梁武帝的继位和极度崇佛，反映在佛教造像上来自南方的影响在这个时期开始逐渐超过北方并成为主流式样。

到梁代中后期的普通年间以迄太清年间（520—550）[2]，一些过去从未有过的新的造像题材和造像风格开始在本期出现。如这个时期开始出现了一批铭文中自称为"阿育王像"或"育王像"的造像，还出现了一批形体高大、具有与"褒衣博带"衣饰风格完全不同的佛立像，其衣饰特点为贴身轻薄的长袍，佛像的衣饰与印度"摩菟罗—笈多式样"的造像风格十分近似。在背屏式造像上，主尊和胁侍组菩萨组合完备，形成佛、菩萨、弟子、力士、护法等更为严格的等级系统。不仅如此，还有几个新的因素也尤其引人注目：其一，台座装饰变得更趋复杂，不仅出现了狮子、

---

1 南京博物院：《江苏丹阳胡桥南朝大墓及砖刻壁画》，《文物》1974年第2期；南京博物院：《江苏丹阳县胡桥、建山两座南朝墓葬》，《文物》1980年第2期；河南省文化局文物工作队：《邓县彩色画像砖墓》，文物出版社，1958年。

2 梁太清无五年，但成都地区因远离政治中心，故太清年号沿用至五年（551）。

大象等佛国神兽，还出现了身呈多种姿态、使用多种乐器的伎乐人的形象；其二，在造像的侧面，出现了手持不同法器的护法，尤其以一种面相带有胡人风格、手持上细下粗的大棒的护法最具特色，对其来源已有学者做过推测，认为其可能与来自西方的孔武神灵有关；[1]其三，佛、菩萨、弟子像的背光当中及背光的边缘，装饰以更加繁缛的"莲花化生"和天衣飘荡的"天人"（飞天）形象。背屏式造像背面的图案以佛说法、众人礼佛供养为主要画面，具有佛教经变故事画特点的题材在前期的基础上得到进一步发展，内容更趋丰富。综上所述，我认为只有到了这个阶段，来自南方的因素急速增生，成都南朝造像在题材、风格等各方面均出现了一系列重大的变化。这个时期所形成的成都造像的风格，或许才真正可以被称为南朝萧梁时代的造像风格，也才能够真正代表包括江南佛教造像在内的南朝造像艺术，这也就是我所说的"齐梁之变"[2]。

　　能够表明这个时期成都南朝造像与梁武帝建康造像有直接传承关系的考古学证据虽然还不多，但也仍有线索可寻。梁武帝建梁之后，对成都地区的控制开始加强。尤其是北魏在永熙三年（534）分裂为东魏和西魏之后，实力减弱，萧梁趁机夺取了梁

1　邢义田：《赫拉克利斯（Heracles）在东方——其形象在古代中亚、印度与中国造型艺术中的流播与变形》，收入荣新江、李孝聪主编：《中外关系史——新史料与新问题》，科学出版社，2004年，第15—47页；后收入氏著《画为心声：画像石、画像砖与壁画》，中华书局，2011年，第458—513页。

2　霍巍：《齐梁之变：成都南朝纪年造像风格与范式源流》，《考古学报》2018年第3期。

州和东益州，成都的局势趋于安定。梁武帝对蜀地的经略远超前代，尤其是在益州刺史的任免上，均要以其对佛教事业的重视与否作为选才标准之一。[1] 史料表明，梁武帝任命的益州刺史中除第一任邓元起外，以后各任益州刺史都是梁武帝的近亲，只限于可以信任的皇族。先后担任益州刺史者有其子萧纪，异母弟萧憺、萧恢，以及侄子萧渊藻、萧渊猷、萧范等，这些人都是热心的佛教信仰者。而且几无例外的是，这些益州刺史在赴任时，往往都会携有家僧、门师性质的佛教高僧随行。[2] 大同三年（537），梁武帝派其第八子武陵郡王萧纪出任益州刺史，成都更是出现了新的局面。史载萧纪"在蜀十七年，南开宁州、越巂，西通资陵、吐谷浑，内修耕桑盐铁之功，外通商贾远方之利，故能殖其财用，器甲殷积"（《南史·梁武帝诸子》）。在这个背景之下，中央王朝在政治、经济、文化各方面对于成都的影响都超过南齐。再从佛教发展的情况来看，如同前贤所论："南朝佛教至梁武帝而全盛……在位四十八年，几可谓为以佛化治国。"[3] 而南朝佛教势力之推广，至梁武帝时期也达到极盛，"京外西极岷蜀，东至会稽，南至广州，同弘佛法"[4]。

梁代成都造像的题材和风格，在这个时期有更多的线索表明

1　〔日〕诹访义纯：《梁武帝の蜀地经略と仏教—益州刺史の任免を中心として—》，收入《中国南朝仏教史の研究》，法藏馆，1997年。

2　〔日〕吉村怜：《成都万佛寺出土佛像与建康佛教》，收入氏著《天人诞生图研究——东亚佛教美术论文集》，第153—165页。

3　汤用彤：《汉魏两晋南北朝佛教史》下册第十三章《佛教之南统》，第341页。

4　同上书，第344页。

其可能直接来源于建康。史载鄱阳郡王萧恢曾于天监末年因"感通"之冥在成都梁泰寺造四天王像，[1]其具体式样文献无载，但可以想象因其来自江南，很可能其所造之像也为江南式样。天监末年，前述之萧渊藻再任益州刺史，也在蜀地造像，在成都新津曾发现其造像铭题："天监五年（506）太岁在丙戌二月朔申，益州刺史萧渊藻为削平乱贼……敬造石佛神□区，普同供养。"[2]本次展出的成都万佛寺出土的一通梁中大通元年（529）所造大像，衣饰特点为"天竺薄衣"形象。在此像的侧面，有题铭为："中大通元年太岁己酉藉莫姥□道猷与 见 景光及景焕母子侍从鄱阳世子西止于安浦寺敬造释迦像一丘（躯）以此功德（愿） 七 世因缘游神净土面睹真（像）习愿□□早成（员）智愿现在景光母子及一切眷属百命延远善缘果遂三障永除八苦长灭生生世世母子同会共生西方如来福□广妙法和与一切众生等成佛果。"[3]前人在研究中注意到，从发愿文中"从鄱阳世子西止于安浦寺敬造释迦像一丘（躯）"此句分析，所言的"鄱阳世子"即梁武帝第九弟鄱阳郡王萧恢之子萧范，此公在《南史·梁宗室传》中有载："范字世仪……为卫尉卿，每夜自巡警，武帝嘉其劳苦，出为益州刺史。

---

1 道宣《续高僧传》卷二十六《释道仙传》："……州刺史鄱阳王恢，躬礼受法，天监末，始与王冥感于梁泰寺，造四天王，每六斋辰常设净供，仙后赴会，四王顶上放五色光，仙所执炉自然烟发。"上海古籍出版社，1991年，第328页。

2 游寿：《梁天监五年造像跋尾》，《图书月刊》1943年第3卷第1期，第10—11页；但笔者未见原文，转引自李裕群：《四川南朝造像的题材及其与北方石窟的关系》，收入《四川出土南朝佛教造像》，第236页。

3 《四川出土南朝佛教造像》，第20—21页。

行至荆州而忠烈王薨，因停自解，武帝不许，诏权监荆州。及湘东王至，范依旧述职。"宿白先生据此题铭认为："因知鄱阳王世子范于益州造释迦像，距其离京西来为时不久，约可推测益州此种新型佛像的图样有可能源自建康。"[1] 而李裕群先生则进一步解释："此像虽非鄱阳王世子萧范所造，但既是侍从鄱阳王世子西上，则可知他们亦来自建康。"[2]

当然，我们同时还应当注意到的另一个方面是，进入萧梁时代，成都地区造像虽然主要受到来自建康的影响，但因其形制繁杂、题材众多，其来源似乎并非江南一地所能尽括。也不排除其中某些因素系来自西域、南海甚至更为遥远的他方，可能与这个时期陆、海"丝绸之路"佛教文化的影响有所关联。例如，成都南朝造像中这个阶段出现的一批形体高大、具有与"褒衣博带"衣饰风格完全不同的佛立像，其衣饰特点为贴身轻薄的长袍，衣纹细密，衣褶朝着一边斜垂，与印度"摩菟罗—笈多式样"的造像风格十分近似。再如，一些造像的台座装饰上出现的狮子、大象等佛国神兽的特殊姿态以及身呈多种形态、使用多种乐器的伎乐人的形象，其来源也可能与西域印度、南海诸国的佛教美术元素有关。只是目前材料有限，缺乏很多中间环节，对于其间具体的流播路线和方式还不能看得十分清楚。

1　宿白：《青州龙兴寺窖藏所出佛像的几个问题——青州城与龙兴寺之三》，《文物》1999年第10期，第52页。

2　李裕群：《四川南朝造像的题材及其与北方石窟的关系》，收入《四川出土南朝佛教造像》，第236页。

可以推测，正是在这样的历史背景之下，成都南朝造像的风格和题材较之南齐时期已经为之大变，吸收了大量来自南朝首都建康的文化因素，达到了一个高潮和顶峰。也只有发展到这个阶段，成都地区的南朝造像才能真正被作为包括江南地区的南朝造像的典型代表来看待。过去笼统地将"成都南朝造像"看作一个整体，不加区分地作为讨论对象，显然与实际情况出入很大。

三　南北交融：造像风格的变化与发展

成都南朝造像的发展流变，并不是一条孤立的发展路线，而是与中国北方同步演进、相互交流、彼此融合、共同促进的多线并进，也是佛教美术中国化、本土化所共同经历过的一个壮阔的历史进程。

通过上述分析论证，我们至少可以从一个新的角度看到，在南朝宋、齐时期，成都及其附近地区的造像主要还是受到凉州的影响，来自建康的因素并不多见。所以，对南齐永明元年造像的再审视或许可以提示给我们一个重要的线索：这种"褒衣博带"式佛像最早很可能发生于西北凉州一带，后来随着北魏掳掠凉州人丁、财富和僧众东移平城，这种式样的佛像也从凉州移至平城，同时也传播影响到与凉州关系密切的成都。在北魏大同云冈石窟中期（公元5世纪60年代后期）的石窟造像，如第6窟佛像、第16窟本尊像中已经出现了这种服饰。其后，云冈后期的这种服饰特点又进一步被龙门所继承，形成具有中国风格的雕刻式式样。以往的研究者多从北方（包括凉州）帝王多崇信沙门，沙门也敬王者，故有"造像如帝身"的习俗这一点来强调北方率先出现此种服饰的可能性，[1] 从文化传统上而言，也有一定道理，不过对其渊源似还可以做进一步的讨论。李裕群先生曾推测"这种袈裟式样很可能是四川南朝造像的特点。换言之，北朝这种袈裟可能来源于四川"[2]。如果结合茂县齐永明元年造像者的身份为"西凉 曹比丘释玄嵩"、造像发现的地点又位于成都与凉州之间的重要通道上这些因素进一步推测，这种"褒衣博带"式服饰的源头，我认为很可能仍是在凉州而非成都，成都只是其流播过程中的一个环节。在甘肃炳灵寺、麦积山石窟的北魏造像中，都可以看到与成都发现的茂县齐永明造像在造像年代、"褒衣博带"式服饰特点等方面十分相似的标本，可以表明凉州与成都两地之间关系十分密切。

公元520年以后，北方爆发"六镇之乱"，导致北魏内部矛盾激化。公元534年，高欢拥立孝静帝迁都到河北的邺城，建立东魏。同样出身于六镇的宇文泰则拥立文帝定都长安，建立西魏。公元550年，由东魏建立北齐。公元557年，由西魏建立北周。而南方此时则由梁代转为陈代（557）。至公元581年，隋灭北周，其后于公元589年灭南方的陈，实现了中国南北的再度统一。然而，政治格局的改变并不能阻断文化的传承和继续。在这

1 〔日〕长广敏雄：《佛像の服制》，收入《大同石佛藝術論》，高桐书院，1946年。

2 李裕群：《四川南朝造像的题材及其与北方石窟的关系》，收入《四川出土南朝佛教造像》，第238页。

个阶段，从南北朝前期开始的佛教造像朝着中国化、本土化演进的潮流，变得更为汹涌，并开始形成各种地方式样。此次特展中展出的邺城、青州和长安三地的造像，反映出佛像的服饰更趋复杂化，不仅增加了佛衣的式样、层数、系带的种类，背光上的变化也更为丰富，衣摆长垂于"悬裳座"上形成的各种式样大为流行，造像的组合、造型更加复杂，造型上的精妙感几近极致，以至于日本学者将这种风潮誉为"极度中国化"的时代。[1]而另一方面，随着"一带一路"的开拓——在这个时期分别通过"吐谷浑道"和南海诸国海道进入，来自西域、南海的国际影响也给益州和建康的佛教造像带来了新的因素，在中国化的"底色"当中，增加了几抹更为丰富亮丽的色彩。

河北邺城造像继承了北魏建国以来的佛教传统，受北魏平城和云冈石窟的影响很深。东魏迁都邺城之后，洛阳僧众也大批随迁至此，邺城从而取代洛阳成为中原北方的一个新的佛教文化中心。近年来邺城考古新发现的造像在风格上以大量"褒衣博带""秀骨清像"式的佛像为多，但也发现北齐时受到印度"摩菟罗—笈多式样"影响的造像，还出现了以"龙树背龛"造型为特征的白石佛造像新式样。这种背龛以双菩提树为背屏，以镂空透雕的形式加以表现，雕刻工艺极为精美，地方性特点也极为鲜明。

山东青州造像以近年来龙兴寺窖藏出土者最具代表性。这批

---

1 〔日〕石松日奈子：《北魏佛教造像史研究》，第163—164页。

造像和成都南朝造像具有一些共同特点，在背屏式造像中，有大批"褒衣博带"式的造像和飞天造型，具有南朝梁代造像风格的特点。而另一方面，和成都南朝造像的类型相同，还出现了一批形体较大的石雕佛立像，这些立像的风格特点是衣裙质薄透体，纹褶舒叠下垂，衣纹多作双线；特别是单体立姿佛像多流行贴身薄衣，隐现肌体，不雕饰衣纹；佛像有的外施彩绘，多见在服饰上画出袈裟框格，有的还在框格内描绘人物。

青州造像中这种轻薄叠褶的服饰，源于公元4—5世纪时印度的"摩菟罗—笈多式样"，曾出现于印度西北部和中亚两河流域犍陀罗艺术流行地区，大约从公元4—5世纪起传入新疆以东地区。现存最早的例子是炳灵寺第169窟和其北壁西秦建弘元年（420）龛像，公元5世纪中叶出现于甘肃以东地区。北魏孝文帝中后期，此类薄衣造像逐渐被"褒衣博带"式佛像所取代。此后，半个世纪后的公元6世纪中叶再现于东方的高齐。宿白先生认为："大约不是简单的前此出现的薄衣形象的恢复，而与6世纪天竺佛像一再直接东传、高齐重视中亚诸胡伎艺和天竺僧众以及高齐对北魏汉化的某种抵制等似皆有关连。"[1]

由于青州在东晋、刘宋时期曾被统辖于南方政权之下近60年，至北魏皇兴三年（469）方归属于北魏，同时受到南朝和北朝两方面的影响，因此青州造像显然也融合了南朝和北朝两方面的

1　宿白：《青州龙兴寺窖藏所出佛像的几个问题——青州城与龙兴寺之三》，《文物》1999年第10期，第47页。

特征。总体而言，北魏至东魏时期主要以南朝"褒衣博带""秀骨清像"的风格为主，自东魏晚期至北齐，则进一步受到印度"摩菟罗—笈多式样"的影响，并发展出以轻薄叠褶服饰为特点的"青州式样"。而这种"薄衣单身"式样的立佛像在成都南朝造像中也大量出现，不仅说明成都和青州都反映出共同的时代风尚，而且暗示着两地或有着共同的源头。

　　长安和成都自秦汉以来一直都有着密切的联系，西魏建都长安之后，长安佛教再度兴盛。北周时期长安地区佛教造像既有对早期凉州、北魏造像风格的继承，同时又进一步地发展了以长安为中心的更加本土化的佛教造像风格。魏末周初，益州成都被北周所统辖，成都造像当中融入了许多来自北方北周的佛教文化因素，同时成都南朝造像的许多特点也融入长安地区，两地之间的交流更显密切。成都地区发现的北周造像既有保定年间所造阿育王像，同时还流行双尊的菩萨造像和释迦造像，一些新的造像风格日渐风行，如佛的螺发螺纹较低，内髻宽大低平，"悬裳座"上袈裟悬垂的衣纹趋于简化，菩萨立像上的璎珞装饰更为繁复，等等。

　　总之，在经历了从东晋（317—420）到南北朝（420—589）几个世纪的发展之后，佛教美术的中国化、本土化过程到此基本完成，具有中国特色的"褒衣博带"式的佛像最终成为主流进入佛教美术的殿堂。虽然其间通过"一带一路"仍然不断地从西域、南海等地传来新的式样和因素，但最终都被融入中国佛教文化艺术的底色当中，以更加精致、更加灵动、更加细腻的表现方式加以呈现，表现出更为浓厚的中国特色而被上自王公贵族、下至民间士人的社会各个阶层所接受，并为后来隋唐、宋元时期的中国佛教美术的发展奠定了基础。在这个过程中，成都、凉州、敦煌、长安、建康以及云冈、龙门、邺城、青州等不同"佛教文化圈"之间的交流与互动，都共同助推了这个历史进程的发展。通过这次"映世菩提"南北朝佛教艺术造像特展，我们如同从浩瀚的佛教美术沙海中拾取了几枚最为耀眼闪亮的贝壳，从中可以映射出永恒的历史光芒和不朽的艺术风采。

（原载成都博物馆编：《映世菩提》，
四川美术出版社，2000年，序言）

荒漠清灯苦行僧

——敦煌莫高窟北区石窟考古发掘所见僧侣生活

敦煌莫高窟是中国最大的石窟群，1961年被国务院列为首批全国重点文物保护单位，1987年被联合国教科文组织遗产委员会列入"世界文化遗产名录"。莫高窟开凿于公元4世纪下半叶，延续至公元14世纪。在1 000年间，佛教信徒们在这片高度约15～20米的崖面上，分为南、北两区陆续开凿出时代不同的石窟。南区石窟因为保存着大量绘有精美壁画的"礼佛窟"而闻名于世，引起学术界和社会各界人士的广泛关注，参观拜访者络绎不绝，而北区石窟多年来却很少被提及。究其原因，主要是因为北区的绝大部分石窟都不是礼佛窟，而是僧人修行和生活起居的洞窟，里面没有壁画也没有塑像，元代以后几乎成为被人遗忘的角落。20世纪80—90年代，敦煌的考古学者对北区石窟开始进行全面的考古发掘清理，取得了重要的收获，尤其是为我们了解敦煌莫高窟僧人们的日常修行、生活状况提供了许多值得关注的细节，[1]从一个过去鲜为人知的侧面开辟出佛教考古的新天地。

一　禅窟：修行场所与宗教生活

北区石窟当中，有相当数量的石窟是过去僧人们修行时的场所，也就是平时人们常说的"修禅""打坐"的地方。这类石窟最大的特征是在石窟内不设生火、做饭用的火灶，因此在窟内也没有烟道和用火的痕迹。设施十分简单，往往只是在靠近石窟后壁的地方砌建出一个略高出石窟地面的平台，考古学家们称之为"禅床"，可供僧人在此禅坐。以编号为B157的窟为例，这座石窟原有前室、后室，中间用一段甬道相接，前室已残，甬道和后室保存尚完好。石窟的壁面上涂有草泥灰，顶部做成人字形坡。靠西壁和北壁用砾石砌出一个曲尺形的石台，石台高0.3米，长、宽约1.2～2.56米。石台的表面也用草泥灰简单地加以涂抹，[2]这座石台应当就是僧人修行打坐的禅床。除此之外，在石窟内可以说是"空徒四壁"，连一个放置灯具的小龛都没有。另一座编号为B184的石窟也是这类修行禅窟，发掘时前室已经不存，只残存下来甬道和后室，在石窟的北面靠墙也用砾石砌出一个石台，高0.23米，宽不过1米，长约2米，仅仅可供一个成年人仰卧而息。石窟内也

1　本文主要依据为彭金章、王建军著，敦煌研究院编：《敦煌莫高窟北区石窟》第三卷，文物出版社，2004年。

2　《敦煌莫高窟北区石窟》第三卷，第14—15页。

没有发现火灶、烟道和用火的痕迹。

然而，就是在这样简陋的修行禅窟中，却发掘出土了许多宗教文物，让我们可以从中窥见僧人们日常的修行活动和宗教生活的许多片段。

出土最多的一类文物，是各类文书的残页，如B157号窟内就出土有汉文、回鹘文、藏文、蒙文和西夏文的各类文书，甚至还发现有用婆罗迷字母以及梵文书写的文书，当中既有佛经，也有世俗文书的残页。由此可以推测，佛经是僧人们每天必修的功课，必须日夜修读，所以出现在石窟中不足为奇。而多种语言文字的佛经同出于一座洞窟中，也反映出此窟可能使用年代较为久远，不同时代、不同民族的修行者都曾经在此禅修。另外，也不排除不同文字的佛经被同时使用的可能性。例如在B184号窟当中，不仅出土有汉文和西夏文两种文字的文书残页，同时还出土一页《番汉合时掌中珠》的残页。《番汉合时掌中珠》是西夏乾祐二十一年（1190）由党项人骨勒茂才编撰的一部西夏文和汉文的双解词语集，作为工具书提供给当时的西夏人和汉人互相学习对方语言。其完本曾由俄国探险队发现于西夏黑水城遗址，现藏于俄罗斯科学院东方学研究所圣彼得堡分所。B184号窟当中出土的这页《番汉合时掌中珠》的残页，也是目前国内仅存的一页，十分珍贵，表明窟中的僧人或许是西夏僧，或许是汉僧，都在通过这部词典互相学习对方的语言。

石窟中出土的一些文书被用来作为练习写字的纸张，如第464窟中出土有汉文、回鹘文、蒙文、藏文等多种文字的文书。其中一页标本号为第464:66（正）的文书在汉文之间夹写回鹘文9行，是用软笔书写的草体字，内容为佛经，但和汉文的内容并不对应。可能是先书写汉文佛经，后来又利用这一废弃的汉文佛经来书写回鹘文。[1] 另一件标本号第464:63的残页也是一件写于回鹘文文书残页之间的习字文书，正背两面都是利用汉文与回鹘文的历书来练习书写蒙文。[2] 可知修行僧人们的修行生活中，除了读经之外，练习写字也是日常功课之一。

值得注意的是，在第464窟当中还发掘清理出一批共19枚的回鹘文本木活字，每枚木活字长宽不一，厚薄也不一，但上面均残存墨迹，表明曾用来印刷。[3] 此外还出土了两件木刻印版，可能为佛经的印版和二十八宿的未完成的印版。[4] 这座石窟曾在1908年被法国人伯希和盗掘，从中也出土过回鹘文木活字968枚、回鹘文文献363件、西夏文文献200余件，此外还出土有汉文、藏文、蒙文、婆罗迷文文献若干件。[5] 就形制来看，此窟原系一多室禅窟，先后经历过三个明显不同的时代，即西夏以前、西夏、元代，在敦煌北区的禅窟中是规模较大的一座。大量木活字的出土表明，曾经在这座石窟中生活的僧人们很有可能也在窟中从事过佛经的印刷工作，所以才需要较大的空间来运作。

1　《敦煌莫高窟北区石窟》第三卷，第87—88页。

2　同上书，第96页。

3　同上书，第103—104页。

4　同上书，第106—107页。

5　〔法〕伯希和：《伯希和敦煌石窟笔记》，耿升、唐健宾译，甘肃人民出版社，1993年，第383页。

类似第464窟这样的多室禅窟，在敦煌北区石窟中一共发现9个，均系平面形制较为特殊的多室禅窟。这类禅窟通常带有前室、中室、后室以及1～5个数量不等的侧室，有可能为僧人们集中活动的场所。中室或可集中活动，所以面积稍大，而后室和侧室则可供僧人修禅。这类禅窟一般都经后人一再使用，有的还经过改建，出土的遗物年代也较为复杂。

一些禅窟当中还发现有泥模印制的佛塔，考古报告中称其为"脱塔"[1]，藏语中也称其为"擦擦"。这种泥模佛像的制作，在西域各佛教国家都被作为"灌沐尊仪"的仪式之一，在寺院中专门规定的时辰施行。如唐代高僧义净在其所著《南海寄归内法传》卷四第三十一"灌沐尊仪"条下记载："造泥制底及拓模泥像，或印绢纸，随处供养；或积为聚，以砖裹之，即成佛塔或置空野，任其销散。西方法俗莫不以此为业。"在敦煌北区石窟的禅窟中发现的这些泥模印制的"脱塔"是用人骨灰和泥模制成的，如标本号第464:125-1就是其中一例。它的形状如佛塔，塔身有千佛四层，塔内夹有纸条，纸条上有木刻印刷的兰扎体梵字陀罗尼。[2]可以推测，这些泥模佛塔的制作，有些就是僧人在修行过程中，按照佛教仪轨在禅窟中完成的。

通过考古发掘出土的这些遗物，我们不难想象，在敦煌的沙海荒漠之中，伴随着每天的日落日出，这些在窟中修行的僧人面

1　《敦煌莫高窟北区石窟》第三卷，第107页。

2　同上书，第106—107页。

壁而坐，修习佛经，练习写字，学习不同民族的语言文字。或许有时还要印制佛经和制作泥模佛塔作为施放的供养品，在寂寞和清冷之中度过无数春夏秋冬，去追寻宗教崇高的理想和目标。

二 僧房窟：起居之所与清苦生活

敦煌北区石窟当中还有相当一部分石窟是供僧人们生活起居的石窟，称为"僧房窟"。僧房窟与禅窟最大的不同之处，是在石窟内部开设有各种简陋的生活设施。以B161号窟为例，这座石窟由前室、甬道和后室组成，发掘清理时发现前室虽然已经部分塌毁，但还可以观察到原来的地面和墙面。前室的地面残存着四根木地栿，说明原来地面应当铺设有木地板，这显然要比禅窟的地面讲究很多，可能相当于居室的"客厅"。前室的西壁和北壁的墙面上都开设有小龛，小龛的内壁有粗草泥涂层，可供放置物品，也较为美观。甬道的北侧开凿有烟道，呈凹槽状。烟道的北侧还有一个小洞，可将洞内的烟雾通过烟道引出洞外。后室长、宽均在2~3米之间，地表为略微经过平整的砾石面，东壁东北角上有用土坯砖砌成的灶台，灶台上方设有两条烟道，分别通过前室和甬道排向室外。烟道原来用粗草泥封成筒状，现在部分粗草泥已经脱落，可以观察到烟道内厚厚的一层黑色的烟炱痕迹，说明这是僧人们生火做饭和取暖的设施。后室的顶部为南北向的人字坡顶，与世俗生活中的房屋相仿。在南壁与北壁也都开有小龛，可以放置灯具和杂物。[1]

从僧房窟当中，考古工作者发掘清理出许多当年僧人们使用过的生活用具和杂物，可以从中窥见当时这些佛教信徒简单而清苦的生活。

不少石窟中都出土有陶灯，多为泥质褐陶，手制而成，器形不规则，灯碗内有一小圆形的凹窝，为灯芯的插孔。在敦煌荒漠的夜晚，可以想象，就是在这星星点点的清灯照映之下，僧人们捧经夜读，听着窟外劲风刮地，度过了无数个不眠之夜。

窟内出土的生活用具极为简陋，饮食用器多见陶罐和瓷器的残片，还有木匙和木筷子。木匙用木头加工而成，柄略弯曲，前面有一个呈椭圆形的匙头。而所谓筷子，不过是用当地的红柳树枝削去树皮，将一头稍加修整而成。在B161号窟中，除发现红柳枝木筷子之外，还出土了一件完整的铁灯和一件铁锅的残块。铁锅的外壁有一层厚厚的烟炱，可以确定铁锅是当年僧人们做饭用的炊具。与这些器物伴出的还有一件用羊皮缝制的皮口袋，口部可以收紧，用麻绳为系带，或许是用来装盛粮食的。B168号窟中出土的生活用具当中有两件木碗，其中一件木碗的口沿部有一小块铁皮打上的补丁，表明当时木碗在僧人们的日常生活用具中已经算是珍稀之物，坏了要补上，轻易是舍不得扔弃的。出土的还有木梳子、木筷子、木塑刀、木把子和陶纺轮，看来主要的生活用具都是因地制宜采用当地的木材制作的。陶纺轮的出土表明，

1　《敦煌莫高窟北区石窟》第三卷，第109—111页。

僧人们或许还要从事一定的纺织手工，以满足穿衣的需要。

　　除了简单的生活用品之外，窟内没有发现其他使用家具的痕迹，但却发现两个很有趣的现象。一是在窟中发现有用红柳枝做成的木扦，是将红柳枝的一端削断，另一端削尖，推测它的用途是钉在墙上挂物。二是在多座石窟内发现木制的门钥、门砧等物，由此可知当时尽管不少石窟可以说是"家徒四壁"，但各自的窟门看来还是得用木钥匙锁上的。

　　在一些石窟内也发掘出土了一些算得上是"奢侈品"的物件。例如，在B163号窟中出土有一批丝织物的残片，共计6件，品种有红地捻金锦、团花锦、卷草纹锦、红地织金锦、黄地织金锦和罗。[1]另外，此窟中还出土有两件漆器的残件。一件是螺钿漆盘，内壁为红色，外壁为黑色。外壁的口沿部有由四瓣花组成的一圈图案相绕，外壁腹部也装饰由卷草纹组成的一圈图案，盘底圈足部也有由六瓣花组成的图案，上面的蚌片呈现出白、红、绿三色，与器表的图案纹饰交相辉映。另一件器物为仅存的漆盘底部，底为圈足，内底为红色，上面刻划有花鸟纹，涂以金粉，外底为黑色。[2]但是，这些丝织物和漆器的性质究竟是佛寺当中的供奉品，还是窟内僧人们的用品，已经不得而知。

　　从总体的考古发掘情况来看，僧房窟内出土的物品种类很少，质地也很低劣。虽然我们不排除因为石窟在没人居住或废弃

1　《敦煌莫高窟北区石窟》第三卷，第136—137页。

2　同上书，第135—142页。

之后，室内的陈设和物品已经逐渐消失破坏直至荡然无存这种可能性，但总的面貌仍然反映出当时的僧人过着比较简朴而清苦的生活。敦煌北区石窟中绝大部分石窟规模都不大，其中僧房窟的面积也大多在10平方米左右，修行的僧人估计也大多是中下层的僧侣阶层，而并非高僧大德。所以不仅石窟的形制简陋，出土物品也十分贫乏。与莫高窟内那些高大壮丽、金碧辉煌、满目丹青的礼佛窟相比较，这些显得如此"贫寒"的石窟，却恰好将敦煌莫高窟鲜为人知的另一个侧面展现在世人的面前，让人们感悟到无论是在佛国还是在人间，也同样存在着泾渭分明的两个世界。

三 瘗埋窟：生于斯、葬于斯的彼岸世界

敦煌北区石窟中还发掘出土一类性质特殊的石窟——瘗埋窟（简称"瘗窟"），顾名思义，就是用来埋葬死者遗体的石窟。作为佛教僧侣圆寂之后的葬法，除火葬、塔葬之外，将遗体、遗骨、骨灰等瘗埋在石窟当中，在敦煌莫高窟、洛阳龙门石窟等石窟中都有发现。从考古发现清理的情况来看，敦煌北区石窟中的瘗窟有两种情况：一是专为死者开凿用于埋葬遗体的瘗窟，二是利用原来不同功能的石窟作为瘗窟使用。

B228号窟属于第一种情况。此窟现在仅存部分甬道和后室，后室的地面靠近后壁处用砾石砌出高出地面的棺床，上面用粗草泥加以涂抹。棺床的形制与禅窟当中的禅床别无二致，可见其是模仿生前的禅床而设。棺床的上面发现了用谷草、绳子编织成的

垫子,其上发现散乱的人骨以及尚未完全腐朽、已经干枯的肌肤。考古人类学鉴定结果表明,这座瘗窟内埋葬有两具人骨,一为老年男性,一为中年男性。考古学者分析这些现象后认为,此窟开凿的目的是专门瘗埋死者。

值得注意的是,从这座瘗窟内出土了一批随葬器物,其中除黄色袈裟、丝绸袋、棉布枕头、棉布三角袋、漆盘、陶瓶、铁器、泥捏动物等死者随身的衣物、被服、明器等随葬品之外,还有几件与丧葬仪式有关的文物,提供了有关敦煌葬俗的若干重要线索。

一是出土有保存完整的一件汉文《河西大凉国安乐三年郭方随葬衣物疏》(安乐三年为公元620年)。所谓"衣物疏",是唐宋时期死者下葬时随葬在墓中的一份随葬品清单,上面所列出的物品既有一定的实际功用,也有大量虚拟的成分。衣物疏上手书文字共14行247字,内容首先描述了为死者随葬的各种实际和虚拟的随葬品,然后乞求地下世界的"太山府君、五神大道、当路官属、阎罗王等"为死者"释迦弟子郭方"亡灵放行,"所过之处不得留蛰(执)羁连,必须面奉圣尊,游神静立"。[1]

二是此窟中还随葬有三件"棺人"木牌,系用薄木板削成人体形,仅有头、躯体,无四肢,细腰,下端削成尖状,用墨绿色绘出眉眼、口鼻、胸颈、腰部等,其中两件还在下腹部用墨绿色书写"此是棺人"四字。这种"棺人"木牌也是受到道教丧葬习

---

1 《敦煌莫高窟北区石窟》第三卷,第334—335页。

俗影响的做法，称为"代人"，通俗地说就是用它去作为死者的替身——也就是今天我们所说的"替死鬼"，替代死者承担一切可能遇见的危害苦难。

三是出土有谷草把三把，将谷草用麻绳捆扎后，上端分成两束，作为随葬品。这种谷草把的丧葬用意，笔者推测相当于中原地区唐宋以来为死者在墓葬中随葬的"谷仓罐"之类，是为了死者在地下另一个世界也有粮食可用，不至于受到饥饿之苦。

意味深长的是，死者郭方本为佛教信徒，自称"释迦弟子"，死后的葬法也采用了佛教瘗埋于石窟之中的瘗葬之法，但却在"迁神过世"之后，要求助于"太山府君、五神大道、当路官属、阎罗王等"道教诸神，并且采用道教色彩十分浓厚的"棺人"去充当替死鬼，充分反映出这个时期敦煌葬俗中的道教影响不仅广及民间，甚至也波及了佛教僧侣。

除此之外，窟中还出土有剪纸，包括纸衣服和联珠形剪纸等种类，笔者认为这很可能是随葬用的纸明器。纸明器的出现，在中原地区约始于唐代，而在敦煌地区这也是较早发现的一批唐代初年的纸明器，对于我们认识敦煌与中原丧葬习俗的联系也提供了重要的线索。

还有一些瘗窟是利用了原来不同功能的石窟作为埋葬僧侣遗体的场所。如B211号石窟原来是一座禅窟，后来才被用作瘗窟。它利用了原来的禅床作为放置死者遗体的棺床，在上面放置了至少三个个体的遗骨，两女一男。女性之一年龄为56岁左右，另一女性年龄不详，但可肯定为成年人，男性也为成年人。他们之间是何种关系、为何被瘗葬在同一座石窟之内，其中的秘密已经不得而知。但是考古人类学家却在这三具遗骨上发现了一个共同的特征，即三具骨骸的额骨都有锯割的痕迹。类似的情况也在其他瘗窟中存在。在北区清理发掘出有人骨遗骸的26座瘗窟中，有5座瘗窟出土的人头骨残片上都保留着经人工加工切割的痕迹，分属于15个个体。经过仔细的观察，发现在这些被人工切割的颅骨上都保存着墨线，颅骨上的切口创面分布着细密的平行切割痕迹，表明加工的过程是先在选定的颅骨上用毛笔粗略地画出需要切取的范围，然后再用刀锯沿着画定的墨线转圈锯割。[1]

对于这种现象的解释，一般认为这可能与藏传佛教中选取具有一定身份地位的死者的颅骨来制作"内供颅器"或称"盛血颅器"的习俗有关。在莫高窟元代石窟壁画中常常可以见到手托颅钵的护法神像，手中所托持的颅钵就是从人体上切割下来的颅盖骨。这种解释在莫高窟瘗窟这样的宗教文化背景之下应当说是可以成立的，但是若要追溯这种习俗的起源，则是一种非常复杂的文化现象。

早在吐蕃时期的西藏昂仁布马墓地一号墓中，就曾经发现过死者的颅骨有被切割的痕迹。在墓内西南角上，用陶罐装盛有一具人头骨，头骨下方枕有一件装饰品。头骨的颅骨上端留有两道"环锯头骨"的痕迹，第一道锯痕锯在额骨以上，锯去了颅

---

1 潘其风：《莫高窟北区瘗窟内人骨遗存的鉴定与研究》，收入《敦煌莫高窟北区石窟》第三卷附录八，第475—486页。

顶（俗称"天灵盖"）；第二道锯痕锯在眶上孔以上，环锯去额骨一周，锯下的这条额骨宽约2厘米，盛放于陶罐内，但锯下的颅顶骨未在陶罐内发现。[1]《文献通考》卷三三四《四裔考十一》"吐蕃"条下载："人死，杀牛马以殉……其臣与君自为友，号曰共命人，其数不过五人。君死之日，共命人皆日夜纵酒，葬日，于脚下针，血尽乃死，便以殉葬。又有亲信人，用刀当脑缝锯，亦有将四尺木，大如指，刺两肋下，死者十有四五，亦殉葬焉。"这段文字中记载的所谓"用刀当脑缝锯"者，与考古发现的"环锯头骨"现象是否为一回事不得而知，但或可表明死者的身份可能属于墓主人的"共命人""亲信人"之类的近身之人。这种"环锯头骨"的习俗曾经在中亚叶尼塞河流域早期铁器时代的塔加尔文化（Tagar Culture，公元前7世纪初—前2世纪）、继塔加尔文化之后的塔斯提克文化（Tashtyk Culture，公元前1—5世纪）早期有过发现，[2]由此可知昂仁布马墓地的丧葬习俗或有可能受到中亚一带草原文化的影响。

藏传佛教兴起之后，以具有一定地位身份的死者的骨骸（如颅骨、大腿骨等）制作颅骨钵、腿骨号等法器的习俗十分流行。一些被割切下来的颅骨还被精心加工，用金银镶包，下面有金属

---

1 西藏自治区文管会文物普查队：《西藏昂仁县古墓群的调查与试掘》，收入四川大学博物馆、西藏自治区文物管理委员会编：《南方民族考古》第4辑《西藏文物考古专辑》，四川科学技术出版社，1992年，第137—178页。

2 《中国大百科全书·考古学》，第510—511页。

托座，上面还有金属盖子，制成做工极为精细的"嘎巴拉"[1]法器，可在藏传佛教为密教修法者举行灌顶仪式时使用，据说可以使修法者洗尽一切污秽，变得聪明智慧。这种习俗与吐蕃时期丧葬习俗中的"环锯头骨"究竟是否由同一体系发展变化而来目前还无法确定，但在吐蕃系统的文化传统当中有对颅骨加以崇拜的风俗，却是源远流长。

这些瘗窟的发现，让我们对于这些生于斯、葬于斯的僧侣有了更多的了解。他们当中的大多数人没有留下自己的姓名，在莫高窟的修行生活中过着清苦的日子。虽然终日伴随着礼佛窟中的那些高大巍峨的佛像和色彩灿烂的壁画，但佛国世界却始终只是彼岸世界最美好的向往。直到走向人生的终点之时，他们仍然选择将皮肉之躯葬在生前修习的石窟当中，甚至将躯体上最神圣的部位也奉献给了神灵。

莫高窟北区的考古发掘，重新揭开了荒漠清灯下这些苦行僧神秘面纱的一角，为后世留下许多历史的宝贵细节，其重要的学术价值不容低估。

（原载《历史教学》2015年第12期）

1　"嘎巴拉"是指藏传佛教中用人体骨骸制成的各种法器，也是梵语"骷髅器"的音译。参见金申：《喇嘛庙——佛的世界》，四川民族出版社，1992年，第166—167页。

"惟有东风旧相识"：泸州宋墓的时代风格

一　世风变革中的泸州宋墓

四川泸州宋代石室墓，以其精美而丰富的石刻装饰最具特色。众所周知，墓葬装饰的出现，基于古人"事死如生"的理念，认为死者在地下仍然可以像生前一样地"生活"，而墓葬就如同其地下的家园宅第一般，需要加以装饰。中国古代对棺、椁、墓室三重地下空间都曾有过多种装饰手法的运用，如在棺、椁、墓室内外绘制彩画、施以雕塑、装贴金银等。这种独特的艺术形式被学者称为"黄泉下的美术"，以标识这一"特殊人类创造物的本质及其根本目的"[1]。从先秦、两汉至唐，大量彩绘棺椁

1　〔美〕巫鸿：《黄泉下的美术——宏观中国古代墓葬》，施杰译，生活·读书·新知三联书店，2010年，第11页。

墓、画像砖墓、画像石墓和壁画墓的出现，形成了中国古代墓葬装饰艺术的主流形式。而宋代四川雕刻石室墓的出现，则成为这个历史进程中最后的一个高峰。

约从两宋之际开始，人们营建地下墓室的观念悄然发生了变化。一方面，南方地区的湖南、江西、福建等地，开始出现一批带有"复古"色彩的竖穴土坑墓。这类墓葬不加任何装饰，而以墓室坚固、棺椁密封、具备良好防盗和防腐条件为追求目标。墓葬中往往出土有墓志，墓主人身份多为朝廷官员及其眷属。由于保存条件良好，墓中不仅时有保存完好的衣物、丝织品、书画等出土，甚至还出土过多具古尸。如江苏金坛南宋周瑀墓，出土时不但衣物保存完整，尸体也尚完好。[1]这种丧葬礼俗在南方地区的出现，与宋代理学家二程、司马光、朱熹等人的倡导有着直接的关系。《朱子家礼》一书中，朱熹弟子和后人对营建这类以糯米石灰浆、三合土为筑墓材料，被称为"灰椁"的墓葬的整套施工过程，有过详细的记录。[2]

另一方面，在中原北方地区，简约和奢华之风并存。在一批结构简单的砖室墓出现的同时，也出现了一批"高屋大冡"式的仿木建筑雕砖壁画墓，在北宋中期以后，特别是神宗以后尤其流行。其中，年代最早的是郑州南关外宋仁宗至和三年（1056）墓，[3]年代稍晚者有著名的白沙宋墓——河南禹州白沙发现的宋哲宗元

1　镇江市博物馆等：《金坛南宋周瑀墓》，《考古学报》1977年第1期。

2　霍巍：《宋元明时期的尸体防腐技术》，《四川大学学报》1987年第4期。

3　河南省文化局文物工作队第一队：《郑州南关外北宋砖室墓》，《文物》1958年第5期。

符二年（1099）赵大翁家族墓。[1]赵大翁及其家族的墓葬共发现三座，尤其以赵大翁本人的墓葬最具代表性。它分为前、后两室，中间有过道，前室顶部有覆斗式的藻井，后室为六角形尖顶；墓室的顶部和四壁彩绘壁画，前室入口两侧画门卫和兵器，东西两壁绘出墓主夫妇"开芳宴"的场景，后室则绘出墓主人卧室的情景，有对镜着冠的妇人，有持物供奉的侍女。墓室虽然豪华，却没有使用墓志，说明赵大翁没有任过职官。[2]宿白先生根据赵氏三墓壁画中皆绘出金银、货币等题材推测："此三墓之赵家，不仅为一有土地之地主，并很有可能兼营商业。"[3]

处在南北文化交汇地带的川渝地区，宋代墓葬同样显现出两种在丧葬观念上截然不同的类型：一类是长方形的砖室墓，集中发现在以成都为中心的平原地区，多双室或三室并列，墓内不施装饰，南宋时期还发现形制更为简约的砖室火葬墓。而另一种类型则是带有雕刻的石室墓，它们多发现在近山区的泸州、宜宾、重庆、广元、绵阳、彭山等地，另外在贵州、云南等地也有少量发现。若按今天的行政区划，主要集中分布在川东南、渝西和黔北三大区域内。[4]

简约与奢华，成为反映在宋代丧葬习俗上泾渭分明的两种风

---

1 宿白：《白沙宋墓》，文物出版社，1957年。

2 中国社会科学院考古研究所编著：《新中国的考古发现和研究》，文物出版社，1984年，第598页。

3 宿白：《白沙宋墓》，第83页。

4 中国社会科学院考古研究所编著：《新中国的考古发现和研究》，第600页。

潮。[1]与唐代等级制度森严的墓葬体制相比较，可以观察到一个有趣的现象：唐代从皇室成员、贵族官僚到一般百姓，都流行随葬墓志，并以墓室、龛室、天井、过道的多少，壁画的有无，随葬品的丰简来区别等级高下。而宋墓却恰恰相反，朝廷命官往往喜用不事装饰、坚固而狭小的竖穴土坑墓，保持了随葬墓志的旧习，在墓中往往随葬书画、瓷器、金银器等生前喜爱之物；而建造和使用装饰豪华、带有雕刻的石室墓的主人，却大多并非具有品级的朝廷官吏，往往只是具有相当财力的地方豪绅，他们不大喜用可记载彰显其"显赫家世"的墓志，也没有太多精致的随葬物品入葬，而是将满腔热情和充足财富尽情挥洒在墓葬的奢华装饰之上。四川泸州宋墓，正是在这样一种历史背景之下的产物。在它华丽装饰的背后，折射着唐宋之际社会风俗流变的斑驳光影。

　　泸州宋墓中有的也出土有墓志铭，隐约透露出墓主人的身份与家世。如泸县宋墓中的喻寺镇一号墓，在墓室棺台与后壁之间竖立墓志一通，为"□□古君德骏墓志铭"。虽然在墓志中声称其家祖曾为"怀安望族"，但从为其撰、书墓志的人士"从政郎怀安军军学者教授赵涣""从政郎黎州州学教授李延上""从政郎

1　宋代的丧葬礼仪和唐代相比较，一个最显著的特点是官方礼仪和私家礼仪开始并行，如官修的《政和五礼新仪·庶人丧仪》和司马光私修的《司马氏书仪·丧仪》、传为朱熹家人弟子所修的《朱子家礼·丧礼》等都在同时流行，在不同地区呈现出对各种丧葬礼仪所产生的不同影响结果。可参见朱瑞熙、刘复生等：《辽宋西夏金社会生活史》，中国社会科学出版社，1998年，第170—177页。

前广安军军学教授卫崇"的官职来看，都不过是宋代"从九品"的文官，[1]可以推测墓主人的身份等级也不过为地方上的乡绅而已。另外，在泸县奇峰镇二号墓中也出土有一方墓志，简略记载了墓主的生平："宋故陈公讳鼎字国镇，享年六十一，官至承奉郎，时淳熙丙午十二月十三日，既大祥，惟吉葬之铭曰……"据《宋史·职官志》记载，承奉郎官品为"从八品上"，而为其撰写墓志铭的人士为"迪功郎大宁监学官杜谦"，在宋代也是"从九品"的小官。[2]所以，考古发掘工作者推测："从泸县宋墓中出土的墓志铭来看，墓主人大都是南宋中期一般的地方官绅。"[3]这个判断大体无误。

恰恰是这些官品不高的地方官绅热衷于修筑豪华的地下石室，使得泸州宋代石室墓的雕刻装饰成为当地的一种时尚，这和中原北方白沙宋墓中赵大翁家族的情形十分相似。由于缺少墓志、墓碑等材料，我们无法全面掌握这些墓主的身份、地位和来历。刘复生认为，可能是南宋时期，随着泸州权任的加重，大量汉民移居此地，数代之后，形成了这些家族墓葬群，[4]可备一说。

1　四川省文物考古研究所、成都市文物考古研究所、泸州市博物馆、泸县文物管理所编著：《泸县宋墓》，文物出版社，2004年，第71页。

2　据《宋史·职官志》记载，迪功郎在宋代崇宁时为"将仕郎"，政和时改为"迪功郎"，从九品。参见脱脱：《宋史》卷一百六十九《职官九》，中华书局，1977年，第4050—4051页。

3　《泸县宋墓》，第179页。

4　刘复生：《泸州宋墓墓主人寻踪——从晋到宋：川南社会与民族关系的变化》，收入泸州市博物馆编：《泸州市博物馆藏宋墓石刻精品》，中华书局，2016年。

迄今为止，在四川盆地南宋石室墓中，墓主人品级最高者，为川东华蓥市发现的南宋安丙及其家族墓。其中安丙的墓室砌成象征性的单间三进式，墓室外还建有含天井式墓道的规模宏大的陵园建筑。[1]安丙在《宋史》中有传，也出土有墓志，两者相互结合起来看，他在生前最高曾官至一品，并为朝廷封疆大吏。[2]如此高品级的官吏使用当地豪绅流行的石室墓，这在四川南宋石室墓中也算是一个特例。从另一个角度来审视，说明南宋四川地区墓葬制度和丧葬习俗上的这些变化，既可在社会地位相对较低的地方官绅群体中反映突出，流俗所变，也同样影响到个别高品级官员。

二　预建在地下的"家园"

民俗学调查表明，川南、渝西和黔北一带的宋代石室墓，当地百姓往往称其为"生基"。由于时代久远，时人多已不解其意。所谓"生基"，实际上就是在死者生前预建的墓室，也可称为"寿堂"。四川宋墓中，这种预建墓室的习俗十分流行，既有预建石室墓者，也有预建砖室墓者。在成都金鱼村一座宋墓当中，其后室后壁龛中置放有一尊高约20厘米的青砂石圆雕男子立像，同时出土两块"买地券"，其中一块上书铭文：

1　四川省文物考古研究院、广安市文物管理所、华蓥市文物管理所：《华蓥安丙墓》，文物出版社，2008年。

2　同上书，第142—146页。

　　大宋淳熙九年（1182），岁次丙寅，十二月丁酉朔，初四日庚子。今有奉道弟子吕忠庆，行年四十六岁，九月十六日生，遂于此成都县延福乡福地，预造千年吉宅，百载寿堂。以此良辰，备兹掩闭，所祈愿闭吉之后，四时无灾厄相侵，八节有吉祥之庆。今将石真替代，保命延长，绿水一瓶，用为信契。立此明文，永保清吉。[1]

　　文中的"预造千年吉宅，百载寿堂"，和"生基"是一回事。这座墓的墓主人吕忠庆46岁时预建此生墓，并刻石记事，将他的写真石像和地券一道纳入墓中。此墓出土的另一块地券是大宋嘉定四年（1211）吕忠庆75岁死后下葬时才埋藏入墓的，两相对照，其间相距29年。泸县牛滩镇征集到玉峰村施大坡二号墓中出土有一通额题为"张氏族谱"的石碑，与之同出的还有武士、青龙、白虎、侍仆、飞天、花卉等浮雕石刻，可以确认其也是宋墓中的遗物。在这通石碑上，除记载了墓主人张悦的世系、排行之外，还记载了墓葬破土动工以及完成修建的情形，在文末特别指明："……将被恩宠以荣及祖宗焉，庆吉之日始叙其略勋口，建于寿堂之口，以昭来世之口。"[2]不仅点明了这类墓葬的性质为寿堂，而且还指出寿堂的营建不仅能够"荣及祖宗"，还可以"以昭来世"。

1　张勋燎、白彬：《中国道教考古》，线装书局，2006年，第1036—1037页。
2　《泸县宋墓》，第172页。

综观泸州地区的宋代石室墓，大多为双室、三室甚至多室并列的合葬墓，其中尤其以夫妻合葬墓为多，或在同一墓圹内营建两个并列的墓室，可称为"同坟同穴异室合葬"；或在两个不同的墓圹内分别营建墓室，可称为"同坟异穴合葬"。其共同的特点在于，这些墓葬都是先挖出长方形竖穴式墓圹，然后再用精心雕刻的条石和石板砌建墓室。各墓原来均有独自设立的墓门，可以根据需要先后各自开启或封闭。[1]宋人苏轼在《书温公志文异圹之语》中，对蜀人这种墓葬已有高度关注："《诗》云：'榖则异室，死则同穴。'古今之葬皆为一室。独蜀人为一坟而异藏，其间为通道，高不及肩，广不容人。生者之室，谓之寿堂，以偶人被甲执戈，谓之寿神以守之，而以石瓮塞其通道。既死而葬则去之。"预建这样具有多室并列特点的地下墓葬，是生者对死后世界做出的终极安排。或夫妻或父子或家族，他们生前共同生活在一起，死后也要合葬于一座坟茔之中，在设计理念上是将地下的墓茔预设为死后的"共同家园"。在泸州市博物馆收藏的一方宋墓石刻上，刻出二人共奉一方莲花为座、莲叶覆首的牌记，其上铭曰："郁哉佳城，岗连阜崇。宜尔君子，归安此宫。"[2]正是这种理念最为形象、直接的诠释。

既然作为地下家园，泸州宋墓的营建采用了大量模仿生人居室的手法，其共同的特点是在长方形的墓室内石砌仿木结构

---

1 泸州地区的宋墓保存相对完整的可以泸县宋墓为代表，已清理发掘的6座宋代石室墓均为这种形制，可参见《泸县宋墓》。

2 此件石刻现收藏于泸州石刻艺术博物馆展厅内。

的建筑。如在泸县清理出的几座形制保存尚完整的石室墓，都是将墓葬开凿在岩层之内，然后用经过精心雕刻的条石和石板砌成墓道、墓门和墓室。墓门两侧的门柱内雕刻守门的武士，门上方有整块石板雕成的门楣，扣压在门柱之上。墓门之后为墓室。为了表现仿生人居室的意趣，在墓室的顶部安置有纵向和横向的屋梁；梁上雕刻仿木结构的斗拱，墓顶的前部和后部往往还砌成方形、三角形的藻井多重，叠涩向上升起；藻井的上部砌成人字形的屋面，在建筑结构上一如生人居室。墓室之内，更是按照生人居室加以布置，在左、右两个侧壁上设壁龛，墓室后壁设后龛，各龛之内都雕刻出仿木结构建筑的门额和门扉，装饰有花卉、鸟兽、人物等各种图案和纹饰，[1]将墓主人生前精致、细腻的现实生活情景尽可能鲜活地"复制"在地下空间，让冰冷的石室变得充满生机和情趣。

三　传承与创新：泸州宋墓石刻的时代风格

与中原北方地区宋、辽、金时期发现的砖雕墓、壁画墓等装饰墓相比较，泸州宋墓全部采用当地的石材雕刻砌建而成，形成独特的墓葬装饰风格。这一方面可能与自然环境和条件有关，由于泸州处于四川盆地南部的丘陵地带，多有红砂岩的小山丘便于

---

[1]　参见《泸县宋墓》。此报告中所揭示的青龙镇金宝村、奇峰镇红光村、喻寺镇南坳村等处已进行抢救性清理的6座宋代石室墓，均属这一类型的墓葬。

就地取材，可供采石建墓；另一方面，也与四川地区自汉代以来重视"以石为棺""以石为墓"的丧葬观念有着密切联系。

泸州是四川地区汉代崖墓和汉代画像石棺重要的分布区域。"崖墓"，顾名思义就是开凿在崖壁上的墓葬；而"画像石棺"，则因在石质的棺材上雕刻以各种画像而得名。前者是死者的葬所，后者是死者的葬具。在许多情况下两者都常常并存于一地，显示出在丧葬功能上的互补性。四川地区汉代为何盛行这种"依山凿墓"和"以石为棺"的丧葬习俗？前人曾经从神仙巫术信仰、厚葬之风盛行、经济发达、特殊的自然资源、铁工具的普及等多个方面加以推测。[1]这些原因固然可备一说，但从根本上而言，笔者认为是与和"长生不朽"观念联系紧密的"石葬具崇拜"现象分不开的。

长生与不朽，可以说是中国人最古老、最普遍的世俗欲望之一，两汉之际更是发展到极致。有学者认为，黄老之术、升天求仙、方士道家的盛行无不与之相关。人们常以"海枯石烂"来比喻石头的坚久与不朽，而石质葬具（包括石棺、石椁）和崖墓由于其特殊的质地属性，与"不朽"更是可以直接挂钩。早在《礼记·檀弓上》当中，便有孔子弟子曾子讲述孔子论葬的一段话："昔者，夫子居于宋，见桓司马自为石椁，三年而不成。夫子曰：若是其靡也，死不如速朽之愈也。死之欲速朽，为桓司马言之也。"由此可见，石椁与死者身后是否可以"速朽"或者"不朽"

1　罗二虎：《汉代画像石棺》，巴蜀书社，2002年，第256—260页。

密切相关。《汉书·刘向传》记载秦始皇陵中"石椁为游馆，人膏为灯烛，水银为江海，黄金为凫雁"，显然也是"长生不朽"理念下对秦始皇"地下世界"的设计。秦汉以来大量石质棺椁葬具的出现与流行，汉代崖墓与画像石棺在四川地区的盛行，究其根本原因，恐怕还在于此。

宋代石室墓"以石为葬"的风习，从某种意义上而言，也是在这一观念影响下发展形成的产物。前文中我们曾列举成都金鱼村宋墓出土有青砂石圆雕的墓主人"石真"像，伴出的买地券上铭刻其含义为"今将石真替代，保命延长，绿水一瓶，用为信契。立此明文，永保清吉"。类似的墓主"石真"像在南宋华蓥安丙墓中也有发现，雕刻在墓室后龛的中央。[1] 时代稍早的前蜀王建墓后室设有石床，其上也坐有墓主王建的"石真"像。[2] 张勋燎先生认为，这类"石真"像都是墓主生前营建寿堂时放入，以代死者求长生之"石真"，系与道教信仰有关的遗存。[3] 泸州宋代石室墓中还有不少墓主人的形象出现，很可能也与这种观念信仰相关。甚至在一些墓葬当中，墓主人并不一定出现，而只是在后龛上雕刻出一把空着的交椅，交椅两侧有手捧器皿的男女仆侍站立相侍，[4] 其寓意可能也是在等候遥远的将来墓主人的亡灵和肉体归来之时享用。成都营门口乡发现的南宋墓中出土有陶制的墓主

1　《华蓥安丙墓》，第142—146页。

2　冯汉骥：《前蜀王建墓发掘报告》，文物出版社，2002年，图版四五：1。

3　张勋燎、白彬：《中国道教考古》，第1035页。

4　《泸县宋墓》，图版五八。

人形象，但同出的买地券上却刻书"祈愿（闭）吉之后，福如山岳，寿比松椿。今将石真替代，水干石碎，方归本堂"[1]，表明墓主人的形象虽然是用陶像代替的，但其性质却仍然被认为是"石真"，只有等到"水干石碎"之时，墓主人才会"方归本堂"。这种对石头坚久性质的崇拜，以及对其在丧葬仪礼中象征性意义的理解，与汉代可以说是一脉相承。

我们很容易发现，汉代泸州画像石棺上的一些题材似乎在宋代石室墓雕刻中还可以窥见其流踪遗影。但另一方面，由于时代的变迁，新的因素也在不断出现。例如，汉代石棺上的青龙、白虎等"四神"图案中的神灵动物，在宋代石室墓中仍是主要的题材之一，甚至基本的构图、线条和赋形都极为相似。但四神当中的朱雀，在宋代石刻中新出现的正面形象却更接近于佛教艺术中的"迦陵频迦鸟"[2]，可能受到佛教图像的影响。四神当中的玄武，在宋墓石刻中多为龟蛇合体，还有一些已经演化为"龟游莲叶"的构图，融入了更多祈求长寿、追求永生的含义。[3]

汉代画像石棺中的"妇人启门"（或称"半启门"）这一主题图案，在唐宋时期的墓葬和与墓同性质的佛塔、佛塔式的经幢中开始再度流行。[4]泸州南宋石室墓中不仅有妇人启门的场景，也

---

1 转引自张勋燎、白彬：《中国道教考古》，第1037页。

2 参见《泸县宋墓》，彩版四三之2、3，彩版四四之2，彩版四五之2等图。

3 有关这一题材可参见扬之水：《泸州宋墓石中的生活故事》，收入泸州市博物馆编：《泸州市博物馆藏宋墓石刻精品》。

4 宿白：《白沙宋墓》，第39页，注释第75条曾列举多项有关"妇人启门"题材的考古事例。

有男子启门的情景出现。汉代画像石中最典型的"妇人启门"图案，是四川芦山东汉建安十六年（211）王晖石棺前面挡板上的雕刻，画面中的妇人半身出露于半启的门外。[1]目前考古发现最早的一例半启门图案是山东邹城卧虎山二号西汉晚期墓石椁，石椁东端外侧刻两扇门扉，一人手中持节，从门缝中探出半个身子。[2]对于这一题材所隐含的意义，学术界讨论的热情近年来十分高涨，提出了各种可能性。[3]笔者认为，汉代的"妇人启门"象征意义是清楚的。首先，从图像所在位置来看，它们通常位于墓室向外开放的一侧，具有外向性特点。其次，启门者的身份特殊。如王晖石棺中的女子，肩上有羽毛状的飘带，裙下也有向上翻飞的飘带，表明其身份不是凡界中人，而是天上的仙女；山东邹城卧虎山汉画像石门缝中露出的人物手中持节，其身份也应是引领死者"升仙"的导引者。类似这种持节使者的形象在四川地区汉代画像石棺中曾多有发现，罗二虎认为其身份应为"道士"或称"方士"。他解释说，"这些道士在画像中出现，都与帮助墓主升仙有关"，其共同的特征是"着宽衣长袍，手持节杖"。[4]还有一些东汉画像石棺上的妇人启门图像虽然启门者没有显著的仙人标志，但从画像的整体布局来看，这类图像往往和西王母及其神仙系统

---

1 高文编：《中国画像石全集》第七卷，河南美术出版社，2000年，第11页，图14。
2 邹城市文物管局：《山东邹城市卧虎山汉画像石墓》，《考古》1999年第6期。
3 有关近年来"妇人启门"题材讨论情况的综述，可参见郑岩：《论"半启门"》，收入氏著《逝者的面具：汉唐墓葬艺术研究》，北京大学出版社，2013年，第379页。
4 罗二虎：《汉代画像石棺》，第199—200页。

相伴随，也应与"升仙"这一母题紧密相关。所以，从这个意义
而言，巫鸿将山东、四川汉代画像中的半启门认定为"魂门"或
"天门"的象征，[1]大体是可行的。

然而，宋墓石刻中再度出现的半启门图像，情况则要复杂得
多。首先，从图像所在位置来看，它们往往位于墓室之内，最常
见的位置是在后壁，与汉代画像石棺上的同类图像相比较，明显
具有封闭性特点；其次，启门者的身份已发生变化，手中所持之
物多为日常生活器具，因此不少学者将其比定为墓主的侍从、婢
妾之属；[2]再次，启门者已不是单一的女性，男子也现身其中，[3]如泸
县宋墓中有男子持书启门者[4]、男子持印盒启门者[5]、男子扛交椅启
门者[6]等形象。郑岩试图构建一个有关"半启门"图像新的解释
体系，但所列举出的各种推测和诠释只能让我们进一步认识到，
与汉代画像石棺相比，这一题材在唐宋时期已被赋予了全新的意
义，以至于郑岩甚至认为，"我们至今无法证明汉代的半启门图

---

1 〔美〕巫鸿著，郑岩、王睿编：《礼仪中的美术——巫鸿中国古代美术史文编》下卷，
　生活·读书·新知三联书店，2005年，第481—492页。
2 如刘毅根据汾阳金墓的材料，将启门女子认定为墓主生前的侍女姬妾之属；郑滦明
　和郑绍宗则将宣化辽墓壁画中的此类人物比定为侍女和婢妾。分别参见刘毅：《"妇
　人启门"墓饰含义管见》，《中国文物报》1993年5月16日第3版；郑滦明：《宣化辽墓
　"妇人启门"壁画小考》，《文物春秋》1995年第2期。
3 据郑岩披露，男子启门的图像在汉代已有所见，参见其《论"半启门"》一文。但这
　种现象显然还并不普遍。
4 《泸县宋墓》，图一六六。
5 同上书，图二六、五九。
6 同上书，图一六五。

与唐代以后该母题的流行有着必然的传承关系"[1]。在时下各种意见令人眼花缭乱之时，笔者更倾向于回归到当年宿白在讨论白沙宋墓半启门图像时所做出的解释："按此种装饰就其所处位置观察，疑其取意在于表示假门之后尚有庭院或房屋、厅堂，亦即表示墓室至此并未到尽头之意。"[2]建墓者所企图营造的环境和氛围，正是所谓"山重水复疑无路，柳暗花明又一村"的境界，让人在有限的墓室空间内去感受无限的空间拓展。

在装饰手法上，在泸州地区宋墓石刻的表面，曾发现残留有红、白两种彩绘颜料，当是雕刻之后又用彩绘的方式加以描摹。考古发掘者认为："它借用壁画艺术手法，使浮雕石刻的表现力更加丰富。"[3]这种在石刻表面施以彩绘的做法，在汉代四川崖墓中早已出现，如中江塔梁子东汉崖墓中编号为M3的一座崖墓，在墓内就曾发现彩绘的壁画及其榜题。[4]这种在崖墓内绘制壁画的做法，应是受到中原地区汉代壁画墓装饰风格的影响。但是在四川地区阴暗潮湿的自然环境下，壁画的保存极其不易，所以很少在四川地区汉代砖室墓中发现，更为多见的仍然是采用烧制成的画像砖、雕刻成的画像石来装饰墓室。在崖墓内绘制彩色的壁画，表明早在东汉时期，人们已经不再满足于以单纯的石刻来表现墓葬

1　郑岩：《论"半启门"》，收入氏著《逝者的面具：汉唐墓葬艺术研究》，第378—419页。

2　宿白：《白沙宋墓》，第39页。

3　《泸县宋墓》，第179页。

4　四川省文物考古研究院、德阳市文物考古研究所、中江县文物保护管理所编著：《中江塔梁子崖墓》，文物出版社，2008年。

美术丰富的场景和细节，而希望借助彩绘的方式对装饰对象进一步加以渲染和强化。宋墓石刻在雕刻品的表面再加以彩绘描摹的手法，可以说也是自汉代以来这种艺术形式的延续。

虽然我们目前还无法解释，汉代以后至南宋之间，为何泸州地区墓葬石刻装饰艺术会出现一个较长时段的"空白"，但这种石刻艺术传承的脉络却似乎并未完全中断。宋墓石刻承前启后，传承创新，形成了新的时代风格。这种新的风格最为显著的标志是，与汉代石棺画像相比较，早期浓郁的神仙氛围已被生动的世俗生活所取代，人们对遥远"天国"的神往和描绘，已经转化为具体而形象的地下"家园"：从披甲执兵、镇守寿堂的男女武士，到手持各种生活器皿的男女侍从围绕其间；交椅、桌子、镜台、床榻、枕席、帏幔、帘屏、灯烛、书箧……世间生活的一应用具尽入室中；松、竹、兰、梅、牡丹、莲花、芙蓉、水仙、月季、桂花、秋葵、葡萄等各种花卉，甚至具有地方特色的蜀葵、荔枝、龙眼等各类植物绕梁缠柱；仙鹤、神龟、奔鹿、飞马等神兽仙禽奔走眼底。墓室后壁出现的"妇人启门"、墓主人形象以及"夫妻芳宴"的场景，暗示着舒适生活一如生前。

这个看似仅仅是艺术史上的时代风格转变的背后，应当隐藏着更为宏大的历史背景。按照一般的认识，南宋时期的四川正面临蒙古铁骑的蹂躏，战乱中的社会动荡不安，哪来精细生活的闲情逸致？然而历史发展的进程却从来不是单线递进的模式，曲折反复之中常常另有洞天。若干中外历史学者已经惊奇地发现，恰恰是在南宋时期，社会生活的发展呈现出比前代更加繁荣、丰富和多姿多彩的情景，在中国文化史上形成了新的高峰。法国史学家谢和耐（Jacques Gernet）曾经高度评价13世纪的中国："其现代化程度是令人吃惊的：它独特的货币经济、纸钞、流通票据，高度发展的茶、盐企业……在人民生活方面，艺术、娱乐、制度、工艺技术各方面，中国是当时世界上首屈一指的国家，其自豪足以认为世界其他各地皆为外化之邦。"[1] 南宋时期的四川泸州虽为"夷汉交界"之地，但其政治、经济地位却因民族关系、政治局势的变化不断提高，繁荣程度也不可低估。历史在此间遗留下来的这一座座石砌的豪华墓室和华丽的雕刻装饰，如同一个时代的缩影与写照，将昔日精致、典雅的生活镌刻在了永恒的天地之间。

（原载泸州市博物馆编:《泸州市博物馆藏宋墓石刻精品》，
中华书局，2016年）

---

1 〔法〕谢和耐:《南宋社会生活史》，马德程译，文化大学出版部，1982年。

中国西南和青藏高原古代金器的"三部曲"

中国西南和青藏高原地区，自古以来就流行着不少关于黄金的传说，盛传这里的大江大河里都流淌着金沙，所以横断山脉中一条著名的河流被命名为"金沙江"。在青藏高原深谷之中的"女国"，传说也盛产上等的黄金。金块的个头很大，被称为"蚂蚁金"，这个黄金之国的王族因此被唐人称为"金氏"。这些古老的传说代代相传，给远在祖国西南边地的山山水水笼罩上一层神秘的面纱，人们幻想这里是盛产黄金之地，是理想之中的"黄金之都"。

那么，真实的情况又如何呢？从考古发现的黄金制品中，我们可以窥见其一斑。目前在中国西南和青藏高原，可能存在着时代不同、风格相异、特色鲜明的三大主要古代黄金制品体系，形成首尾相接、彼伏此起的中国西南古代金器发展史上的"三部曲"。

一　商周时期巴蜀文化系统中的早期黄金制品

首先，是以四川地区为代表的巴蜀文化系统中的早期黄金制品。这个系统中发现的黄金制品年代很早，其中最具代表性的是四川广汉三星堆和成都金沙商周时期遗址中出土的黄金器物。这些黄金制品最大的特点是均与生产和生活无关，而都是象征着神灵崇拜、权力与威信的"神圣器物"。三星堆两个器物坑当中出土的黄金器物大多与对神的祭祀有关，也与对神权的崇拜有关。用黄金捶揲而成的金杖，代表着神权或族权，上面所錾刻出的人面纹、鱼纹、鸟纹和一支从鸟身旁边穿越而过的箭纹，虽然迄今为止还无法对其含义做出最终的解释，但很可能暗示着当时不同族群（以图腾表示）或者不同王系之间复杂的社会关系。金沙遗址中出土的用金箔制成的"太阳神鸟"和蟾蜍形金饰片，则可能象征着日、月和天体的运行，表现出当时人们对于能够控制人间万物、具有超自然神力的力量的崇拜。尤其值得关注的，是三星堆、金沙遗址出土的覆盖在青铜头像面部的黄金面罩。和古埃及、古希腊、古罗马以及西亚、中近东、中亚文明中常见的覆盖在逝者面部的金、银面具最大的不同之处在于，它们并非奉献给世俗的人间享用，而是作为装饰物奉献给具有特殊"仪式背景"的各类青铜神像。如同罗森（Jessica Rawson）先生所说："三星堆青铜器是一种舞台道具，它们描绘了神灵的世界，对于参与这幕剧的人有极大的意义。"[1]而将最为贵重的黄金施于作为仪式主角的

---

[1]　Jessica Rawson, *Mysteries of Ancient China: New Discoveries from the Early Dynasties*, British Museum Press, 1996, pp. 83–84.

青铜神像的面孔,则更是暗示出,这幕"剧"的导演者们想要描述超乎人类所在的寻常世界的更为神圣的仪式空间。

三星堆和金沙遗址中发现的这些商周时期的青铜神像和黄金制品,迄今为止在早期中国文明中几乎是独一无二的创作,其独特的面貌和神奇的观念不仅给学术界带来巨大的冲击和影响,而且也令我们不得不承认,实际上至今在相当程度上,学术界对这个如此伟大的青铜文明还处在几乎未知的状态。我们无法说清楚它从何处而来,又是如何发展到如此高度的,也无法在现有的中国考古版图中找到包括青铜器、金器在内的整个三星堆文化的技术体系、表达方式可供对比分析的参照系。

这一古老文明中的黄金制品,从工艺特点上看,多采用金箔制作,使用了捶揲、剪切、刻划、镂空等多种手法,似乎与同时期中国境内发现的其他早期金器具有相同的特点;但从其造型和表现方式上看,则看不出两者之间有直接的联系和交流。三星堆、金沙这些古蜀国神秘的古代文明的来龙去脉,连同它那奇特的黄金制品所隐藏的历史真相,都还有待于后人去进一步地揭示。

二 秦汉时期云南"滇文化"中的黄金制品

其次,是以云南"滇文化"为代表的黄金制品。秦汉时期,生活在云贵高原一带的古部族当中,滇国和"滇文化"因为云南晋宁石寨山墓地中铭有"滇王之印"金印的发现,得到了考古学的证实。在滇文化墓葬中发现的一批黄金制品，无论是在造型艺术上还是在制作工艺上，都远比商周时期巴蜀文化系统的金器更加复杂，所体现出的文化面貌也完全不同。

给我们留下深刻印象的，首先可举出滇文化金器中的动物饰片。这些饰片包括云南江川李家山墓地中出土的对兽形金饰、晋宁石寨山墓地中出土的卧马饰金饰片等，动物形象整体呈蹲卧状，四肢伏地，身体扭曲，具有很强的动态感，既有单件出土的，也有两两相对、以"对兽"的形式出土的。类似这样的动物形金饰片，在我国北方和欧亚草原地带比较常见，很可能是用来装饰死者衣物的小件金器。

另一类引人注目的金器是兵器中的金剑鞘，在云南江川李家山、晋宁石寨山等滇文化墓地中曾经发现多件。这些金剑鞘的向上一面用捶揲法打压出丰富饱满的纹饰，比较典型的纹样有一组五个圆圈连接而成的五连圆圈状花形纹、两圆圈加上连续的弧线纹等。这种五连圆圈状的花形纹除了装饰在剑鞘上之外，也见单独出土的五连圆圈状花形金饰片。类似的纹饰以往在春秋战国时期的北方和欧亚草原地带曾经流行过，所以很可能是北方草原文化南下的产物。注重对贴身携带的护身短剑的装饰，是游牧民族的历史传统。阿富汗席巴尔甘"黄金之丘"墓地中出土的黄金剑鞘，是中亚游牧民族使用黄金装饰贴身短剑的一个典型例证。两者之间虽然在纹饰的风格和母题上有所不同，在总体的意趣上却是如出一辙。但是，在滇文化墓地中出土的金剑鞘的上端，发现有在圭形饰框内装饰牛头的图案，这不是北方草原固有的母题，而很可能是滇人独自的创造。因此，滇文化的先民们看来并非原封不动地照搬来自北方草原文化的金器装饰纹样，而是在此基础上也融入了南方民族的色彩。

滇文化的金器当中，还有大量用以装饰身体的饰物，如金发针、金发簪、金泡形头饰、金钏玉镯、金项饰、金臂甲、金腰带与铜扣饰的组合件等，表明金器使用的范围随着时代的发展不断扩大，已经进入滇国王家贵族的实用生活当中，具有更为浓郁的世俗生活气息。

此外，在滇文化具有独特风格的贮贝器上，我们发现在一些青铜像的表面有施以鎏金的做法。例如，晋宁石寨山出土的一件"四牛骑士贮贝器"上，顶部中央是一个骑在马上的骑士，身边有四头牛相环绕，骑士身着裙服，两腿分开骑于马上，通体鎏金。[1]在另一件李家山墓地出土的贮贝器上，围绕着一根图腾柱有一群前行的队伍，或步行，或骑马，队伍的中央有抬着的肩舆，乘坐者全身鎏金，头上有圆形的伞盖遮盖，其身份显然十分尊贵。[2]还有一件滇文化地区出土的物件展现了"胡舞者"的形象，两人均为深目高鼻的胡人，身着紧身衣裤，双手执一圆盘状物（似为乐器），双脚踏蛇，正在翩然起舞，两人的身体表面也有鎏金的痕迹。[3]这几例鎏金的青铜人像，都是为了表现其身份等级的尊崇或者特殊。而在青铜像表面施以金装，不禁使人联想到三

1　张增祺：《滇国与滇文化》，云南美术出版社，1997年，图版11。

2　玉溪地区行政公署编：《云南李家山青铜器》，云南人民出版社，1995年，图版1。

3　张增祺：《滇国与滇文化》，图版100。

星堆和金沙遗址中在青铜像表面施以金箔面具（面罩）的古老传统。尽管两者之间的分别是明显的：滇文化中施以金装的青铜像应都是当时社会实际存在的统治者形象的真实写照，而三星堆和金沙遗址中施以黄金面罩的头像则都是不食人间烟火的神灵。但在青铜像的表面施以金箔或者鎏金的做法，是否是古代西南地区一种特有的黄金崇拜的文化现象？这至少给我们观察中国西南青铜文化提供了一个新的视角。

从云南石寨山文化青铜器上反映出来的多元文化因素的聚合，早已引起国际学术界的广泛关注，学者们提出许多观点和认识。1976年，日本上智大学民族学家白鸟芳郎在《石寨山文化的承担者——中国西南地区所见斯基泰文化的影响》一文中，首先提出滇文化中的动物搏斗纹和兵器上的装饰与斯基泰艺术中的动物格斗纹相似，表明它们之间有一定的联系。[1]其后，我国学者冯汉骥、汪宁生先生也通过对石寨山文化青铜器上的人物形象的辨识，认为其中可能有来自北方草原民族的某个支系。[2]云南学者张增祺先生也曾多次撰文论证："云南青铜时代是受过斯基泰文化影响的……将斯基泰文化传入云南的承担者是欧亚草原的游牧民族，而不是滇国商人。"[3]联系到石寨山文化中金器的发现情况，我

---

1 〔日〕白鸟芳郎：《石寨山文化的承担者——中国西南地区所见斯基泰文化的影响》，《石棚》1976年第10期。

2 冯汉骥：《云南晋宁石寨山出土文物的族属问题试探》，《考古》1961年第9期；汪宁生：《晋宁石寨山青铜图像所见古代民族考》，《考古学报》1979年第4期。

3 张增祺：《再论云南青铜时代"斯基泰文化"的影响及其传播者》，收入云南省博物馆编：《云南青铜文化论集》，云南人民出版社，1991年，第320—354页。

们做进一步的观察分析，可以基本肯定其中的确有来自北方和欧亚草原文化的成分。但"斯基泰文化"或者"斯基泰艺术"这个概念十分广泛，可以泛指从黑海沿岸到欧亚北方草原辽阔的疆域内活动过的游牧民族及其所创造的艺术风格，所以云南晋宁石寨山文化中来自北方草原的民族具体可以归属于北方古代民族中的哪一个支系，目前还难以确定。过去学者们曾将其比定为"羌""昆明""斯（叟）""嶲"等历史文献记载的曾经活动于中国西南地区的不同的古代族群，[1] 有一定的道理。不过，我们同时还应当注意到，云南地处横断山脉地带，这里江河纵横，沿着河谷水道既可北上甘、青、藏等高原地区，也可顺江南下直抵东南亚山地，向东还可东去两广，连通海上"丝绸之路"。所以，不仅是来自北方草原的文化因素可以传播到云南，来自巴蜀、两广、东南亚等南方系统的古代文化因素也同样可以进入这个区域。这次展出的滇文化金器中，有些器型和纹饰明显不属于北方草原文化系统，如金发针、金发簪、金泡形头饰等一批金头饰、葫芦形金饰、带有刻划纹的金臂甲、鎏金铜当卢等。还有一些虽然具有北方草原文化因素，但却已被加以改造，融进了许多南方古文明的因素。最典型的例证就是一批饰有牛头纹的金剑鞘，可以说是南北文化交相融会的产物。

实际上，关于云南滇文化青铜器与北方草原文化青铜器上

---

1 张增祺:《关于晋宁石寨山青铜器上一组人物形象的族属问题》,《考古与文物》1984年第4期。

有关动物搏斗纹的差异性特征，过去已经引起学术界的关注。美国学者埃玛·邦克（Emma C. Bunker）就观察到，欧亚东部草原艺术中的动物搏斗纹是一种符号化的图案，而滇文化中的动物纹则具有极强的写实性；猎人手执的兵器、佩剑的方式和猎杀的动物均不相同；骑士们身穿的服装也不相同，欧亚草原的猎手们穿靴，滇国的猎手们多赤脚，等等。[1]还可以进一步观察辨识，即使是在滇文化中最具游牧文化色彩的青铜搏斗纹动物牌饰上，动物的种类、形态、搏斗的场景等与北方草原文化青铜牌饰中的动物搏斗纹也是大相径庭，表现出"同中有异""大异小同"的基本面貌。

总之，在这样的一个宏大历史背景下来观察滇文化系统中的金器，我们可以认识到，继三星堆、金沙等巴蜀地区商周时代青铜文化的金器业之后，秦汉以来（尤其是在西汉中晚期）中国西南地区迎来了以滇文化为代表的金器生产的第二个高峰。这个时期的金器制造不仅种类繁多、制作精良，而且已经将金器使用的范围扩大到世俗生活领域，流行于社会的贵族阶层。究其社会原因，可能与汉武帝元封二年（前109）使滇王内附、元封六年（前105）滇西地区"昆明"等少数民族相继归附，西汉王朝在云南设置益州郡后，云南社会经济发展有所进步，滇池区域（包括金

---

[1]　此为其于1988年10月在云南昆明召开的"中国南方和东南亚铜鼓及青铜文化国际学术讨论会"上宣读的论文，未公开发表。转引自张增祺：《再论云南青铜时代"斯基泰文化"的影响及其传播者》，收入云南省博物馆编：《云南青铜文化论集》，第322—323页。

沙江沿岸）的金矿得以开发利用，淘金技术及其设备不断得以改进和提高，金器制造水平有所进步，"南方丝绸之路"和"北方草原丝绸之路"等多条交通线路的开通，吸取了来自欧亚北方草原、东南亚青铜文化中的黄金制作元素等诸多原因有关。

三　唐代吐蕃的黄金制品

再次，是吐蕃时期的黄金系统。公元7世纪，吐蕃兴起于青藏高原，并很快发展壮大，统一原来分散的各部，建立起一个强盛的地方政权——吐蕃王朝。汉文文献记载，吐蕃王朝的黄金制品曾达到过很高的水平。如《册府元龟》载唐显庆二年（657）"十二月，吐蕃赞普遣使献金城，城上有狮子、象、驼马、原羝等，并有人骑。并献金瓮、金颇罗等"（《外臣部·朝贡三》）。黄金制作工艺能够达到如此工艺水准，的确非同一般。美国学者谢弗（E. H. Schafer）在其所著《唐代的外来文明》一书中，对吐蕃时期的黄金制作工艺曾做过这样的评价："……在对唐朝文化做出了贡献的各国工匠中，吐蕃人占有重要的地位。吐蕃的金器以其美观、珍奇以及精良的工艺著称于世，在吐蕃献给唐朝的土贡和礼品的有关记载中，一次又一次地列举了吐蕃的大型金制品。吐蕃的金饰工艺是中世纪的一大奇迹。"[1]

---

1 〔美〕谢弗：《唐代的外来文明》，吴玉贵译，中国社会科学出版社，1995年，第552页。

其实，早在吐蕃王朝统一青藏高原各部之前，生活在这片高原上的诸部就十分倾慕黄金制品，有着十分悠久的"以黄金为贵"的文化传统，遗留下来不少相关的文献记载。如《册府元龟》所载"附国"条下：

> 附国在党项西南数千里……死后十年而火葬，其葬必集亲宾，杀马动至数十匹，立其祖父神而事之。其俗以皮为帽，形圆如钵，……王与首帅金为首饰，胸前悬一金花，径三寸。（《外臣部·土风三》）

又"白兰国"条下：

> 白兰土出黄金铜铁，其国虽随水草，大抵治慕贺川，以肉酪为粮，颇识文字。其男子通服长裙，……妇人以金花为首饰，辫发萦后，缀以珠贝。（《外臣部·土风三》）

又"东女国"条下：

> 东女国，西羌之别种，在雅州西北。……其王服青毛绫裙，下领衫，上披青袍，其袖委地。冬则羔裘，饰以文锦。为小鬟髻，饰之以金。耳垂珰，足履索鞋。……其居丧，服饰不改……贵人死者，或剥其皮而藏之，纳骨于瓶中，糅以金屑而埋之。（《外臣部·土风二》）

又"太平国"条下：

> 太平国在于阗国南，其人辫发毡裘，畜牧为业，地多风
> 雪，冰厚丈余，所出物产颇与吐蕃同。俗无文字，但刻木结
> 绳而已。……其酋豪死，抉出其脑，实以珠玉，割其脏，易
> 以黄金，假造金鼻银齿，以人为殉。（《外臣部·土风二》）

虽然这些文献的成书年代已晚至中古时期，所记载的风俗也并未直接言及吐蕃本土，但由此可知，这些曾生活在青藏高原上的古代部落贵族、首领生前以黄金为饰、死后以黄金饰物随葬的风俗曾经风行一时。上述附国、白兰、东女、太平等高原诸部随着吐蕃的逐渐强大和不断的对外扩张，最后也都并入吐蕃版图。可想而知，其黄金工艺也必然融入吐蕃的黄金工艺体系当中。

西藏浪卡子古墓、阿里曲踏墓地、故如甲木墓地等发现的一批金器和黄金面具，其年代可早至汉晋时期，应属于西藏"早期金属时代"的一批黄金制品。浪卡子古墓中出土的相同形制、成组出现的黄金动物牌饰，背后都带有小扣，可以穿缀在织物上，很可能是装饰在衣服上的金饰。与之相似的黄金动物牌饰在新疆、内蒙古、黑龙江等地的北方游牧民族墓葬中都曾有过出土。将青藏高原发现的这类早期黄金制品与北方草原地带游牧民族的遗物相比较，可以观察到许多相同的因素。例如，第一，捶拓金片这一工艺与北方草原广为流行的黄金制品工艺传统，同样流行于青藏高原。第二，流行动物纹样。如浪卡子古墓中的马形

牌饰，即与北方草原民族常见的题材相似。第三，某些饰物的制作工艺、造型具有相同的特点。如属于匈奴系统的阿鲁柴登墓葬中出土的长方形金牌饰系铸造而成，这类采用铸造工艺形成的黄金饰物在匈奴系统的金器中很少发现，但在西藏浪卡子县查加沟墓地发现的这批金器中，有5件马形牌饰都是用模具铸造而成的。同属于匈奴系统的西沟畔二号墓中出土的金耳环是用稍粗的金丝环绕，下方悬挂的坠饰，也是用很细的金丝叠绕20多圈形成的。采用这种金丝叠绕工艺制作饰物的传统，看来曾广泛流行于北方草原地带。在北方拓跋鲜卑系统的三道湾墓葬中出土的金耳饰也为金丝盘结而成，制作细致。浪卡子古墓出土的铜耳环的形状和制法都和它十分接近。此外，新疆察吾乎沟口一号墓地M268中出土的一件银耳坠（M268:2）也是采用这种单丝叠绕的工艺制作。青藏高原发现的金器中有8件戒指，戒面均采用金丝向外盘结叠绕而成，其工艺手法基本上也是相同的，反映出相同的文化与技术传统。

在西藏发现的早期金属器中，还应当特别关注近年来在西藏西部阿里地区出土的黄金面具及其与周边地区的文化联系。这次展出中最大的黄金面具出土于曲踏墓地，系用金箔捶拓而成，面具上部有一个长方形的头冠，下部为一个人面饰，通高13.5厘米。头冠饰上有三组图案，有塔状纹、两两相对的鸟纹、麦穗纹及动物纹（鹿、羊？）等纹饰，这组神秘的图案的象征意义目前还不得而知。从出土时的情形来看，这件金箔制成的面具原来应是连缀在织物上的。在织物腐朽之后，面具的周边还残存有织物碎片。[1]由此可以推测，这件黄金面具应是作为随葬明器之类的面具，用来掩盖逝者的面目，使生人不得见之。其后，在与曲踏墓地相距仅几十公里的噶尔县门士乡的故如甲木墓地发掘以及曲踏墓地的后续发掘中，也出土了两件被称为"微型黄金面具"的同类器物，它们在金箔制成的面具上绘出彩色的五官，再将其缝缀在织物上，虽然面积很小，却也具有覆盖逝者面孔的功能。[2]这几面金面具的发现，有力地证明了这一习俗在西藏西部地区的流行。

这类黄金面具也在西藏西部周边地区被发现。印度HNB加瓦大学历史学与考古系巴特（R. C. Bhatt）教授曾报道：位于中部喜马拉雅山脉尼泊尔境内，与中国西藏紧相毗邻的马拉日岩洞葬中，除出土有大量保存完整的陶器之外，也曾出土过一件用黄金制作的面具，面具系用厚度为0.091毫米的金箔捶拓而成，重5.23克，高8厘米，最宽处7厘米，前额处变窄为4.5厘米，从外形上观察略呈长方形。[3]虽然巴特教授认为"为死者下葬戴面具是马拉日独特的风俗"，但事实上这并非仅见于喜马拉雅山地的孤例。据迈克尔·芬克尔（Michael Finkel）撰文介绍，在与马拉日岩洞葬相邻近的尼泊尔北部穆斯塘地区，考古发现中也曾出土过类似的黄金面具。这件黄金面具也是采用金箔捶拓而成，形状略呈长方

---

1 仝涛、李林辉：《欧亚视野内的喜马拉雅黄金面具》，《考古》2015年第2期。

2 中国社会科学院考古研究所、西藏自治区文物保护研究所：《西藏阿里地区噶尔县故如甲木墓地2012年发掘报告》，《考古学报》2014年第4期；中国社会科学院考古研究所、西藏自治区文物保护研究所、阿里地区文物局、札达县文物局：《西藏阿里地区故如甲木墓地和曲踏墓地》，《考古》2015年第7期。

3 此条资料系印度HNB加瓦大学历史学与考古系巴特教授为笔者提供，谨表示谢意！

形，面部五官上原涂有彩绘，"五官以高浮雕的形式表现，眼睛的周围镶有红色眼眶，嘴角稍向下，鼻子笔直，还有胡须的痕迹。面具边缘有一圈小孔，说明它很可能是被缝在织料上，然后罩在脸上的"[1]。由此可见，在与西藏西部相邻的环喜马拉雅山地区，这种以黄金面具作为死者随葬品下葬的风俗流行甚为广泛。

前文所引的汉文文献描述位于"于阗国"之南的"太平国"在葬仪中使用这类黄金面具："其酋豪死，抉出其脑，实以珠玉，割其脏，易以黄金，假造金鼻银齿，以人为殉。"所谓"假造金鼻银齿"，大约就是这种习俗的形象化说法，这和西藏西部出土黄金面具的情况正好对应。

在与青藏高原相毗邻的地区，黄金面具在中亚和我国新疆地区也有过发现。1997年，在新疆伊犁哈萨克自治州昭苏县波马古墓中曾发掘出土过一具镶嵌红宝石的黄金面具，面具高17厘米，宽16.5厘米，重245.5克，为黄金箔捶拓而成，面孔呈方圆形，眉毛和胡须均用条形金箔焊铆于面具之上，上面再镶嵌数十粒红宝石。发掘者推测其年代下限在公元6—7世纪前后，但考虑到金银制品的使用和传承等因素，其中部分器物的年代上限应当较早。[2]发掘者注意到，与之类似的黄金面具还曾发现于中亚吉尔吉斯斯坦比什凯克地区，在工艺技术上与波马墓葬所出者有相同之处，也是采用捶拓打制而成，双目镶嵌红宝石，时代为公元4—5世

---

1 〔美〕迈克尔·芬克尔：《尼泊尔天穴探秘》，刘君译，《华夏地理》2012年第10期。

2 安英新：《新疆伊犁昭苏县古墓葬出土金银器等珍贵文物》，《文物》1999年第9期，封二，图四：1。

纪。[1] 上述这两例材料与本文讨论的西藏西部出土的黄金面具的年代大体相当,风格也十分相似。

吐蕃王国时期(公元7—9世纪),随着青藏高原与中原地区文化交流的不断加强,吐蕃深受汉文化的影响,同时与周边各国的文化交流也不断增进,其经济文化的发展逐步达到了较高的水平,金属制作也成为吐蕃王国一个重要的手工业门类。由吐蕃制作生产的金银器,经常作为向唐朝贡纳的礼品而见诸史料记载。从目前海内外传世和出土的吐蕃王国时期的金银器来看,其种类大为增加,器类更加复杂,银瓶、带把杯、高足杯、鎏金马鞍以及马具、金银牌饰与首饰、用作器物表面装饰的各类金银饰片等均有出土。从装饰风格上看,吐蕃金银器喜用狮、羊、鹿、立鸟、立凤、独角兽等各种动物纹饰,同时也流行忍冬、卷草、缠枝花草等中原唐朝金银器使用的各种植物纹饰,还创造出一批具有本民族特色的纹饰母题,如交颈立鸟、带翼异兽、人面鸟身与鸟足的异人、两相扶持的醉人、胡旋舞人等。

在制作工艺上,吐蕃金银器采用了捶揲、鎏金与镀金、掐丝、焊缀与镶嵌、雕刻与錾刻、错金、包金与贴金等多种技法,从而形成吐蕃金银器造型生动、纹饰丰富多彩、富于民族气息的独特文化面貌。虽然目前我们能够见到绝大部分吐蕃金银器均为传世品或非科学考古所获的标本,但是通过与同时代唐、粟特、

1　转引自安英新:《新疆伊犁昭苏县古墓葬出土金银器等珍贵文物》,《文物》1999年第9期。

波斯萨珊等地金银器的相互比较，我们可以初步判定其流行的年代主要为吐蕃王朝兴起和强盛于青藏高原的时期，即公元7世纪至9世纪中叶，仅有少量小件的金器或许年代稍早。由于这一时期欧亚大陆历史背景与文化背景的变迁，吐蕃与唐和中亚、西亚一带在金银器制作工艺上可能交流密切并且彼此借鉴，从吐蕃金银器当中既可以清楚地观察到其与唐、粟特、波斯等多种文化因素相互影响和交融的痕迹，同时也能观察到吐蕃在不断兼并扩张的过程中，通过与北方、西北草原游牧民族发生密切的交往，在继承其文化传统的基础上加以汲取和创造，也逐渐形成自身具有鲜明特色的金银器系统，成为我国古代多民族文化一个重要的组成部分。

（原载成都金沙遗址博物馆、成都文物考古研究院编：
《金色记忆：中国出土14世纪前金器特展》，
四川人民出版社，2019年）

高原觅踪

20世纪西藏考古的回顾与思考

20世纪即将过去,新的世纪已经来临。在西藏高原这片广袤的土地上,过去的一个世纪是考古学上一个辉煌的世纪,在中国考古学学科史上也占有着重要的地位。由于西藏独特的地理环境与人文传统,西藏考古从来就是一门世界性的学科,一直受到国内外学术界的强烈关注。今天,适时地总结过去一个世纪以来西藏考古的成就,展望今后的工作方向,具有历史的和现实的意义。

一

回顾20世纪的西藏考古,首先不能不提到世纪初西方学者所做的工作,如何对这些工作进行客观的评价与总结,是中国学者必须正面回答的一个问题。

西藏高原的考古学研究史，可以上溯到西方学者对这一地区的探险与考察活动。欧洲人最早进入西藏高原的记载，为1325年波特隆的弗莱尔·奥德里克（Frère Audric）以天主教传教士的身份来到西藏，目的在于寻东方"基督的圣地"。在此之后，17世纪20年代至18世纪40年代之间，又有几批欧洲天主教教士越过喜马拉雅山，或者通过中国内地进入西藏。他们在阿里和卫藏等地进行长期的传教活动，同时也做过一些有关西藏历史、宗教、民俗等情况的调查。从后来他们在国外所公布的零星材料来看，当中已经开始注意到对西藏古物的考察与研究。[1]

19世纪后期至20世纪初期，由于当时国际形势的变化，西方学者研究汉学、佛教、东方历史与语言形成一种国际风气。与"敦煌学"的兴起几乎同时，"西藏学"的研究也开始成为西方学术界关注的热点。在这样一个历史背景之下，一部分受过人类学与考古学训练的西方学者也开始了对西藏地区的考古调查与研究。这种情况一直持续到1951年西藏和平解放以前。

毋庸讳言，西方学者在西藏进行的工作，都怀有着他们各自的目的，带有着当时特有的殖民地文化色彩。其中一部分人甚至直接是为西方国家对西藏的侵略与渗透服务的。但从专业的角度来说，对于中国近代意义上的考古工作，他们是最早的开启者。这当中，最为突出的代表是意大利藏学家朱佩塞·杜齐

1　L. Barbara, "The Western Experience in Tibet, 1327−1950", *The Museum New Series*, Vol. 24, The Newark Museum Association, 1972.

（Giuseppe Tucci）。这位1984年逝世的著名学者在他的一生之中，为我们留下了大量有关西藏考古的论著，其中的一部分近年来已翻译成中文出版并且为中国学者所关注。[1]

将这个时期西方学者所进行的西藏考古工作做一个简要的归纳，我们可以看到，在以下几个方面，都有着比较突出的特点：

第一，引进了近代西方考古学的工作方法。近代意义上的考古学，强调以田野考古作业为基础、以类型学和地层学为基本的研究方法和手段。从20世纪40年代开始，杜齐本人和他所领导的考古队在西藏的中部和西部地区做过多次田野考古调查，他自述他的工作目的也是十分明确的："历尽艰辛到达西藏的旅行家相对来讲数量极少。他们几乎都是津津乐道地描述那个地区的风俗习惯，或是将主要的兴趣集中在地理学、社会学及宗教研究上。甚至那些已对西藏文化史进行过研究的人也几乎忽略了他们学科的考古方面，而把注意力放在了极为严格的宗教或仪式这样令人感兴趣的问题上。我在西藏的多次旅行中，着重对西藏考古及艺术史进行研究。"[2]明确的学科意识与研究目标，是杜齐后来在西藏近代考古方面取得最大成绩的重要原因之一。而在此之前西方学者在西藏进行的考察，主要是地理学、生物学等自然科学的考察。还有相当多的西方学者更是带着猎奇的心理专注于西藏的所谓

1　如向红笳译《西藏考古》，西藏人民出版社，1987年。此书原名 *Transhimalaye*（《穿越喜马拉雅》），是杜齐为法国大学考古系教授马尔加第（Margarit）主编的一套考古学丛书"古代文明丛书"中的一册。

2　参见〔意〕G. 杜齐：《西藏考古》，引言第1页。

"奇风异俗"，其中少量涉及西藏考古发现的内容，也都是从他们写出的游记或综合报告中支离破碎地见出。而杜齐显然已经将自己的工作方法与他们区别开来。

除西藏本土之外，杜齐还主持了对在尼泊尔的藏人遗址以及巴基斯坦斯瓦特河谷地区的考古发掘工作，出土了佛教梵文文献等文物。[1] 1948年，杜齐最早开始对吐蕃藏王陵墓进行实地调查，并于两年后发表专著《吐蕃赞普陵考》，记述了位于今山南琼结境内的历代吐蕃赞普陵墓的形制、布局、碑刻铭文等情况。[2] 这些工作，用今天的眼光看来已并不新鲜，但对于当时的西藏田野考古工作而言，却的确具有筚路蓝缕之功。

与杜齐大约先后同时在西藏开展田野考古工作的，还有1925—1928年间由俄籍瑞典人劳瑞茨（N. Roerich，也译成罗列赫）所率领的中亚考古队在藏北高原和西藏中部进行的考古调查。他们在藏北发掘了一批出土有青铜箭镞的石丘墓以及与之相关的大石遗迹，并首次将这些大石遗迹按照考古类型学的方法分为独石（menhir）、石圈（cromlech）和列石（alinement）几种不同的类型加以考察。劳瑞茨在后来发表的题为《藏北游牧民族的动物纹饰风格》[3] 等文中，推测这两种遗迹可能与藏北游牧民族所信仰的西

1　其中部分资料已经公布于《关于两次尼泊尔科学考察报告》（G. Tucci, *Preliminary Report on Tow Scientific Expeditions in Nepal*, Istituto Italiano per il Medio ed Estremo Oriente, 1956）。

2　G. Tucci, *The Tombs of the Tibetan Kings*, Rome, 1950. 此书中译本有阿沛·晋美译《藏王墓考》，中央民族学院藏族研究所编：《藏族研究译文集》第1辑，1983年。

3　J. N. Roerich, *The Animal Style among the Nomad Tribes of Northern Tibet*, Seminarium Kodakovianum, 1930.

藏原始宗教——苯教的自然崇拜有关，年代可能属于铜器时代。不仅如此，他还提出必须注意到藏族文化中存在着"非佛教因素成分"的问题，认为"在佛教的西藏旁边还有一个游牧民族的西藏，即格萨尔汗的西藏和牧民英雄史诗"，并指出西藏早期文化与来自中亚、伊朗的文化影响之间可能存在着联系；同时推测藏族的祖先可能是从青藏高原东北部进入西藏地区的，"他们向外分散的最古老中心之一，可能是黄河流域盆地"，这些观点在今天看来也仍有可取之处。

20世纪稍晚在西藏开展过考古工作的，还有英国人黎吉生（H. E. Richardson）对藏王陵墓的实地调查，意大利人奥夫斯莱特（P. Aufschnaiter）、德国人哈雷（Harrer）在拉萨附近的辛多山嘴济曲河（拉萨河支流）发掘古遗址与墓葬等。[1] 由于他们均非职业考古学者，工作的质量自然远逊于杜齐、劳瑞茨等人，但基本上也还是按近代考古学的方法来加以操作的。如奥夫斯莱特和哈雷将辛多山嘴古遗址按地层划分为A、B、C三个层次标于剖面图上，在各地层内又分别以罗马数字 Ⅰ—Ⅻ 来标明遗迹遗物所在的平面位置，对出土陶器器型的形态描述也基本符合考古规范。[2]

正是通过上述各种方式，西方近代考古学开始传播到西藏，对于形成科学的工作风气、改变旧式的研究方式有着积极意义。

第二，注重对古藏文实物资料的搜集整理与研究。西方学者

1　〔意〕P. 奥夫斯莱特：《西藏居民区史前遗址发掘报告》，杨元芳、陈宗祥译，《中国藏学》1992年第1期。
2　参见霍巍：《西藏高原古代墓葬的初步研究》，《文物》1995年第1期。

中有一部分人具有良好的藏文基础，能够直接利用藏文材料，所以较为注重对考古材料中古藏文实物的搜集整理。这方面的工作内容涉及三个方面：其一是对吐蕃金石铭刻的搜集整理，有的加以了诠释。如杜齐在其《吐蕃赞普陵考》一书中，除对陵墓本身进行考证外，还用更多的篇幅诠释了8件吐蕃时期的金石铭刻，[1]将这些金石铭刻与藏文史籍《贤者喜宴》等相结合，考证了吐蕃世系及有关的历史问题。黎吉生对西藏古藏文碑刻进行了初步的著录、整理与考释。[2]其二是对古藏文木简的搜集整理。藏文木简主要发掘出土于中国新疆与中亚一带，数量约百件，大都是吐蕃时期的遗物。英国人斯坦因（A. Stein）、托玛斯（F. W. Thomas）以及俄国人马洛夫（S. E. Malov）等人都曾经从新疆掠夺去一些藏文木简，并做过初步的整理。[3]其三是对古藏文文书卷的搜集整理。这部分资料大部出自敦煌石室，英国人斯坦因、法国人伯希和等人盗运到国外，分别藏于伦敦印度事务部图书馆和巴黎国家图书馆。后来，巴黎大学教授巴考（J. Bacot）、杜散（Ch.

1　经过他初步整理的8件吐蕃铭刻分别为（1）粗朴寺碑；（2）赤松德赞赞普墓碑；（3）桑耶寺碑；（4）—（6）赤松德赞敕文；（9）噶迥寺碑；（10）桑耶寺钟碑铭等，后已全部收入王尧编著：《吐蕃金石录》，文物出版社，1982年。

2　参见冯蒸：《国外西藏研究概况（1949—1978）》，中国社会科学出版社，1979年，第18页。

3　斯坦因在1907年新疆考察探险活动中获得藏文木简398支，影录于《西域》（1921）和《亚洲腹地》（1928）两书之中；"1914年6月5日，俄国人马洛夫从新疆获得若干吐蕃木牍，由沃罗比耶夫－捷夏托夫斯基撰写了《马洛夫收藏的藏文木牍》（《东方学研究所学报》）和《罗布泊地区的藏文木牍》（《东方碑铭学》，1953年），两文共公布了6支藏文木牍"。引自王尧、陈践编著：《吐蕃简牍综录》，文物出版社，1986年，第4页。

Toussant）及英国人托玛斯三人编辑出版了《敦煌文书中之吐蕃史料》（1940—1946）一书，成为一部非常重要的研究吐蕃时期的古藏文历史文献汇编。[1]此外，托玛斯还著有《关于新疆的藏文史料》（1935—1963）一书，其中的第二卷是关于古藏文木简及其他文书写卷的译释，也有一定的史料价值。

斯坦因、伯希和之流对我国文物的掠夺盗窃，是20世纪初西方人在中国写下的极不光彩的也是耻辱的一页，对此历史已早有定论，已无重评之必要。但是西方学者对这些藏文实物资料所做的严肃认真的科学研究，客观上带动了西藏考古与历史史料学的进步，却是应当给予客观评价的。

第三，注重考古学与美术史的结合，体现了欧洲"作为艺术史的考古学"这一传统特点。西藏佛教艺术的古代遗存以美术作品为其大宗，西方学者多将其归入考古或艺术史研究的范畴。其中最具有代表性的如杜齐编撰的《西藏画卷》（1949）一书，全书资料丰富，共分为三大卷，不仅影印了256帧西藏佛画（也称为"唐卡"），而且对西藏历史、文化和宗教背景、藏文文献、艺术流派的介绍和分析等也占据了相当的篇幅，对于西藏佛教美术品的研究至今仍有重要的参考价值。此外，如法国学者石泰安（R. A. Stein）在其《西藏的文化》（1962）、英国人黎吉生等在其《西藏文化史》这样的专著中，也依据大量材料辟出专门的章节论述

1　此书后由我国学者王尧、陈践编译为《敦煌本吐蕃历史文书》一书，先后于1980、1992年两次由民族出版社出版。

了西藏的古代美术史、工艺及建筑等方面的内容，其中相当部分都涉及西藏佛教考古。这类研究从某种意义上来说，开辟了西藏佛教美术考古的先河。

综上所述，在20世纪最初的50年左右，西藏的考古工作几乎完全是由西方学者进行的。由于当时种种条件的局限，尽管他们取得了上述的诸多成绩，但毕竟也存在着相当大的缺陷。如同已有学者指出过的那样："杜齐等人的工作，对于西藏考古学的建立具有积极的意义，起到了先导性的作用。但是，他们的做法局限于对地上文物的随机调查与搜集，虽然网罗周遍，但门类庞杂，缺乏系统、深入的专业性研究。"[1]笔者是赞同这个意见的。值得一提的是，作为一名科学工作者，杜齐在他的《西藏考古》一书引言中，对此也是毫不讳言的。他说："首先要明确的是，如果我们把适当的、有指导的发掘称为考古学的话，那么西藏的考古是处于零的状态。……因此，目前我们仅能勾画出考古学方面可能的未来研究的远景，对于将要解决的问题给予关注，并从考古学及艺术史的角度来注意最令人感兴趣的遗址和地区。"[2]在此书的《结论》一章中，杜齐再次重申："考古学及西藏艺术的整个历史并不是已确定了事实的一个部分，而是未来的研究计划。……问题的进一步明朗化——我们期望这一明朗化不会拖延得太久——取决于我们对西藏考古下功夫的调查及对西藏文化发展的细致研究。

1　罗炤：《西藏历史考古学的奠基之作——读宿白先生〈藏传佛教寺院考古〉》，《文物》1998年第7期，第83页。

2　〔意〕G.杜齐：《西藏考古》，引言第2页。

如想解决如此明显而又颇为复杂的问题，显然需要我们广泛深入地了解亚洲的不同文化。如前所述，中国考古学家面临的迫在眉睫的任务是编纂一本详细目录，包括所有现存的、有关考古及艺术方面的资料。要确保资料可以记录和拍照，并承担起对一些具有特殊意义的遗址的挖掘工作，特别是对墓地、王陵及雅隆和拉萨的周围地区。"[1]杜齐在他生命的最后岁月里，显然将未来西藏考古的希望，寄托在了新中国的考古工作者身上。

值得告慰这位对中国西藏考古始终予以关注的学术前辈的是，随着中华人民共和国的成立和西藏的和平解放，西藏考古迎来了她真正繁荣的季节。

二

1951年西藏和平解放。1959年西藏正式成立文物管理小组，这是西藏自治区文物管理委员会的前身，也是西藏最早成立的文物管理机构。从50年代中期开始，中国学者开始独立自主地承担起西藏考古工作的重任，陆续开展了一系列考古调查与发掘工作。这个阶段直至20世纪80年代初期，可以说是具有中国特色的西藏考古学的初建时期。总结这个阶段的工作，可以看到以下几个特点：

第一，在对青藏高原进行多学科综合考察的过程中，考古学

---

1 〔意〕G. 杜齐:《西藏考古》，引言第65页。

开始登上了历史舞台。

50年代以来，由中国科学院组织的青藏高原综合科学考察队（以下简称"科考队"）在中国一些高等院校与科研机构的配合下，对青藏高原的古地质地理、古生物、古植物、古动物、古气候等方面进行了多学科的综合科学考察。在野外考察的过程中，一开始主要是由地质学家们发现并采集一大批石器标本及原料，这当中重要的发现如：1956年，中国科学院地质研究所赵宗溥在藏北那曲采集到一件细石核，这是在西藏境内首次发现的细石器。[1] 1964年，科考队在藏南定日苏热地点采集到可能属于旧石器中晚期的打制石器标本约40件。[2] 1976、1983年，科考队、南京大学、中国地质科学院在藏北申扎珠洛勒[3]、阿里日土扎布、藏北多格则[4]以及各听[5]等地采集到打制石器200多件。1976年，科考队、南京大学等在藏北的雅曲雅土、才多茶卡、蒂让碧错、巴毛宗、确且错、双湖6个地点采集到石器标本数百件；[6]在阿里普兰玛法木错（玛旁雍错）东北岸、日土帕也曲真沟及吉隆戳错龙湖西

1　邱中郎：《青藏高原旧石器的发现》，《古脊椎动物学报》，1958年第2—3期。

2　张森水：《西藏定日新发现的旧石器》，收入中国科学院西藏科学考察队编：《珠穆朗玛峰地区科学考察报告·第四纪地质》，科学出版社，1976年。

3　安志敏、尹泽生、李炳元：《藏北申扎、双湖的旧石器和细石器》，《考古》1979年第6期。

4　刘泽纯、王富葆、蒋赞初、秦浩、吴建民：《西藏高原多格则与扎布地点的旧石器——兼论高原古环境对石器文化分布的影响》，《考古》1986年第4期。

5　钱方、吴锡浩、黄慰文：《藏北高原各听石器初步观察》，《人类学学报》1988年第1期。

6　戴尔俭：《西藏聂拉木县发现的石器》，收入中国科学院西藏科学考察队编：《珠穆朗玛峰地区科学考察报告·第四纪地质》。

岸3个地点共发现石器制品64件。[1]

与地质学家们的发现大体同时，我国民族学界在西藏开展的民族社会历史调查中，也发现了一批考古遗存。如：1973年新安等在林芝墨脱马尼翁采集到一件磨制石斧；[2] 1972—1976年，中央民族学院在林芝星云、居木、加马拉、红光等地发现一批石器时代遗址和石器采集地点；[3] 1976年中央民族学院在墨脱县背崩村和墨脱村等6个地点发现新石器时代遗址；[4] 1974—1975年中央民族学院在林芝红光三队调查发现一批古墓葬等。[5]

上述这些调查工作并不是由考古学工作者进行的，所以在资料的获取上难免带有一定的偶然性。但这些资料的发现，却为中国考古学者开展西藏考古提供了重要线索，带动了考古学的研究。尤其是旧石器时代遗存的考古发现，对于长期以来西藏高原是否有人类居住的问题，做出了肯定的回答。而在此之前国外有的人类学家一直坚持认为，直到新石器时代晚期西藏高原才开始有人类居住。这些考古发现证明，至少在距今5万至1万年前的旧石器时代中晚期，现在西藏高原的大部分地区就已经有人类活动的痕迹，从而使中国学术界进一步探讨藏族远古先民的来源问题

1 李勃生、一丁：《"无人区"里考古记》，《化石》1979年第2期；刘泽纯、王富葆、蒋赞初、秦浩、吴建民：《西藏高原玛法木错东北岸等三个地点的细石器》，《南京大学学报》（哲学社会科学版）1981年第4期。

2 新安：《西藏墨脱县马尼翁发现磨制石锛》，《考古》1975年第5期。

3 王恒杰：《西藏自治区林芝县发现的新石器时代遗址》，《考古》1975年第5期。

4 南坚、江华、兆林：《西藏墨脱县又发现一批新石器时代遗物》，《考古》1978年第2期。

5 王恒杰：《西藏林芝地区古人类遗骸和墓葬》，《西藏研究》1983年第2期。

迈出了至关重要的一步。

第二，按照一定目的和计划进行的考古学专门调查与发掘，也在有步骤地开始进行。

1961年，西藏文物考古工作者在拉萨市彭波农场以东的坡麓地带，发现并清理了8座洞穴墓葬。[1]当时这次小规模的发掘并没有引起人们过多的注意，但这却是有史以来第一次由中国汉、藏两个民族的考古工作者独立进行的考古发掘，并从此揭开了西藏科学的考古发掘工作的序幕，在西藏考古史上具有特殊的意义，这是应该特别提及的。

1965年，西藏自治区文物管理委员会正式宣告成立，从此西藏的文物考古工作开始有组织地步入正轨。从70年代后期开始，在西藏自治区文管会的组织下，开始了具有一定规模的考古调查与发掘，其中最为重要的有昌都卡若遗址和朗县列山墓地的两次考古调查与发掘工作。

卡若遗址位于西藏东部的昌都地区，1977—1979年，由西藏自治区文管会与四川大学考古专业联合进行了考古发掘，这是西藏历史上第一次较大规模的考古发掘。已故考古学家、四川大学教授童恩正先生主持了这次发掘工作，著名考古学家石兴邦先生也曾亲临现场进行指导。这次发掘的遗址总面积达1 800平方米，出土有房屋、道路、窖穴、石祭台等各类遗迹，并出土了大批打

1　西藏自治区文物管理委员会：《西藏拉萨彭波农场洞穴坑清理简报》，《考古》1964年第5期。

制石器、细石器、骨器、陶器以及动物骨骼、粟类作物等遗物。由于这次发掘完全按照现代考古学规程严格规范地进行，所以地层关系明确，年代关系清晰，将西藏史前史提早到了距今5 000至4 000年前，[1]在国内外藏学界引起了强烈的震动。这项成果以考古报告的形式正式发表之后，立即为藏学界广为引用，此后凡有论及西藏史前史者，几乎都是从卡若遗址开始其第一篇章的。[2]

1982年，西藏自治区文管会在林芝地区朗县境内调查发现了一处规模宏大的古代墓地。这处墓地的总面积约81.5万平方米，共发现大小墓葬184座，在墓地还发现了石碑、祭祀坑、房屋建筑等遗迹。试掘情况表明，墓葬的结构、形制都比较复杂，很可能系一处吐蕃王室或贵族的墓葬。[3]这处墓地的发现从学术价值上来讲为寻找吐蕃时期统治阶级的大型墓地开启了一个良好的开端，但更值得大书一笔的是，这个墓地从最初的调查发现到以后的初步清理，基本上都是由中华人民共和国成立以后培养起来的一批藏族学者完成的。1982年3月，山南地区文管会藏族干部土登朗嘎首先发现了这片墓地。同年6月和9月，西藏自治区文化局、文管会以及山南地区文管会、朗县文教科以藏族学者为主体组织的考古队分别对墓地进行了两次试掘，基本上判明了墓葬的布局、性

1 西藏自治区文物管理委员会、四川大学历史系编:《昌都卡若》，文物出版社，1985年。

2 这里我们可以举两部分别由汉、藏学者撰写的西藏通史为例：其一为《藏族简史》编写组:《藏族简史》，西藏人民出版社，1985年；其二为恰白·次旦平措等:《西藏通史——松石宝串》，陈庆英等译，西藏社会科学院、中国西藏杂志社、西藏古籍出版社联合出版，1996年。

3 索朗旺堆、侯石柱:《西藏朗县列山墓地的调查和试掘》，《文物》1985年第9期。

质、年代等问题，成为当时吐蕃墓葬考古一项重要的发现。[1]这充分显示出西藏自治区自己的考古队伍正在健康成长。

由于西藏高原受自然条件、技术力量等诸多因素的局限，在20世纪80年代末之前，像上述这样有目的地进行的，并且具有一定规模的专门考古调查与发掘工作开展得还不多。但相较50年代以前西方学者的研究而言，无论从工作方法、研究手段还是资料获取、整理、研究的质量上，都发生了具有转折意义的变化。它为真正科学意义上的西藏考古开创了前所未有的新局面，带来了前所未有的新气象，从此给人以耳目一新的感觉。

西藏考古的这些发现，也给考古学家们提供了开阔的思维空间。20世纪80年代以来，关于西藏文明若干问题的探讨空前活跃，学者们提出了许多新的有价值的学术观点，如：西藏高原及其周邻地区可能是人类的发祥地；[2]西藏高原的细石器可能属于华北细石器传统向南传播的一支；[3]卡若遗址砾石石器与中国南方及东南亚石器制作技术之间可能存在一定联系，应将西藏石器时代文化放在整个东南亚石器时代文化传统中进行考察；[4]还有一些学者试

---

1 西藏自治区文物管理委员会：《概述近十年的西藏文物考古工作》，收入文物编辑委员会编：《文物考古工作十年（1979—1989）》，文物出版社，1991年。

2 童恩正：《人类可能的发源地——中国的西南地区》，《四川大学学报》（哲学社会科学版）1983年第3期。

3 安志敏、尹泽生、李炳元：《藏北申扎、双湖的旧石器和细石器》，《考古》1979年第6期。

4 童恩正：《西藏考古综述》，《文物》1985年第9期。

图对吐蕃时期的墓葬做类型学上的划分，提出可将吐蕃墓葬划分为香贝类型、杜布类型、普努沟类型等。[1]这些工作，探索了今后的研究方向，将具体考古材料的观察尽可能地系统化，并上升到理论高度加以认识，这都是很有启发意义的。

三

20世纪90年代以来至世纪末的10年，是西藏考古取得突飞猛进进展的10年。凡是亲身从事过西藏考古工作的中国学者，都会有切身的体会。

90年代以来西藏的文物考古工作得到了一个很好的发展契机，即从80年代末期开始，在中国国家文物局的统一部署之下，由西藏自治区文物管理委员会（近年来已改为西藏自治区文物局）组织领导西藏全境的文物普查工作。参加此项工作的业务队伍已形成藏、汉团结的基本构架：主体人员为中华人民共和国成立以后由北京大学、西北大学、四川大学等考古专业培养的藏族考古工作者；另外，从陕西、四川（主要是四川大学）、湖南三省派出汉族考古工作者与之联合组队，共同协作开展工作。

这次文物普查，是西藏有史以来规模最大的一次考古会战，前后历时8年，对西藏全境地上、地下文物进行了全面调查，基

---

1 西藏自治区文物管理委员会：《概述近十年的西藏文物考古工作》，收入文物编辑委员会编：《文物考古工作十年（1979—1989）》。

本上掌握了西藏高原各类文物、古迹以及重要考古遗址的分布状况，对现已查明核实的具有重要科学价值的遗址与墓葬，都做过不同程度的试掘清理，从而获得了一批重要的考古资料。这些新的考古材料上起旧石器时代，下迄西藏历史时期，时代跨度几乎包括了西藏史前时期一直到以后的各个历史阶段，内容广泛涉及旧石器时代遗存（包括打制石器地点）、细石器地点、新石器时代遗址、大石文化遗迹、古代岩画、古墓葬、佛教寺院及石窟寺遗址、摩崖造像、古代城址等，无论是在地域分布范围上，还是在材料的丰富程度上，都全面超越了以往西方学者在西藏考古领域所做的工作。

通过全区文物普查所奠定的工作基础，近年来中国社会科学院考古研究所西藏工作队、四川大学等研究机构和高校与西藏自治区文物部门联合组队，有目的、有重点地开展了一些田野考古工作，也取得了令人瞩目的成绩。其中如吉隆哈东淌、却得淌旧石器地点的调查与发掘；[1] 雅鲁藏布江流域细石器与打制石器地点的发现；[2] 曾被评为当年全国"十大考古发现"之一的拉萨曲贡村史前遗址的发掘；[3] 西藏西部阿里高原石丘墓、大石遗迹、岩画

1　参见索朗旺堆主编，霍巍、李永宪、尼玛编写：《吉隆县文物志》，西藏人民出版社，1993年，第15—21页。

2　参见李永宪：《西藏仲巴县城北石器遗存及相关问题的初步分析》，《考古》1994年第7期。

3　中国社会科学院考古研究所西藏工作队、西藏自治区文物管理委员会：《西藏拉萨市曲贡村新石器时代遗址第一次发掘简报》，《考古》1991年第10期。

的发现与发掘；[1] 阿里古格故城[2]以及托林寺[3]的调查清理；阿里皮央·东嘎佛教石窟寺与佛寺遗址的调查与发掘[4]等一系列近年来在国内外学术界产生重要影响的考古工作，都是在这近10年间进行的。有关的工作情况，已有不少文章有所论及，相关研究者也曾对近10年来西藏考古工作的收获有过评述，[5]故本文不再一一列举。这里，我们拟从西藏考古学科发展的角度，在总结成绩的基础上，侧重提出几点面向未来的思考供大家讨论。

第一，建立西藏考古文化的谱系仍然是今后一项需要做长期努力的基础性工作。如上所述，迄今为止西藏考古虽然已经取得了大量的资料，其中有一些甚至是相当重要的资料，但这些材料多呈一种互无联系、孤立和局部的状态，如不加以比较系统的研究，很难找出其间的内在联系，建立起科学的考古学体系。其中比较典型的例子如对西藏细石器文化的研究，现已发现的若干处地点和数以万计的细石器标本，尚有待于做细致精确的观察与

---

1 阿里地区的考古新发现，可参见索朗旺堆主编，李永宪、霍巍、更堆编写：《阿里地区文物志》，西藏人民出版社，1993年。

2 西藏自治区文物管理委员会编：《古格故城》（上、下册），文物出版社，1991年。

3 托林寺近年来由西藏自治区文物局组成阿里文物抢救办公室进行了全面发掘与复原重建工程，有关资料尚在整理之中。

4 西藏自治区文物局、四川联合大学考古专业：《西藏阿里东嘎、皮央石窟考古调查简报》，《文物》1997年第9期。

5 综述这个阶段考古工作成就的文章可参见索朗旺堆：《西藏考古新发现综述》，收入四川大学博物馆、西藏自治区文物管理委员会编：《南方民族考古》1991年第4辑《西藏文物考古专辑》，四川科学技术出版社，1992年；霍巍：《西藏考古新发现及其意义》，《四川大学学报》（哲学社会科学版）1991年第2期；霍巍：《近十年西藏考古的发现与研究》，《文物》2000年第3期等。

分析，对它们的制作工艺、技术传统、类型与器物组合特征等方面才能够做出比较可靠的判断，从而建立起西藏细石器的文化谱系。现在，已有一些学者开始进行这种尝试，对西藏细石器的谱系提出了一些与过去传统的"华北起源说"不同的看法，或认为西藏的细石器有可能起源于西藏高原本土；[1] 或认为西藏高原的细石器可分为藏北与藏南两大系统，藏北系统源于华北，而藏南系统则可能源于华南与西南。[2] 这些研究都会有助于深化我们在这一领域的认识，使我们朝着既定的工作目标积极推进。其他的领域也应如此，在尽可能多的田野工作基础上开展专题综合研究，才可能逐步建立起坚实的西藏考古的体系。

第二，对西藏考古文化的观察，需要一种比较开阔的学术视野，必须站在一定的高度，将西藏的考古材料置于整个亚洲腹地来加以对比，才有可能获得更大的信息量。关于这一点，早年杜齐曾经语重心长地寄语中国的考古学家们："在研究过程中，我们务必牢记，西藏不是一个与世界各地完全隔绝的孤岛，而是一个多种文化的交汇之地，是印度、喜马拉雅地区、中国（笔者按：杜齐在这里习惯于将中国内地与西藏相对而论，是很不科学的，相信读者能够加以认识）、伊朗及中亚施展过多种文化影响的地区。"[3] 童恩正先生也曾经说过："西藏北接新疆、青海，东连

1　如段清波：《西藏细石器遗存》，《考古与文物》1989年第5期；李永宪：《西藏仲巴县城北石器遗存及相关问题的初步分析》，《考古》1994年第7期等文。

2　汤惠生：《略论青藏高原的旧石器和细石器》，《考古》1999年第5期。

3　〔意〕G.杜齐：《西藏考古》，第65页。

四川、云南，西面和南面与印度、克什米尔、尼泊尔、锡金、不
丹、缅甸接壤。在漫长的历史发展过程中，祖国黄河、长江流域
的悠久文明，中亚草原的游牧文化，西亚河谷的农业传统，南亚
热带沃土上孕育出来的思想意识，均曾汇集于这一号称世界屋脊
的高原之上，使这一地区的历史，在本身固有的传统的基础上，
呈现出一种复合的性质；并且在不同时代由于感受的外来影响有
所不同，风格亦迥然相异。从文化上来说，西藏可以说是亚洲古
文明的荟萃之所。……因此，对西藏总体文化的研究，就不是一
个局部地区的问题，而在相当程度上带有国际性。谈西藏考古的
重要性，我们必须有这样的认识。"[1]事实也是这样，以西藏东部的
卡若新石器文化为例，它的半地穴式房屋、彩陶纹饰、陶器造型
等可与黄河中上游甘青地区原始文化相比较，粟类作物在遗址中
的大量出现也说明它可能受到黄河流域原始农业的影响；而与此
同时，卡若遗址中的贝饰、楼层建筑等又可能与中国南方的原始
文化有过接触；[2]还有学者注意到，甚至在西藏以西的克什米尔布
尔兹霍门（Burzahom）新石器时代遗址中，也发现半地穴式房屋
与长方形双孔石刀等，认为这很可能是通过卡若作为中介从黄河
流域西传的文化因素。[3]近年来在西藏早期墓葬中出土的陶器、青
铜剑等带有浓厚的北方草原文化因素，有的陶器形制与新疆地区

1　童恩正：《西藏考古综述》，《文物》1985年第9期，第9页。

2　参见《昌都卡若》，第151—156页。

3　童恩正：《西藏考古综述》，《文物》1985年第9期，第13页。

古墓葬中出土的陶器很相似。[1] 笔者曾论证，拉萨曲贡石室墓出土的带柄铜镜也系由中亚、新疆等传入西藏，再传到四川和云南。[2] 上述这些现象都足以说明，西藏的确是一个多种文化相交汇的地区，其考古学文化也具有相当的复合性，这就要求我们的考古工作者必须具有尽可能开阔的眼界，立足于一定的高度来观察和认识问题，让西藏考古研究走出封闭，走向开放，走向国际化。

第三，在新世纪，考古学孤芳自赏的时代已经结束，考古研究的成果应当社会化，成为一种构建社会精神文明的活跃的因素。近年来，西藏考古与民族学中的藏学研究紧密结合在一起，科学的考古材料被民族学家、历史学家们广为利用；反过来，藏学研究中的诸多成果又为考古工作者所吸收借鉴（如大量藏文经典被译成汉文，为考古研究提供了便利）。这种学科间的优势互补拓展了科学研究的领域，也提高了科学研究的水平，是值得很好地提倡的。近年来在西藏西部阿里地区的托林寺、皮央·东嘎石窟等遗址的考古调查与发掘工作中，考古学界曾分别从西藏宗教界、北京中国藏学研究中心聘请了有关藏传佛教、古藏文等方面的专家共同组队，各司其职，协同攻关，获取的信息量与准确程度均大大提高，称得上是一次成功的尝试。新世纪的西藏考古，多学科协作的方式是一种发展趋势，西藏考古的成果，也应当为西藏文明的探索不断提供新的可靠的依据，这将是考古学成

1　霍巍：《西藏高原古代墓葬的初步研究》，《文物》1995年第1期。

2　霍巍：《西藏曲贡村石室墓出土的带柄铜镜及其相关问题初探》，《考古》1994年第7期；霍巍：《再论西藏带柄铜镜的有关问题》，《考古》1997年第11期。

果社会化的一个重要标尺。

另一方面，考古成果的社会化还将体现在，它将以具体形象的材料，有力地证明西藏古代历史、古代文化史上的若干问题，以教育广大人民群众尤其是广大青少年维护祖国统一与民族团结，共同建设好祖国边疆。

第四，西藏有着独特的宗教、哲学、历史、民族、语言、文学、艺术等传统，考古学领域也同样如此。如何根据西藏的客观实际，在考古学一般理论与方法的基础上，创立西藏考古（尤其是西藏历史考古）的具体理论与方法，将是新世纪历史赋予中国考古学者的使命。综观20世纪的西藏考古工作，我们一方面可以充满信心地说，在许多研究领域，中国学者都走在了学术的前沿，尤其是在石器时代考古、吐蕃墓葬考古、古代岩画考古等方面取得的成绩较大，成果也较为丰硕。但是，另一方面我们也应当充分地看到，这些研究并不深入，更谈不上系统，凭借这些成绩，距离西藏考古学体系的建立，还有相当长的一段路程。尤其是在西藏历史考古这个领域，由于受到藏语及其他相关语言文字、宗教文化背景等因素的局限，工作的开展就更显艰难，某些研究方面并未能够超过杜齐等西方学者的水平。

可喜的是，近年来中国学者在工作实践中不断地追求探索，正在着手建立具有指导意义的西藏考古理论与方法论。其中，宿白教授所著《藏传佛教寺院考古》一书便是一个典范。在这部著作中，宿白先生从西藏佛寺建筑形制和平面布局入手，再选择藏式建筑中最富于变化和具有时代特征的柱头托木，就这两项最为重要的考古遗存进行观察分析，将大量看起来纷繁而复杂的考古材料按照其自身的内在联系加以排比，运用考古类型学的方法排定其相对的年代早晚关系。同时，结合大量文献材料，将这些考古遗存置还于当时的历史背景中加以考察，尽可能准确地复原其始建、修葺、扩建、重建等不同的年代及布局演变，最后建立起各地区佛寺的分期序列。[1] 如同有学者评价指出的那样，这一成果"第一次严肃地对待和解决了西藏寺院的建筑分期问题，进而为一切相关领域的研究和探索提供了年代学方面的依据和参照的标尺"，因而堪称"西藏历史考古学的奠基之作"。[2] 今后的西藏考古研究，应当朝着这样的方向努力。

第五，培养藏族文物考古工作的基本力量，是从根本上建立西藏考古学的基础，也代表着新世纪西藏考古的未来，应该提高到战略的高度来加以认识。

藏族是我国多民族大家庭中的一员，藏族人民世世代代生活在西藏高原这片土地上，创造了自己悠久的历史和灿烂的文化。他们不仅热爱着这片沃土，也熟悉这里的山山水水、一草一木。西藏和平解放以后，同其他部门一样，党和国家在文物考古部门为西藏培养了一批批文物考古干部，他们接受过考古学的专业训练，热爱自己的本职工作，成为西藏文物考古战线的中坚力量。不少在西藏从事过考古工作的汉族同志与藏族学者朝夕相处，甘

1　宿白：《藏传佛教寺院考古》，文物出版社，1996年。

2　罗炤：《西藏历史考古学的奠基之作——读宿白先生〈藏传佛教寺院考古〉》，《文物》1998年第7期，第84—85页。

苦与共，都有这样的切身体会，他们不仅深深感受到藏族学者吃苦耐劳、朴实勤奋的优良作风，同时藏族学者熟悉当地情况、通晓藏文、了解本民族的风俗习惯和宗教信仰，给工作也带来很大的便利，大大提高了工作效率。西藏的考古工作，离开了土生土长的藏族专业队伍，将会很难开展。

但是，目前无法回避的一个现实状况在于，与全国各省、自治区、直辖市相比较而言，西藏文物考古专业人员的数量太少，学历也偏低，要独力担负起西藏全区的文物考古工作，他们所承受的工作压力很大。目前一些大型的考古项目一般还只能通过与其他省、自治区、直辖市的考古工作者相结合的方式进行。从长远来看，只有在西藏真正建立起一支能够独立开展考古工作的、以藏族考古专业人员为主体的队伍，才有可能从根本上改变西藏考古相对滞后的局面，使西藏的考古工作与全国其他地区同步发展。中国考古学年会第十次年会在成都召开期间，宿白先生十分关怀藏族考古专业学生的培养问题，曾向川大的同志多次询问目前四川大学藏族考古专业学生的入学与培养情况。他指出："今后西藏考古要有一个长足的发展，关键在于培养藏族的考古力量，只有这支力量成长起来了，才能稳步持久地把西藏的考古搞好。"他还对地处西南的四川大学提出殷切希望："川大过去在为西藏培养人才方面做过不少工作，今后这可是个方向，这个工作从全国高校的布局来看，川大是最有条件来做的。"宿白先生不仅自己身体力行，先后两度亲赴西藏高原进行深入细致的考古调查，为西藏佛教考古学的建立做出了巨大的努力，而且站在时代的高度，提出西藏考古人才的培养建设所具有的重要意义，体现出老一辈考古学家对祖国边疆考古事业的高度重视与深情期待，令我们深受教益。同时，也令我们深切地感到，在新世纪，西藏专业队伍的建设与培养，对于西藏考古学学科的发展，将具有何等重要的战略意义。

　　10多年前，童恩正先生在描述西藏所具有的魅力时说过："西藏的考古工作至今应该说还处于开始的阶段。但即使资料很不系统，甚至一鳞半爪，我们也已经可以感觉到从消逝的历史中传来的广泛而丰富的信息。在这一片被某些人视为荒漠的高原之上，是埋藏着可贵的古代宝藏的。这些宝藏在科学上的重大意义，也许在我们现有的认识水平上还难以做出恰如其分的评价……假如我们将未来可能的发现比喻成海洋中一座庞大的冰山，那么目前已掌握的石器时代的资料不过是露出水面的一个峰尖而已。"[1]在我们告别20世纪、迎来新世纪的千禧之年，回顾求索西藏古代文明的历史进程，展望未来西藏考古事业的远大前景，可以充满信心地预言：未来的世纪，将写下西藏考古更为辉煌的篇章。

（原载《考古》2001年第6期，与甲央合作）

1　　童恩正：《西藏考古综述》，《文物》1985年第9期，第17页。

西藏文物考古事业的奠基之举与历史性转折
——西藏全区文物普查工作的回顾与展望

从现代学术视野而论，由于西藏在自然景观与文化面貌上的独特性，进入21世纪之后，随着人们对不同地区人类文明进程、历史记忆与文化遗产等诸多方面的人文关怀不断提升，西藏的文物考古工作成为全世界关注的一个重点领域。从历史发展的角度而言，西藏的文物考古工作已经取得了令人瞩目的成绩，实现了一个历史性的转折，具体表现在以下方面：第一，田野考古工作从过去的地面调查开始转入深入而有计划的地下田野发掘；第二，初步形成了对从史前时期到西藏各个历史时期文化遗存基本框架和分布格局的学术认识；第三，逐步建立起一套科学的文化遗产保护机制以及相应的政策法规体系；第四，开始建立并形成一支专业化的文物考古管理机构与学术队伍。这些成绩不仅得到国内学术界的充分肯定，同时也得到了国际学术界的高度认可。

当我们回顾这些成绩的时候，不能不提及对于实现这个历史性转折具有重要意义、对于西藏文物考古事业的发展具有奠基之功的西藏全区文物普查工作。2007年，国务院部署了第三次全国文物普查工作，西藏自治区政府和相关文物部门也对此高度重视并做了相关的动员部署。在揭开这次全区文物普查工作的大幕之前，及时地对第一、第二次西藏全区文物普查工作的成绩与经验加以总结，尤其是从学术史的视野对其进行回顾与展望，具有特别的意义。笔者曾有幸参加了第二次西藏全区文物普查工作（1990—1992），作为一名曾经在西藏的山山水水之间度过难忘考古岁月的考古工作者，更是深有感慨。兹应《西藏大学学报》之约，谨以此文略做论述，以就正于方家识者，并敬献给当年文物普查队的老领导与老队员们。

一 西藏文物普查工作既往史

对于西藏自治区境内的文物古迹进行综合性的调查，早在西藏和平解放之初便已经被列入党和国家的宏观文化规划之中。1959年6—11月，中央文化部组织西藏文物调查小组，赴西藏拉萨地区、山南地区、日喀则地区等地进行有系统的文物调查。从某种意义上说，这次调查工作也具有对西藏局部地区进行普查，从而获取典型经验的含义，期望此次工作所总结出的经验将对以后西藏全区的文物调查工作产生指导性意义。这一点，从参加这个调查小组的成员的身份和专业背景上便可以看出。他们当中，既有著名的考古学家，也有精通藏文及藏族历史的藏学家和历史学家，这种组合为后来西藏开展的第一次全区文物普查也提供了借鉴。在当时复杂而特殊的历史环境下，由于国家及时组织力量赴藏开展了科学的调查记录工作，才使得西藏许多重要文物古迹的原貌得以流传后世。

这次具有开创性意义的西藏区域性文物普查工作取得了一批丰富资料，也形成了一批学术成果。例如，调查组的其中一位成员——著名考古学家、北京大学宿白教授根据他此次赴藏实地调查所获的第一手资料，先后撰成了《西藏拉萨地区佛寺调查记》《西藏山南地区佛寺调查记》《西藏日喀则地区寺庙调查记》等系列研究论文，并最终汇集成《藏传佛教寺院考古》这部学术专著，由此开创了中国藏传佛教寺院考古的先河，在国内外学术界均产生了重大的学术影响。调查组的另一位成员王毅先生则将其调查情况撰成简报《西藏文物见闻记》，在学术期刊《文物》月刊上连载，[1]使国内外学术界对西藏文物的认识无论从广度还是深度上都提高到了一个从未有过的新层面，意义也十分重大。可以说，中华人民共和国成立以来真正具有学术价值的西藏文物考古事业，正是由这些前辈学者奠下了最初的基石。

这次调查工作也有值得总结的经验。从当事者后来的回忆来看，由于没有进行严格细密的学术分工，所以照片与文字材料看来并没有统一进行编目收存与建档。除了宿白先生出版的《藏传佛教寺院考古》这部著作使用过部分西藏寺院壁画与雕塑的照片

1　有关此次西藏考察的系列简报陆续刊载于《文物》1960年第6期至1961年第6期。

之外，大量照片资料尚未公开发表。后来宿白先生曾经问及这批西藏调查资料当中照片的去向，曾长期在西藏自治区文管会工作的侯石柱先生（现在国家文物局中国文物研究所工作）回忆似乎在整理该所图书资料时看到过一批西藏的文物资料照片，宿白先生当即判断这批照片很有可能便是当年由王毅先生拍摄保存的那批照片，并且建议应当尽快加以整理出版。[1]

在这次调查之后，由于各种主客观原因，西藏较大规模的文物普查工作直到20世纪80年代中后期才重新拉开序幕。1984—1985年间，根据国家文物局的统一部署，在西藏自治区境内开展了第一次文物普查工作，这次文物普查工作的队伍组成主要由陕西省文物部门派员进藏，与当地藏族文物考古干部联合组成文物普查队。队伍往往分成若干个小组，每个小组内由一名藏族干部、一名调查所在地藏族干部和二至三名内队汉族考古工作者加以组合，这种组织结构的有利之处在于既可以充分发挥藏族干部没有语言障碍、熟悉了解当地风俗习惯、便于与当地群众沟通交流获得文物点线索的优势，又可以让专业知识与技能较好的汉族考古工作者对藏族业务干部起到传、帮、带的作用。事实证明，这种组队方式是行之有效的，也被后来的第二次全区文物普查工作所沿袭。

第一次西藏全区文物普查工作实际上也并未在全区展开，而是选择了一些重点地区开展工作，某种意义上仍具有试点的性

---

[1] 侯石柱：《访著名考古学家宿白先生》，《中国西藏》（中文版）2001年第5期。

质。这次文物普查主要调查的区域有拉萨市，山南地区的乃东县、琼结县、扎囊县，以及阿里地区的札达县、普兰县等，在工作的深度与广度上均在过去的基础上有重大的突破，有关情况从这次文物普查形成的一批重要文献资料中可见一斑。其中，最主要的成果有由西藏自治区文管会编印的内部资料《拉萨文物志》《扎囊县文物志》《乃东县文物志》《琼结县文物志》。这批地方文物志按照古遗址、古墓葬、古建筑、石刻与摩崖造像、文物藏品、革命文物、风景名胜地等编排体例对文物普查中所调查发现的资料加以整理公布，并提出了一些初步的研究意见。此外，在《文物》1985年第9期上，刊载了一组共15篇论文与考古调查简报，其中所涉及的考古材料大多为此次文物普查中新发现的资料，时代从新石器时代、吐蕃时代直到元、明、清各个历史时期，内容广泛涉及古遗址、古墓葬、石窟、寺院、碑刻、印章、古刻本、灵塔建筑、宗教文物等各个方面，被作为此次文物普查中的精华部分对外展示公布。1985年对阿里地区的文物普查主要集中在对以古格王国时期都城札不让为中心的古格时期建筑遗址的考古调查上，其调查成果反映在1991年由文物出版社出版的《古格故城》一书（分为上、下册）中，这是我国学术界对古格王国遗址最为全面、系统、科学的一次调查后形成的学术成果，也是这次文物普查形成的最为重要的学术成果之一。

在第一次文物普查结束之后，时隔五年，西藏全区第二次文物普查再次揭开了帷幕，于1990—1992年三年间进行。这次文物普查在很大程度上可以被视为第一次文物普查的继续，在组队方式上也采取了与第一次文物普查相同的办法，即由自其他省、自治区、直辖市引进的文物考古研究机构和大学的专业人员和西藏自治区当地的文物部门业务骨干以及当地藏族干部组合成调查小组，来自其他省、自治区、直辖市的汉族考古工作者除来自陕西省外，还新增加了来自湖南省和四川大学的专业人员与教师。此次文物普查的工作范围几乎涉及西藏各个地、市、县（包括当时尚未通车的察隅县、波密县），是一次真正意义上的西藏全区文物普查。与过去开展的类似工作相比较，此次工作组织得更为严密规范，通过对西藏全境地上、地下文物进行的全面调查，基本上掌握了西藏高原各类文物、古迹以及重要考古遗址的分布状况，对现已查明核实的具有重要科学价值的遗址与墓葬，都做过不同程度的试掘清理，从而获得了一批重要的考古资料。这些新的考古材料上起旧石器时代，下迄西藏历史时期，时代跨度几乎包括了西藏史前时期一直到以后的各个历史阶段，内容广泛涉及旧石器时代遗存（包括打制石器地点）、细石器地点、新石器时代遗址、大石文化遗迹、古代岩画、古墓葬、佛教寺院及石窟寺遗址、摩崖造像、古代城址等，无论是在地域分布范围上，还是在材料的丰富程度上，都超越了以往在西藏文物考古领域所做的工作。

此次文物普查工作也形成了一批重要的学术成果，首先可举出的是由西藏人民出版社出版的一套"西藏地方文物志丛书"（又称"西藏文物志丛书"），这套丛书现已出版《吉隆县文物志》《阿里地区文物志》《昂仁县文物志》《萨迦、谢通门县文物志》

《错那、隆子、加查、曲松县文物志》《亚东、康马、岗巴、定结县文物志》等分县文物志，较为全面地反映了各地、市、县文物普查的成果；其次，由四川大学博物馆、西藏自治区文物管理委员会编辑出版的《南方民族考古》第4辑《西藏文物考古专辑》（1992）和《西藏考古》第1辑（1994），也是对此次文物普查所获资料及其研究成果的初步总结；再次，由四川人民出版社编辑出版的两部大型资料性画册《西藏佛教寺院壁画艺术》和《西藏岩画艺术》，则是其中专题性的学术资料结集；复次，利用这些调查资料还形成了一些学术研究专著，如霍巍的《西藏古代墓葬制度史》（四川人民出版社，1995年）、李永宪的《西藏原始艺术》（四川人民出版社，1998年）、柴焕波的《西藏艺术考古》（中国藏学出版社、河北教育出版社，2002年），都是建立在这几次文物普查资料基础之上的部分研究成果。

综上所述，通过1959—1993年间前后三次规模不等的西藏文物普查工作，初步建立起了今天西藏文物考古的基本框架，也逐步形成了今天对于西藏古代文化（尤其是没有文字记载的西藏远古文化）面貌的基本认识。笔者曾经在一篇文章中指出："从50年代中期开始，中国学者开始独立自主地承担起西藏考古工作的重任，陆续开展了一系列考古调查与发掘工作。这个阶段直至20世纪80年代初期，可以说是具有中国特色的西藏考古学的初建时期。"[1]西藏文物考古事业能够取得今天这样的成就，是和由中国

1　霍巍：《20世纪西藏考古的回顾与思考》，《考古》2001年第6期。

汉、藏两个民族共同承担的西藏全区文物普查工作所奠定的坚实基础密不可分的。

二 西藏文物普查工作的学术史意义

从学术史的角度来回顾总结西藏的文物普查工作，笔者认为它对于西藏的文物考古事业具有奠基性的意义，并且成为有史以来西藏文物考古工作的一个重要转折点，这个评价可以从下述几个方面得以体现。

第一，正是通过文物普查的若干考古发现，才建立起西藏考古各个历史时期的发展线索，补充了其中若干重要的环节与链条，形成了较为完整的时空体系。

从历史上看，由于西藏在政治、宗教、文化上有许多独特性，虽然过去有少数外国人曾经获得特许进入西藏进行有目的的考古工作（如意大利藏学家 G. 杜齐），但绝大多数西方学者要在西藏从事考古发掘工作也是极其困难的。因而，西方学者在西藏开展的工作即便具有开拓性质，也十分有限，大多仅限于零星的地面调查和对一些寺院宗教文物的考察，真正意义上的科学考古发掘并不多见。所以直到20世纪的下半叶，意大利藏学家 G. 杜齐教授仍然评价认为："如果我们把适当的、有指导的挖掘称为考古学的话，那么，西藏考古是处于零的状态。"[1]与祖国其他地区相比

---

1 〔意〕G. 杜齐:《西藏考古》，第2页。

较，西藏的文物考古工作的开展也相对滞后。直到20世纪70年代后期，国内大部分地区已经建立起基本的考古学年代谱系以及考古学文化的区系类型的时候，西藏的科学考古工作以藏东昌都卡若新石器时代遗址的发掘为标志才开始起步。如果没有西藏全区文物普查获取的宝贵资料，西藏有实物史实可以证明的发展历史将会大大延后并且有若干缺环无法加以弥补。其中尤其是西藏高原史前社会的状况及其发展进程，在过去的汉文和藏文历史文献中要么史实缺载，要么充满着虚无缥缈的传说色彩，很难作为信史。但是通过文物普查对西藏从旧石器时代一直到新石器时代不同考古学文化面貌的了解，早期人类对于西藏高原的开发与拓殖的历史图卷才开始变得鲜活生动、真实可信起来。以今天的考古材料来重构一部西藏史前史，已经是历史学家和考古学家正在共同着手进行的一项宏伟工程。[1]

第二，正是通过文物普查工作，研究者对事物的认识方式从过去的以"地表考古"为主体转化为以"地下考古"为主体，使材料的科学性大大增强，精确度大大提高。

以往在西藏高原开展的田野调查工作多局限于地表的观察与地面文物的采集，由于没有进行科学的考古试掘工作，缺乏地层学资料的支持，所以许多资料的科学性和精确性都大打折扣。在文物普查过程中，考古学工作者有所选择地对各类考古遗存进行

1　目前，中国藏学研究中心承担的多卷本《西藏通史》中有"西藏史前史"部分的设计；由四川大学中国藏学研究所承担的教育部人文社会科学重点研究基地项目中也有"西藏史前史"这一课题。

适度的田野考古发掘，对它们的性质、年代、文化内涵等各方面的认识都从此建立在科学的考古学地层学、类型学基础上。这里，我们可以举出一些例证来加以说明。

例如，山南琼结县境内的吐蕃王陵（俗称"藏王墓"）的研究历来为西方学者所关注，对其所做的勘测与考证工作也开始得较早。意大利学者杜齐曾发表过专著《吐蕃赞普陵考》[1]，利用大量文献材料对陵墓的内部构造、陵墓石刻、墓地布局、各墓墓主等问题做过详细的考证。其后德国学者霍夫曼（H. Hoffmann）、英国人黎吉生等也对藏王墓发表研究意见。[2] 可以认为，西方学者对藏王墓所做的调查与考证是他们在西藏所进行的田野考古工作中具有代表性的项目。但尽管如此，长期以来关于藏王墓的确切数目及各墓墓主的考证始终还是比较混乱的，说法各异，莫衷一是。西藏和平解放以后，我国学者开始对藏王墓进行实地考察，[3]在西方学者的研究基础上虽有新的进展，但总的来说还是没有突破地表观察与文献比对这种传统的方式。对包括藏王墓在内的吐蕃时期墓葬内部构造的探讨，也一直是学术界关注的重点。但由于缺乏考古材料，大多学者都只能根据一些藏文史书的记述对藏王墓的内部情况进行推测，如想象"松赞干布墓有九座或五座墓

1 〔意〕G. 杜齐：《吐蕃赞普陵考》，中译本刊于中央民族学院藏族研究所编《藏族研究译文集》第1集，译为《藏王墓考》，1983年。

2 未见原文，参见童恩正《西藏考古综述》所引述，《文物》1985年第9期。

3 参见王毅：《藏王墓——西藏文物见闻记（六）》，《文物》1961年第4—5期；欧熙文：《古藏王墓——兼谈西藏的丧葬制度》，《西藏历史研究》1978年第4期。

室，设计为方形，中间墓室安放着一口镀金的银棺材，内装尸体。四周摆满了藏王生前使用过的各种物品"[1]等，这些情况如果不加以考古发掘则根本无法证实。近年来，中国学者通过对不同形制、不同等级墓葬的考古调查和发掘，逐步了解到吐蕃时期不同类型墓葬的内部结构、建筑技术、器物随葬制度、动物殉葬习俗、特殊的尸体处理方式、苯教与吐蕃丧葬制度的关系等情况，并且对吐蕃墓葬的考古学断代、分期、排年也开展了富有成效的探索性工作。[2]近年来在拉萨河谷清理发掘出土的吐蕃时期大型墓葬，更是进一步地推进了对于高级贵族墓葬内部形制构造的认识。[3]这些工作，为最终了解包括藏王墓在内的各类吐蕃墓葬的内部构造奠定了良好的基础，可以说在杜齐等西方学者工作的基础上向前推进了一大步。尤其是近年来通过实地调查，我国考古学工作者利用GPS、GIS、卫星与航空照片等先进的图像技术手段与地面实地勘测相结合，较为准确地核实了藏王陵墓区内现存陵墓的数量，首次确认了藏王墓由东、西两个陵墓区并列组成的布局特点，并且认识到这个特点与《智者喜宴》《西藏王臣记》《西藏王统记》等藏文古籍的记载是基本吻合的。[4]这些成果都很大程度

---

1 〔意〕G.杜齐《西藏考古》，第23页。

2 霍巍：《西藏古代墓葬制度史》，四川人民出版社，1995年。

3 霍巍：《铁路穿过吐蕃墓地》，《文物天地》2003年第12期。

4 参见索朗旺堆、康乐主编：《琼结县文物志》，陕西省印刷厂，1986年，第37页；霍巍：《试论吐蕃王陵——琼结藏王墓地研究中的几个问题》，《西藏考古》第1辑，四川大学出版社，1994年；王仁湘、赵慧民、刘建国、郭幼安：《西藏琼结吐蕃王陵的勘测与研究》，《考古学报》2002年第4期。

上改变了过去一些传统的认识，取得了显著的学术进展。

第三，正是通过文物普查工作，全面掌握了解到西藏全区地面与地下文物的总体情况，为进一步开展科学研究和实施文化遗产保护规划奠定了基础。

在西藏全区文物普查工作开展之前，在西藏所进行的考古调查和发掘都带有极大的随机性和偶然性，实施科学的保护规划更无从谈起。全区文物普查的成果初步摸清了"家底"，为这些工作的开展提供了可靠的依据。例如，近年来西藏自治区境内所公布的许多国家级、自治区级文物保护单位，都是来自全区文物普查获取的线索和具体资料；许多重大的考古发现和研究成果也都是基于全区文物普查的前期工作。通过全区文物普查所奠定的工作基础，近年来中国社会科学院考古研究所、四川大学、陕西省文物考古研究所等研究机构和高校与西藏自治区文物部门联合组队，有目的、有重点地开展了一些具有科学研究性质的田野考古工作，取得了令人瞩目的成绩。其中如吉隆哈东淌、却得淌旧石器地点的调查与发掘；雅鲁藏布江流域细石器与打制石器地点的发现；曾被评为当年全国"十大考古发现"之一的拉萨曲贡村史前遗址的发掘；西藏西部阿里高原石丘墓、大石遗迹、岩画的发现与发掘；阿里古格故城以及托林寺的调查清理；阿里皮央·东嘎佛教石窟寺与佛寺遗址的调查与发掘；吉隆《大唐天竺使出铭》的考古发现[1]等一系列近年来在国内外学术界产生重要影响

---

1 西藏自治区文物普查队:《西藏吉隆县发现唐显庆三年大唐天竺使出铭》,《考古》1994年第7期。

的考古工作，都是在全区文物普查之后才有计划地开展起来的。有关的工作情况笔者曾经有过评述，在此不一一列举。

曾经有学者指出："20世纪是中国历史上变化剧烈、发展迅速的一个世纪。19世纪中期以来的近代化进程到20世纪开始加速，完成了由传统向现代的历史性转换。学术研究是一个时代社会文化的构成部分，同样经历、体现着这种历史的变化。"[1] 如上所述，从学术史的角度加以回顾和总结，我们可以看到，西藏文物考古工作20世纪以来发生了巨大的变化与转折。如果说有一个明显的转折点的话，我们完全有理由将它划在20世纪以来西藏全区文物普查前后，这实际上也是西藏社会历史随同祖国现代化步伐发生伟大变化的一个必然进程。

三 一份珍贵的历史遗产

如前所述，既往的西藏文物普查工作已经取得了很大的成绩。除了它在学术史上的重要意义之外，从行政组织与工作实施的角度而论，也有许多成功的经验。这是一份珍贵的历史遗产，值得我们认真加以总结。这里，笔者仅仅以个人参加的第二次西藏全区文物普查工作（以下简称"文物普查"）的亲身感受，谈一些粗浅的认识和体会。

第一，严密的组织构架是文物普查获得成功的首要前提。

1　余太山主编：《内陆欧亚古代史研究》，福建人民出版社，2005年，第1页。

笔者曾参加的第二次西藏全区文物普查工作由于得到各级领导部门的高度重视，在行政领导与具体实施的层面是高效有力的。其中，严密的组织构架是成功的前提。当年西藏自治区文化厅成立了文物普查领导小组，由主管文物的副厅长任领导小组组长，下设有办公室（办公地点在西藏自治区文物管理委员会办公室所在地罗布林卡内），领导小组的成员由文化厅主管领导、文管会办公室主任、文化厅文物处处长以及当年普查所在区域行署副专员等组成，领导小组对全区文物普查实施全面领导与组织协调工作。在领导小组之下，再划分为各个调查小组，由其他省、自治区、直辖市的专业人员与西藏藏族业务干部联合组队（详见前述），分片包干负责若干个地、市、县的文物普查工作。在调查过程中，领导小组穿梭巡视于各个调查小组之间，解决他们所遇到的各种工作和生活上的困难与问题，并与当地政府部门沟通协调，保证普查工作得以顺利开展。

笔者还清楚地记得，当笔者率领的一个调查小组在日喀则市昂仁县布马村调查发掘古代墓葬时，不料遇到天降冰雹和大雨。当地群众由于缺乏科学的考古知识，认为这是调查小组发掘古墓"惹怒老天"从而造成的后果，群众情绪对立，参加考古发掘的民工开始罢工或者消极怠工，考古工作一度陷于瘫痪状态。在这个困难时刻，领导小组闻讯后即刻赶赴现场，由藏族干部出面向当地群众讲清道理，传播科学知识，消除他们的误解和对立情绪，使事情很快得以解决。考古工地恢复了正常的发掘，此次调查发掘工作也取得了丰硕的成果。不仅如此，调查小组成员们还与当地干部群众建立起深厚的友谊。

第二，在文物普查过程当中，建立通畅及时的信息交流十分重要。

由于当时西藏的通讯条件还十分落后，为了确保各调查小组之间保持通畅的信息交流，由领导小组编印了《西藏文物普查工作简报》，及时地将各调查小组取得的重要成果、工作经验等加以总结发布，这一做法不仅起到了互通情报的作用，各组之间取得的考古调查成果也产生了彼此激励、相互启发的效果，促进了工作热情的提高，无形之中形成各组之间的工作竞赛，大大提高了普查工作的效率和普查小组成员们的工作责任心与高昂的斗志。这些油印的工作简报成为当时调查小组交流普查工作的重要渠道，也成为向各级政府和领导部门进行宣传汇报的有力工具，至今仍给人们留下深刻的印象。

第三，及时总结提炼田野普查所获资料，形成科学的学术成果。

第二次全区文物普查在工作程序的安排上也比较合理，充分注意到将田野调查与室内整理紧密结合的科学规程。当时在时间安排上大体是每年的4—8月在野外开展调查发掘，9—12月返回营地进行资料整理。由于两个阶段前后紧密衔接，在田野调查中所留下的记忆还比较清晰深刻，所以形成的文字资料内容也相对更为丰富、准确，可以弥补文字记录方面的不足。前述已经公开或非公开出版的西藏各县《文物志》当中的条目，基本上都是在田野普查工作结束之后不久便形成的。除此之外，在文物普查从整体上告一段落之后，领导小组还及时组织参加调查工作的专业人员开展相关综合研究，提升对原始资料的认识水平，从感性认识上升到理性认识，由此形成具有一定深度或具有开创性意义的研究论著。现在看来，迄今为止在文物普查中所形成的这批学术成果，如果没有当时组织领导者们的远见卓识，及时要求对田野调查所获取的原始材料进行初步的整理与研究工作，恐怕有相当部分资料随着人员变动和岁月流逝会不同程度地散失，造成人力和资源的极大浪费，使许多工作不得不重走回头路或者弯路。

第四，形成汉藏团结的队伍，结成永恒的民族情谊。

如前所述，由于在文物普查中采取了由区外业务人员与区内业务干部联合组队的方式，队伍中汉、藏两个民族的考古工作者在普查工作中紧密团结，相互学习，取长补短，结成了深厚的情谊，同时也确保了普查工作得以高质量地完成。中华人民共和国成立以来，党和国家为藏族地区从北京大学、西北大学、四川大学等高校培养了第一批藏族文物考古专门人才。在西藏文物普查工作中，这些藏族业务干部勇于吃苦，熟悉当地风俗习惯，语言交流通畅，适应高原环境，给予进藏工作的区外汉族专业人员生活上、工作上的多方面帮助与关怀；区外进藏工作的汉族业务人员专业素质较高，具有较为丰富的田野考古工作经验，也给予藏族同行许多业务上的指导与帮助。在前后两次近10年的文物普查历程当中，他们情同手足，相濡以沫，建立起深厚的感情，至今这些老队员都还保持着密切的联系。在文物普查期间，他们之间曾经发生过许多令人难忘的往事。例如，1990年，在山南地区某县境内承担文物普查工作任务的一个工作小组发生食物中毒事件，全队几乎无一幸免，尤其是队内的藏族驾驶员吐血不止，生命受到严重威胁。在这危急关头，来自湖南省文物局、时任该小组组长的何强同志临危不乱，不仅做出了恰当的紧急处置，而且在当地一时无法找到驾驶员的情况下，他抱病冒着危险驾车连夜将这位危重病员送到距普查地点近百公里以外的医院进行紧急抢救。由于处理及时，这位藏族驾驶员终于转危为安。从此之后，他们之间结下了深厚的友谊绵延至今。

总之，西藏文物普查留给我们许多成功的经验，这些经验直到今天来看也仍然具有其历史意义与现实意义。在即将开始新一轮西藏全区文物普查之际，适时地总结这些经验，笔者相信将有助于未来的工作。当然，在过去的工作当中也有一些值得汲取的教训。如在后期的资料整理与汇总阶段，由于人事上的变动和相关生活待遇方面出现的一些问题未能得到及时解决，也曾导致部分文物普查资料的回收出现延误与流失的现象。这些教训都应当在今后的工作中通过建立健全更加科学化、人性化的管理制度与手段来加以合理的规避。

我们高兴地看到，在21世纪的第一个10年，西藏的文物考古工作又将迎来她新的发展高潮。西藏自治区今天已经建立了自己的文物考古机构，有了一支由藏、汉两个民族的年轻一代文物考古工作者组成的专业队伍。西藏自治区各级领导和文物管理部门对于全区文物考古工作的重视程度得到前所未有的提高，在人力和财力上的投入也达到空前的规模。这些条件都将为新一轮全区文物普查提供强有力的支持。作为一名曾经参加过西藏文物普查工作的文物考古战线上的老兵，笔者也衷心预祝西藏第三次全区文物普查取得更加丰硕的成果，谱写西藏文物考古事业新的篇章！

（原载《西藏大学学报》［社会科学版］2008年第1期）

吐蕃王朝的遗宝与"高原丝绸之路"

公元7世纪初，在我国西南边疆的青藏高原兴起了一个日益强盛的吐蕃部族，其首领松赞干布在征服了苏毗、象雄等高原境内各族之后，最终完成了统一大业，建立起唐代地方性政权——吐蕃王朝。随着吐蕃王朝势力的不断扩张，至公元8世纪下半叶，吐蕃王国的版图一度空前辽阔，成为当时亚洲腹地与大唐王朝、阿拉伯帝国三足鼎立的强大势力。在这个历史时期，青藏高原和外部世界的联系进一步加强，由高原内部朝向四面八方形成了多条与中原、中亚、南亚等地区相互连接的国际性通道。这些主干道又和大大小小的交通支线相互交织，形成巨大的交通网络。我们把这个纵横于青藏高原的交通网络称为"高原丝绸之路"。

"高原丝绸之路"的开通有着悠久的历史，但其作为成熟的国际通道发挥巨大作用的时代，正是吐蕃王朝时代。尽管青藏高原大部分地区自然条件严酷，对于人类的生存与拓殖充满挑战，但却并未能阻挡生活在这片高原上的人们不断发展进步的脚步。当历史进入吐蕃王朝之后，吐蕃人开始走出高原，不仅与中原唐王朝之间的经济、文化交流日益紧密，和相邻的南亚、中亚各国也发生了频繁的往来，使得吐蕃的精神文明和物质文明面貌都发生了巨大的变化。吐蕃王朝的王室贵族们吸收了来自大唐、尼婆罗（今尼泊尔）和印度的佛教文化与艺术，又从大唐、波斯、粟特等地引进了金银器、珠宝装饰品的制作工艺，还与大唐和中亚、西亚地区通过赏赐、贸易获取了各类丝、锦织物，极大地丰富了吐蕃的经济生活与技术实力。

然而，随着岁月的流逝，这个曾经威震亚洲腹地的高原王朝早已被湮灭在高原的历史风尘之下，那些昨日的辉煌已经不复存在。今天，如果我们想要再次真切地回顾这段历史，抚摸它留下来的珍贵遗宝，这次"吐蕃与丝绸之路敦煌展"所展出的大量文物，堪称吐蕃时代物质文明的精华荟萃，具有十分重要的历史与艺术价值。

一 吐蕃贵族们的丝绸

丝绸，是中华民族对于世界文明做出的伟大贡献之一，历史上也曾是东西方文明交流的重要承载物，并由此产生了以"丝绸之路"指代这种不同文明之间交流活动及其途径的历史概念。

事实上吐蕃人始终没有学会制作丝绸，这可能与西藏高原自然条件受限，无法提供丝的原料有很大关系。王尧先生曾经指出："从历史记载上看，吐蕃人始终没有学会种桑、养蚕和缫丝织绸的技术。一直依靠唐廷馈赠、贸易或者通过战争手段去掠夺这种纺织品。"[1]吐蕃人使用丝绸的情况，过去主要依据文献材料和图像资料来加以推定。如传为唐代阎立本所绘《步辇图》上，绘出唐贞观十五年（641）吐蕃使节禄东赞前往唐京都长安迎请文成公主入藏的场景，禄东赞身着圆领长袍，其上可以清楚地看到，在长袍的朱地上饰有联珠立鸟纹。沈从文先生将这件长袍称为"小袖花锦袍"，认为其应即《唐六典》提到的川蜀织造的"蕃客锦袍"，系由唐代成都织锦工人每年织造二百件上贡，并专供唐政府赠予远来长安使臣或作为特种礼品的物品。[2]姜伯勤先生则认为根据上面的图案，可以认为"这是典型的萨珊风格的胡锦"[3]。

从考古发现的实物材料来看，汉地丝绸传入西藏高原有着久远的历史。展品中有一件是迄今为止在西藏高原发现的最早的汉地丝绸残片，2006年发现于西藏阿里噶尔县门士乡故如甲木古墓葬。在该墓中出土了大量丝织物的残块，其中这块较大的丝绸残段上面有白虎、朱雀、对鸟、神树等对称性的图案和汉字"王""侯"等小篆字，画面中一件汉式三足鼎的旁边也有汉字"宜"字，时代约相当于中原东汉时代（公元2世纪左右）。[4]与之

---

1 王尧：《吐蕃饮馔服饰考》，收入氏著《西藏文史考信集》，中国藏学出版社，1994年，第290页。

2 沈从文：《中国古代服饰研究》，上海书店出版社，2002年，第287页。

3 姜伯勤：《敦煌吐鲁番文书与丝绸之路》，文物出版社，1994年，第209页。

4 金书波：《寻找象雄故都穹隆银城》，《中国国家地理》2009年第9期；中国社会科学院考古研究所、西藏自治区文物保护研究所：《西藏阿里地区噶尔县故如甲木墓地2012年发掘报告》，《考古学报》2014年第4期。

类似的带有汉字"胡王"的丝锦曾在西域一带汉晋时代的墓葬中有过发现，一般被认为是中原官服作坊织造、赐予地方藩属王侯的标志性物品。[1] 由此可以推测，西藏西部发现的这批早期丝绸很可能也具有同类性质。[2]

近年来，在青海省都兰县热水乡也连续发掘出土了多处唐代吐蕃墓葬，其中出土有丝绸的残片，品种包括锦、绫、罗、缂丝、平纹类织物等。据发掘者称："几乎包括了目前已知的唐代所有的丝织品种。"[3] 本次展出了其中两件残片，它们的性质很可能与衣物无关，而是用作其他物品上的装饰物。过去在热水一号大墓出土了大量丝织品残片，发掘者推测"除用于衣饰外，多见用于幡上加有边饰的残片"[4]。此外，在热水河南岸吐蕃墓地一号墓中出土的织物中，也有大量锦带、丝带和流苏之类物品，[5] 据用途推测很可能也是"幡"之类物品的饰件。

1 新疆文物事业管理局、新疆博物馆、新疆文物考古研究所、上海博物馆:《新疆维吾尔自治区丝路考古珍品》，上海译文出版社，1998年，第130页。

2 霍巍:《西藏西部新出土古代丝织物及其相关问题的研究——附论唐初经吐蕃通印度之西北道》，收入樊锦诗、荣新江、林世田主编:《敦煌文献·考古·艺术综合研究：纪念向达先生诞辰110周年国际学术研讨会论文集》，中华书局，2011年，第247—261页。

3 许新国:《都兰出土大批唐代丝绸见证丝绸之路"青海路"》，《文物天地》2004年第10期。

4 许新国:《中国青海省都兰吐蕃墓群的发现、发掘与研究》，原题为《都兰吐蕃墓葬发掘和研究》，收入北京大学考古文博学院、大阪经济法科大学编:《7—8世纪东亚地区历史与考古国际学术讨论会论文集》；科学出版社，2001年；后收入氏著《西陲之地与东西方文明》，北京燕山出版社，2006年。

5 参见北京大学考古文博学院、青海省文物考古研究所编著:《都兰吐蕃墓》第二章《都兰吐蕃一号墓》，科学出版社，2005年，第3—31页。

本次展品中的一件织锦成衣，是迄今为止所能见到的为数极少的吐蕃时代成衣。这是一件小孩的裙衣，衣长50.5厘米，下摆宽42厘米，两袖之间宽40.5厘米，为一件上衣下裙式样的对襟短袖衫。上衣为一带有直领式衣领的左衽小衫，采用质地较为厚重的织物制成，织物上有精美的联珠纹大团窠对鸟纹饰；下裙为素面青色织物，与上衣巧妙地组合在一起。与之同时收藏的还有小孩套袜一双，系绛红色丝织品制成，套袜上用暗花饰有联珠团窠花纹、缠枝花鸟纹及人物纹样等。与之类似的吐蕃织锦类小孩衣物还曾在美国克利夫兰艺术博物馆收藏有一件，系该馆于1996年购入，形制也为一对襟小衫，衣领为直领式的小领，长袖，左衽，前襟共由三片织物相接而成。与这件小孩衣物同时被收藏的，还有一条丝织的裤子，上面有暗花团花图案，具有明显的唐代丝绸风格。曾有学者对这两件藏品做过介绍，认为其来源可能为粟特，后流传至吐蕃（图七）。[1]

令人注意的是，上述这两件吐蕃衣物均为小孩的成衣，采用的式样都是典型的唐装，它们是出自吐蕃本民族的墓葬，还是吐蕃占领区下其他民族的墓葬？它们是儿童生前的服装，还是为儿童不幸夭折之后专门制作的葬服，或是出于某种特殊的丧葬习俗而制作的"冥服"？这些问题由于缺乏现场的考古背景，已经难以回答。但是，却至少提供给我们一些重要的线索：一方面，这

---

1 James C. Y. Watt and Anne E. Wardwell, *When Silk was Gold*, Metropolitan Museum of Art, 1997, pp. 34−35.

图七　克利夫兰艺术博物馆收藏的小孩衣物

两件衣物的式样和所配的裙、袜都深受唐代中原服饰文化的影响；但另一方面，衣料上的图案纹饰，又都是当时"丝绸之路"沿线流行的联珠团窠对鸟纹之类的西方图案。带有这种图案的丝锦织物还被用于马鞍之上，在吐蕃故地和西域也曾发现大量带有此类联珠团窠纹的对马、对兽纹丝织残片，反映出一个时代的审美意趣和流行风尚。

二　吐蕃系统金银器

此次展品的一个大宗，是包括吐蕃系统金银器在内的各种金银制品（含鎏金制品）。美国学者谢弗在其名著《撒马尔罕的金桃》（中译本名为《唐代的外来文明》）一书中，曾对吐蕃金银器

给予了高度评价："在对唐朝文化做出了贡献的各国的工匠中，吐
蕃人占有重要的地位。吐蕃的金器以其美观、珍奇以及精良的工
艺著称于世，在吐蕃献给唐朝的土贡和礼品的有关记载中，一次
又一次地列举了吐蕃的大型的金制品。吐蕃的金饰工艺是中世纪
的一大奇迹。"[1] 此次展出的金银器中，有不少属于吐蕃系统的金银
器，[2] 也有一些是与吐蕃大体处在同一时代的唐代中原、波斯、粟
特系统的金银器，可以参互比较。

　　吐蕃金银器当中，最为精美的当数各类容器，常见的种类有
持壶、瓶、杯、碗、盘等器型。其中的持壶，是典型的来源于西
方的器型，本次展品中的多件金银持壶均具有唐、波斯、粟特风
格。从目前已知的考古材料来看，西亚、中亚一带应是这种器物
的发源地。在中亚阿富汗国家博物馆收藏的公元1世纪的陶器中，
已经有这类带有高手柄的持壶，它的基本形态是一侧带有鸭嘴状
的流，另一侧附有高出壶体的手柄（图八）。中亚地区这种使用
高手柄持壶的文化传统流传久远，在其后的波斯萨珊和粟特系统
的金银器当中，这类持壶也大量出现，并且在器物表面还开始出
现许多装饰性图案。波斯萨珊王朝制作的金银执壶上，常常会出
现人物和植物纹样的装饰性图案，这些人物有的是希腊神话中的
爱神阿芙罗狄蒂（Aphrodite）和青年男子帕里斯（Paris），表现希
腊神话中著名的"帕里斯的裁判"；也有的表现帕里斯和美女海

1　〔美〕谢弗：《唐代的外来文明》，第552页。
2　本文所称的"吐蕃系统金银器"，即包括吐蕃本土及其在扩张过程中所兼并的青藏高
　　原各部的金银器。在这一前提下，也可简称其为"吐蕃金银器"。

图八　阿富汗出土的陶持壶

图九　伊朗中近东文化研究中心
收藏的胡瓶（公元4—7世纪）

伦（Helen）的故事，均带有强烈的希腊化艺术的风格（图九）。

　　在中国现存的文物考古资料中，年代较早而且制作尤其精美的一件胡瓶是北周李贤墓中出土的一件具有中亚风格的鎏金银瓶，造型与上面所介绍的中亚持壶相同，细长颈，鸭嘴状流，环形单柄，高圈足，银质表面鎏金，上面有一组六人图案。关于这件银瓶，我国考古学界对其进行过深入的研究，认为这是一件具有典型的波斯萨珊王朝金属器风格的器物，严格而言也是典型的希腊罗马风格的仿制品，但是可能制作于中亚巴克特里亚地区，上面的这组人物反映的可能是希腊神话中的人物故事场景。

唐代的文献记载中，也将这种持壶称为"胡瓶"，这种器物不仅是当时现实生活当中使用的常用器物，也是社会交际往来的重要物品。唐人卢纶在其《送张郎中还蜀歌》诗中曾经这样写道："垂杨不动雨纷纷，锦帐胡瓶争送君。须臾醉起箫笳发，空见红旌入白云。"由此可见胡瓶不仅出现在为友人饯行的酒宴当中，同时还是送给离别友人的重要礼物。隋唐时期，胡瓶也作为朝廷赏赐给各类有功之臣的礼物。如唐太宗李世民为了表彰凉州都督李大亮治地有方的政绩，就在诏书中明确写道："今赐卿胡瓶一枚，虽无千镒之重，是朕自用之物。"(《旧唐书·李大亮传》)由此可知上自皇帝，下到高级官员，胡瓶都是当时颇受喜爱的物品之一。

西域各国将胡瓶作为礼品在朝贡时奉献给中原王朝的记载，文献典籍中可以追溯到魏晋南北朝时期。例如前凉张轨时期（301—314），"西胡致金胡瓶，皆拂菻作，奇状，并人高，二枚"(《太平御览》引《前凉录》)。这里所说的"拂菻"，或指东罗马拜占庭帝国，可见西域的这些"西胡"人早在魏晋南北朝时期，就已经开始将这些来自西方的、如同真人般高大的奇异物品作为礼物朝贡给中原王朝。展品中一件行走在丝绸之路上的胡商形象陶俑，手中所持的也是一件这样的胡瓶，可见其在丝路商贸中已成为标志性的器物。

史书记载，在唐蕃交往当中，胡瓶还成为唐朝与吐蕃王朝之间友好往来的重器。例如，唐开元十七年（729），吐蕃赞普向唐朝献"金胡瓶一、金盘一、金碗一"（《旧唐书·吐蕃传》），作为唐蕃双方友好交流的"信物"。其后不久，唐开元二十一年（733），吐蕃也同样收到来自唐朝的一批金银器物，"今奉皇帝金铨、马瑙、胡瓶、羚羊、衫段、金银瓶盘器等，以充国信"（《册府元龟》卷九七九《外臣部·和亲二》）。可见在这些作为"国家信物"的金银器当中，胡瓶也有着重要的地位。

迄今为止，我们还没有在田野考古中发现吐蕃金银器中的持壶（胡瓶）实物，但青海郭里木出土的一批吐蕃时代木棺的棺板画上，可以观察到吐蕃人在宴饮场合使用的一种带有高柄的酒壶。如在一号棺板画上有一个射杀牦牛的场景，主要人物手执弓弩正在射杀一匹被用绳子绑在树桩上的牦牛，他身穿图案华丽的长袍，长袍的衣襟和袖子上面有联珠纹样的丝绸镶边装饰，头缠高巾，站在一张方形的地毯上，身份地位高贵，很可能是前来参加丧礼活动的一位高级贵族。这种射杀牦牛以礼宾客的习俗，在吐蕃曾经十分流行，文献中也有相应的记载。值得关注的是，在这个人物的周围，有侍从装束的两人手中执有各种器物，其中一人双手托盘，托盘内放着三个并列的高足酒杯；还有一人手中执一件带着高柄的酒壶，正在伺候主人饮用。画面中绘制出的这件高柄酒壶的一侧带有鸭嘴状的长流，壶体上附有一个长长的手柄，底部有高足可供托持（图十），应即我们所说的持壶，也即胡瓶。正是有赖于吐蕃画师们精细的观察和细腻的绘制，才让我

图十　青海郭里木出土棺板画之一　　　图十一　青海郭里木出土棺板画之二

们得以知晓吐蕃持壶的形态特征。

　　此外，在青海郭里木二号棺板画上，也可以见到这种持壶。画面中有在毡帐前的宴饮场面，帐中有男女主人对坐，帐门两侧有两人守卫，帐前是正在宴饮的人群。在两个大酒坛上支起一个托盘，上面陈放着一排高足酒杯，两人正在举杯相邀共饮；其侧另有两人也手执酒器，其中一人双手高举酒杯，另一人头上缠结着高头巾，手中也执一柄带有高柄的酒壶，正走向席地而坐、开怀痛饮的人群，可能是准备向他们敬酒（图十一）。这里出现的这种高手柄的持壶，其形态特征和一号棺板画上所绘的同类器物相似。

　　展品中的金银扳指杯，也称为"带把杯"，是另一类来自西方的器型，其特点是杯把上都带有横平而较为宽大的指垫。在杯的环形把上加上这样的指垫，既可以使手感舒适，又能帮助其他手指加力持重，增加持杯时的稳定度。这种器型在其东传的过程中被唐、波斯、粟特、吐蕃系统的金银器所不断模仿和改造，在纹饰和造型上呈现出多彩多姿的样态。

　　展出的金银器中有一组吐蕃银瓶，其中的一件银瓶最具吐蕃文化色彩。银瓶上的主体纹饰为三组两两交颈站立的立鸟，其中一组头上有冠，一组头上有角，一组口中吐出长舌。各组之间有花草纹样相间隔，银瓶腹部饰三只带翼的神兽，站立于花草之间，似分别为翼马、翼龙、翼狮的形象。瑞士藏学家阿米·海勒（Amy Heller）博士对此研究认为："瓶腹上的异兽图案，以及瓶腹上半部的成对交颈异兽，都是吐蕃王朝时期典型的藏族艺术纹饰，溯其源流，则是受到喜欢用联珠圈内饰成对的异兽、异禽为主体，以花叶纹或心形纹为间纹的粟特织物纹样的影响。交颈或相对的动物造型在藏族称为'托架'（thogs-lcags）的铜合金铸造的护身符中也可屡屡见到。"[1] 与之类似的银瓶还有一件收藏于美国克利夫兰艺术博物馆内，该瓶上部饰四鸟纹，腹有一方印，上饰一蹲伏动物，似为狮子。银瓶的腹部共有四组图案，似为一人面鸟身人像、一狮、二龙（？），其中一龙似为二龙交尾形状。人面鸟身像头上戴有三花宝冠，身穿交领长袍，衣襟上可以观察到饰圆形纹，身下生出两翼，足为鸟足，尾巴下垂，站立于一朵盛开的花朵之上。阿米·海勒博士认为，在和早期吐蕃赞普有关的远古传说中，藏族先人皆为半人半鸟的异人，人首鸟身，指趾带蹼，乘带翼巨兽而行。而这件银器上面的纹饰恰好提供了这种异

1　Amy Heller, "The Silver Jug of the Lhasa Jokhang: Some Observations on Silver Objects and Costumes from the Tibetan Empire(7th-9th century)", *Asian Art*, Vol. 5, 2002.

人异兽的具体图例（图十二）。[1]

这次展出的吐蕃金银器当中，还有近年来在西藏阿里地区考古出土的几件黄金面具，它一方面反映了这个区域独特的丧葬习俗，同时也证明西藏西部与南亚和中亚之间的文化交流与联系。近年来，各国考古学家也分别在喜马拉雅地区的中段、西段发现了类似的黄金面具，如在尼泊尔穆斯塘地区萨木宗墓地、印度北方邦马拉里墓地均有出土，其年代大多集中在公元1—2世纪前后，

图十二　克利夫兰艺术博物馆藏
吐蕃银瓶

只有尼泊尔萨木宗墓葬出土者年代较晚，为公元4—5世纪。它们具有的共同特征为：利用黄金薄片，采用捶揲法制成，面具大多固定在纺织物上，其上多用色彩勾画出五官和胡须线条，装饰在死者面部。与之具有可比性的考古资料在北非、西亚、中亚等广阔的范围内也有发现，而其中最为接近的是中亚地区出土的黄金面具。如吉尔吉斯斯坦萨石墓地、扎拉克杰拜墓地、新疆昭苏

1　Amy Heller, "The Silver Jug of the Lhasa Jokhang: Some Observations on Silver Objects and Costumes from the Tibetan Empire (7th–9th century)", *Asian Art*, Vol. 5, 2002.

波马墓地（公元1—5世纪）中出土的黄金面具，均系黄金捶揲而成，上面有五官凸起，双眼镂空，镶有宝石，无论从制作方式还是从形态上观察，都与喜马拉雅地区出土的这几件黄金面具十分接近。仝涛先生认为，这表明西藏西部很可能是通过新疆的丝绸之路建立起与欧亚草原文化之间的互动与交流的。[1] 从西藏阿里出土黄金面具的墓葬中伴出有箱式木棺、陶器、木器等随葬器物观察，的确与新疆南疆地区汉晋时代墓葬出土的同类物品具有相似的特点，所以这个结论是可以成立的。

用黄金捶拓、剪切而成的各类金银（含鎏金）饰片，也是本次展品的一个重要特色。这些金银饰片大多带有小孔，有的出土时附着有残木片，有的在底部贴有绢片，有的孔内残存有铜钉，有的带有铜锈，表明其原来均系装饰固定在其他质地器物上的金银饰片。饰片上的动物与植物图案造型优美，流行镶嵌各种宝石特别是绿松石的工艺，纹饰的排列方式采用纵列式、横列式、独列式、四方连续式等不同的式样，变化极为丰富，其中尤其以连续的忍冬纹、立鸟（凤）纹、狮、狼、大角羊等纹样最具特色，体现出吐蕃金银装饰工艺的特点。

与其他草原游牧民族一样，吐蕃人对马、牛、羊、鹿等各种动物纹饰显然十分偏爱。在大量的金银饰片上，这些动物形象常常作为最为显著的主纹出现在图案当中，它们或者昂首挺立，或者扬蹄奔腾，雄健威武，形象十分生动鲜活，充满着灵动感。一

1　仝涛、李林辉：《欧亚视野内的喜马拉雅黄金面具》，《考古》2015年第2期。

个尤其值得注意的特点在于，在这些动物原型的基础之上，吐蕃人对其加以大胆的艺术夸张，许多动物都在其肩部装饰以粗短的双层或多层羽翼，成为传说中的翼马、翼羊等有翼神兽。在欧亚草原文化中曾经流行大量有翼神兽的形象，吐蕃金银器中这类有翼神兽，有可能是来自中亚或北方的草原文化的影响。此外，在这些神奇动物当中，独角兽，多枝状角的大角鹿，头尾相接、蜷伏成团状的各类动物形象，也和欧亚草原流行的斯基泰艺术风格中的动物造型十分相似。动物纹中的立鸟纹，奔驰的鹿、狮、羊，以及大量出现的联珠纹样，都可以在西亚、中亚艺术中找到其渊源。

金银饰片中最具独特性的两组图案是比较完整的一组立鸟与一组迦陵频迦鸟的银鎏金饰片。立鸟的造型生动活跃；迦陵频迦鸟均为人身鸟足，头戴宝冠，两翼向外扩展，站立于椭圆形的小毯之上，手中各持乐器做吹奏状。由于在饰片上残留有小孔和丝线的残段，推测其可能是缝缀在某类织物（如毡帐、幡幢等）之上使用。考虑到迦陵频迦鸟的宗教文化背景，甚至还可以进一步推测这类金银饰片也可能使用于某种宗教仪式之中。

除大量动物形象之外，金银饰片中还出现了吐蕃骑士、贵族等人物和神灵的形象。吐蕃骑者头缠低平的头巾，上身着紧身的三角形大翻领长袍，长袍的衣襟、袖口和肘部等处带有花纹镶边。人物的嘴下有浓密的络腮胡须，双手拉弓欲射，腰系带，其上垂挂有长条形的箭囊，腰后露出悬挂的带有花纹的刀柄，脚套在半圆形的马镫之中。骑者身下的坐骑体格强健，肌肉发达，四蹄奔腾，攀胸和马秋上悬挂的杏叶随着马匹的飞奔凌空飞动，气势逼人，在方寸之间将吐蕃武士的英武之气刻画得淋漓尽致。

与吐蕃骑士的形象可以相互衬托的是吐蕃的马具，这也是此次展品的另一个亮点。展品中集中展出了几具保存完好的马具，主要是马鞍和革带。不仅马鞍的木质鞍桥形态基本完整，更令人惊奇的是，甚至覆盖在马鞍之上的丝织品、马具革带上镶嵌的金银马饰也都一同保存下来，这都是在过去很难见到的吐蕃马具实物。

其中的一具马鞍分为坐垫与下鞍（鞯）两部分，坐垫为木质，上髹黑漆，通体用织锦加以包裹覆盖，织锦的图案纹饰为唐、吐蕃、波斯与粟特都曾十分流行的大团窠联珠对羊纹，整套马鞍显得极为富丽堂皇。另一具马具则保留下来一套基本完整的鎏金马饰件，初步观察分析大体有辔头、胸带和鞦带上的饰物，种类包括杏叶和缀系在踯躞带上的各种银饰片。这些银饰片通体鎏金，造型和纹饰都十分丰富，有银质鎏金的杏叶，边缘呈多曲形花瓣纹，顶端有一圆孔可供穿系，叶片上捶揲出对兽纹饰，对兽中间饰有花瓣纹；还有原来装饰在马具革带上的各种动物形饰片，其中一种椭圆形的叶片上捶揲有奔兽（狮子？），四蹄向前奋力奔驰，头高昂，尾上翘，形象也是十分生动。还有一具马鞍保存着前桥和后桥上的整套银质饰片，上面各种奔兽的形象也很能体现吐蕃人在造型艺术上的天赋。这些奔兽头上有长角，身有双翼，四肢扬蹄尽力奔驰，几乎呈一线展开，给人以腾云驾雾之感。

　　吐蕃骑士的形象和吐蕃马具的实物从一个侧面反映出吐蕃人对于优秀的骑手和良马的尊崇喜爱之情。吐蕃的军事力量之所以强大，正因其机动性极强的骑兵久负盛名。吐蕃本土原就多有水草丰茂的牧区可供应战马畜养，在占领了原为吐谷浑人统治的青海湖地区之后，还得到了吐谷浑人的良马——"龙种驹"。据称这种号为"龙种"的良马具有波斯马的血统，可以日行千里。[1]除了重视马种改良之外，吐蕃人对于战马的训练和医治也十分经心。敦煌出土的古藏文文书P.1065《驯马经》残卷和P.1062《医马经》残卷，对于马的奔驰和骑士的驾驭能力、战马受伤后的各种治疗方案等都有详细的记载。

　　正是由于具有品种优良的吐蕃宝马和骑技高超的吐蕃骑手，在吐蕃广阔的统治区域内，才有可能建立起有效的信息传播系统和社会控制系统。在吐蕃对西域的控制中，利用快马飞骑建立起的吐蕃驿传制度曾经起到过重要的作用，唐人在文献中记下对此留下的深刻印象："蕃法刻木为印，每有急事，则使人驰马赴赞府牙帐，日行数百里，使者上马如飞，号为马使。"（赵璘《因话录·角部》）张广达先生考证认为，唐人文中记载的"马使"，因马、鸟二字形近易讹，应作"鸟使"，并举出敦煌古藏文写卷中若干例证加以论说，其说甚为精当。[2]但"飞马使"为何被称为"飞

1　《隋书·吐谷浑传》："吐谷浑尝得波斯草马放入海，因生骢驹，能日行千里，故时称青海骢焉。"

2　张广达：《吐蕃飞鸟使与吐蕃驿传制度——兼论敦煌行人部落》，收入北京大学中国古代史研究中心编：《敦煌吐鲁番研究文集》，中华书局，1982年。

鸟使"？我认为这不能完全用字形相近易讹来加以解释，很可能为时人用以比喻吐蕃良马和吐蕃骑手纵横驰骋、日行千里，如同天空中的飞鸟一般快速的赞美之词，因此，才将这些吐蕃快骑手誉为"飞鸟使"。王尧先生在其《吐蕃占有敦煌时期的民族关系探索——敦煌藏文写卷 P.T.1083、1085 号研究》一文中曾注意到，P.T.1083 号卷子的印章是一个具有双翅的飞兽，他认为这个图案表示的可能是"飞狗或飞马"。[1] 但我认为，如果联系到唐人文献记载中称"马使"的语境来考虑，这个图章所要表达的含义显然应当是飞马而不是飞狗。用长出双翅的飞马来表现这些日行千里的吐蕃良马和骑在马上奔驰千里的吐蕃骑手，是再形象不过的了。在此次展出的吐蕃金银器中出现的这些吐蕃骑手形象，以及用黄金和丝绸加以装饰的宝鞍，正是对高原骑马民族这种意气风发的情怀最为真实的写照。

四　佛教造像

公元 7 世纪上半叶，吐蕃王朝立国之初，便从东方的大唐王朝和西方的尼婆罗王国同时引入了佛教及其佛教艺术。佛教传入西藏的时间，按照西藏佛教史籍的记载，几乎无一例外地都说是在松赞干布以前五辈，即拉托托日聂赞时期，约在公元 5 世纪。

1 王尧:《吐蕃占有敦煌时期的民族关系探索——敦煌藏文写卷 P.T.1083、1085 号研究》，收入王尧、陈践译注:《敦煌古藏文文献探索集》，上海古籍出版社，2008 年，第 302 页。

但是，佛教大规模地、正式地传入西藏，学术界一般认为应该是从公元7世纪松赞干布建立统一的吐蕃王朝时期算起。西藏佛教艺术的起源和发展，也应与佛教的传入同步发展。

松赞干布时期（629—650）可能是西藏佛教艺术的兴起阶段。这个时期，由于松赞干布与尼婆罗赤尊公主和唐朝文成公主的联姻，佛教从天竺和汉地两个方向传入西藏。两公主进藏，分别由尼泊尔和中原带去大量的佛教经典、营造工艺以及大批的匠师。史籍记载，在松赞干布时期，佛教艺术已经开始在高原传播，佛教寺庙开始在吐蕃兴建。除著名的拉萨大昭寺、小昭寺外，当时在吐蕃中部还建了四座大寺，称为"四如寺"，四如寺之外建立了四厌胜寺，四厌胜寺之外又建立了四再厌胜寺，其目的在于"制服藏地鬼怪，镇伏四方"[1]。吐蕃王朝时期还在拉萨的药王山下开凿了第一座佛教石窟寺——查拉路甫石窟。为了装饰这些寺庙和石窟，大批来自大唐和天竺的工匠开始在高原兴起壁画绘制、造像、建塔等工程。据称大昭寺内当时便绘有八佛子、无量光佛、救八难度母、观世音、七世间佛、五种姓佛以及吉祥天女等壁画，这些壁画中所绘制的神灵都为松赞干布本人所敬奉。[2]

松赞干布去世之后的两代赞普因忙于内部平乱和对外征战，无力顾及发展佛教。直到公元8世纪中叶，赤德祖赞（公元704—755年在位）死后，其子赤松德赞（公元755—797年在位）即位，

---

1 第五世达赖喇嘛：《西藏王臣记》，郭和卿译，民族出版社，1982年，第36—38页。

2 参见扎雅：《西藏宗教艺术》，谢继胜译，西藏人民出版社，1989年，第95页。

再度大力发展佛教。随着佛教势力的兴盛，西藏佛教艺术方开始进入一个新的发展时期。从公元8世纪中叶到公元9世纪初，在赤松德赞和热巴巾（即赤祖德赞，公元815—841年在位）时期，吐蕃王室大力扶植佛教，广建佛寺，并迎请印度著名僧人寂护和莲花生大师进藏，兴建了西藏佛教史上第一座剃度僧人出家的寺院——桑耶寺，在雪域高原各地也相继出现了佛寺、佛塔、佛教造像和绘画等诸多佛教艺术品。[1]

公元9世纪末，吐蕃王国灭亡。在经历了西藏佛教史上的所谓"黑暗时期"之后，公元10世纪以西藏阿里古格王国为中心，佛教得以再次复兴，并渐次进入"后弘期佛教"发展阶段，佛教艺术与南亚、中亚地区的交流进一步扩展，出现了新的格局。这个时期的佛教艺术风格更为多样，题材更为广泛，表现方式更为丰富，流传也更为久远。

但是，时至今日，能够保存和流传至今的西藏早期佛教艺术品已经十分罕见。因此，此次展品中的一批佛教艺术珍品，可以让我们窥见来自不同地区佛教艺术的源流及其对藏传佛教艺术的影响。例如，从展品中几尊立佛金铜像的衣饰特点上看，身着紧贴躯体的大衣，体态修长，衣纹线条毕现，具有巴基斯坦西北部斯瓦特地区和中印巴交界处克什米尔地区造像的特点。而另外几尊金铜佛坐像头戴宝冠，身上饰有繁复的璎珞和宝钏，体态更为丰腴，和流行于孟加拉与印度东北部的波罗王朝时期的佛教造像

1　拔·塞囊:《拔协》，佟锦华、黄布凡译，四川民族出版社，1990年，第34—36页。

艺术风格多具相似之处。

展品中的第106号造像，堪称此次金铜佛像之中的"镇展之宝"。这组铜像的主尊坐于高起的两层莲台之上，台座的基部饰有狮头。主尊头戴三叶冠，冠缘有凸起的联珠纹，两耳旁有下垂至肩的耳饰和饰带，衣饰上饰以联珠三角纹。主尊两旁各有一尊站立的菩萨，也是头戴宝冠，身披条帛，下体有飘飞的衣带相缠绕。在台座的下层另有三尊小像，或站或坐，根据台座基部刻出的铭文推测，这三尊小像很可能是王室供养人的形象。这组造像布局华丽，佛像的造型和装饰具有克什米尔或者吉尔吉特一带的风格，无论是设计布局还是铸造工艺都极为精美，体现出不凡的皇家气派。

金铜像中还有吐蕃赞普松赞干布、唐文成公主的形象出现，造像的年代虽然已经较为晚近，但这是后世对于吐蕃王朝一代雄主松赞干布以及对唐蕃交流做出历史性贡献的文成公主的深切缅怀与追忆。松赞干布头缠高头巾，身穿大袍，腰间系带，这种装束很可能是一种古老艺术元素的承续。唐代使节刘元鼎出使吐蕃，见"赞普坐帐中，以黄金饰蛟螭虎豹，身被素褐，结朝霞冒首，佩金缕剑"（《新唐书·吐蕃传》）。他所说的"结朝霞冒首"，应为当时吐蕃赞普流行的头饰式样。我们在吐蕃占领敦煌时期开凿的第158、159号两窟中，可以观察到绘有吐蕃赞普及王族的形象。其中，第158号窟《佛涅槃变》壁画表现了一位由两个侍从扶持着的吐蕃赞普和众王子面对佛涅槃号啕痛哭的场面，赞普的头饰也是这种缠绕而成的高头巾。第159号窟共有包括吐蕃赞普在内的8个人物，赞普的头部上方有华盖，其服色为白色，袖口有深色的镶边，衣领翻在领口的两边呈三角形，头饰是用红色头巾缠绕而成的高冠，这或许就是文献记载中的"朝霞冒首"。[1]展品中的这尊松赞干布造像双腿盘坐，面带笑容，无论从神情还是服饰上，都完美地诠释了这位吐蕃英雄的英姿。

总之，本次展出的各类展品集中了吐蕃王朝的众多精美文物，也汇聚了来自大唐王朝、南亚印度、中亚波斯与粟特等多种文明的结晶，为我们揭示出这个高原王国与外部世界之间紧密的联系，用事实证明横贯欧亚大陆的丝绸之路当中，由高原各部族所创立并在吐蕃王朝时期达到鼎盛的"高原丝绸之路"，也是其中不可或缺的重要组成部分，从而为观众开启了一扇以往一直未曾打开的大门，让人们可以从中领略到雪域高原与蓝天白云、雪山草地共生共存的历史文化的无限风光。

最后，还需要特别指出的是，此次展出得到美国友好人士汤姆·普利兹克尔（Toms Pritzker）家族的大力赞助与支持。在过去的岁月里，他们在中国国家文物局、西藏自治区文物局的全面领导和协调之下，还多次资助了我国西藏自治区阿里地区的文物保护与考古工作。笔者曾经多次与他们同行至阿里进行田野考察，共同经历了无数艰难险阻，但却总能化险为夷。此次他们与敦煌研究院共襄盛举，成功举办这次"吐蕃与丝绸之路"文物展，也

---

1 〔匈〕西瑟尔·卡尔梅：《七世纪至十一世纪西藏服装》，胡文和译，《西藏研究》1985年第3期。

再次体现了中美两国人民之间源远流长的友好情谊，值得永为纪念。

（收入敦煌研究院：《丝绸之路上的文化交流——吐蕃时期艺术珍品》，中国藏学出版社，2020年）

二重证据与西藏古史重构
——论恰白·次旦平措先生对西藏新史学的影响

所谓"二重证据法",是由近代著名学者王国维先生创立的史学研究理论与方法,其含义即借助"纸上之材料"(文献材料)与"地下之新材料"(考古材料)相互印证来研究和重建历史。这一学说及其实践对于20世纪以来中国新史学的兴起与古史重建起到了巨大的推动作用,影响极其深远。

藏族是我国多民族国家中具有史学传统的一个民族。从吐蕃时代创立藏文以来,便已有《吐蕃大事纪年》等史学著作存在,其中一部分保存在敦煌出土的古藏文写卷当中,早已被国际学术界高度重视。[1]传世和考古出土的吐蕃藏文文献除手卷写本之外,还以简牍文字、金石铭刻等不同形式流传至今,[2]是研究西藏古代历史的重要史料,也是藏族史学的源头所在。吐蕃王朝之后,随

---

1 有关情况参见王尧、陈践译注:《敦煌本吐蕃历史文书》(增订本),民族出版社,1992年。
2 王尧编著:《吐蕃金石录》,文物出版社,1982年。

着后弘期佛教派别的形成，藏族在其发展过程当中不断涌现出一批优秀的史学著作和藏族历史学家，形成具有自身民族、宗教、文化特点的史学风格与传统。对此前贤多有论述，兹不赘述。

如果我们可以将上述藏族史家以及他们所创作的史学著作的学术体裁、学术风格和学术流派称为藏族"古史学派"的话，那么恰白·次旦平措先生不仅是这个学派优秀的继承者，更是新的藏族史学流派——本文暂且称之为"西藏新史学"——的开拓者和奠基者，具有在西藏史学史上承前启后的历史地位。恰白先生的学术成果极为丰硕，本文仅以先生在"二重证据法"上的若干研究例证，来论证其学术思想与实践上的创新及其对西藏史学所产生的深远影响。

一

西藏古史学派的历史著作十分注意对历史传说、历史记忆材料（其中包括今天历史学家们常常提到的神话传说、口述历史等方面）的利用，这也成为这一学派显著的特色之一。但是我们不能回避的一个事实是，由于时代的局限，这些著作在史料的运用方面几乎只能完全依靠古史传说，很难运用地上或地下的实物材料。以成书于公元15世纪的著名藏族史学著作《汉藏史集》（达仓宗巴·班觉桑布著，原名《贤者喜乐赡部洲明鉴》）[1]为例，书中

1　本文采用的是陈庆英先生的汉文译本，西藏人民出版社，1986年。

除了涉及藏族历史、宗教发展的线索之外，还有一定篇幅涉及藏族社会的物质文化层面，如讨论吐蕃医学的产生、茶叶和碗在吐蕃的出现、刀剑在吐蕃的传布情况等，这些内容的设计在西藏古史学派的著作中可以说是一个很大的进步。按理说，在物质生活这个层面是最能够将文献记载和实物材料相互结合加以印证的，这在当代史学著作中已自不必言，但在西藏古史学派的著作当中对此却尚无自觉。例如，由于刀剑在藏族社会生活中具有重要的地位，所以作者在书中做了十分详细的论述。作者提出，"由于吐蕃历代国王的权势，以前没有的刀剑、茶叶、碗等珍奇物品都在吐蕃出现并发展"，并将刀剑的种类划分为五大类两小类，分类论述了它们的来源与特性，认为"根据刀剑的出产地、用铁的种类、外形特征这三者，就可以做出大概的鉴别"，如"尚玛类的刀剑刀背厚重，索波类的刀剑锋利，呼拍类的刀剑有刀鞘，古司类的刀剑有银色刀纹，甲热类的刀剑能够截铁。这些是实有的特征"。对于这些刀剑的来源和产地，作者写道："尚玛是汉人的刀剑，是在（唐）太宗皇帝在位之时兴盛起来的，它是在皇帝的舅家所在的地方，由一个叫尚萨错莫的人打造的，能砍断九层最坚硬的东西，因此产生了妇人最会打造兵器的说法。由于它是在尚城地方打造的，铁匠又是妇女，因此得名尚玛。"[1] 显然，尽管作者在著作的内容安排上体现了一些新的变化，但在史料运用、史实考证、叙事风格、描写手法等基本方面仍然没有突破传统的模

1　达仓宗巴·班觉桑布：《汉藏史集》，第136—142页。

式，其研究结论也很难成为信史。类似这样的史论方法可以说在西藏古史学派的著作当中是屡见不鲜的。

恰白·次旦平措先生对于旧的史学方法在吸收、继承其精华的同时，较之前辈藏族学者的突出贡献之一是在其研究当中采用了"二重证据法"，使古史研究在理论和方法上都与现代学术规范自觉衔接，上升到一个前所未有的高度。这一点，可以其代表性著作《西藏通史——松石宝串》一书中的若干例证来加以说明，我们将在后文中论及。这里，首先应当注意到的是恰白先生对唯物主义历史观的自觉接受，这也是他能够将"二重证据法"自觉引入藏族古史研究的重要思想基础。

在该书的第一章《西藏远古历史》当中，其第二节"关于西藏地域的形成"一方面利用传统的藏文文献对西藏地域划分为上、中、下三部的观点做了介绍，认为在"其他王统史书中也有个别不同的说法外，其余主要的内容提法与其他史书没有两样，如说海水干枯，长出茂密的森林，上、中、下三部一切地方布满了各类动物等的观点基本相同"[1]。与过去史书的不同之处在于，恰白先生利用科学分析的方法从印度洋暖湿气流对于青藏高原的影响入手，结合西藏的年平均气温、年降水量等因素对西藏动植物种类的影响做出了说明，科学地指出："从大自然的运动变化中，喜马拉雅山脉不断升高，使这一地区的天气、大气发生了根本性

---

[1] 《西藏通史——松石宝串》，第5—6页。

的变化"[1]。与此同时他还指出:"对此,从藏族史书中出现的零散词句和到目前为止从地下发掘的石器运用现代科学研究方法得出的结论都相同。"[2] 这是恰白先生在他的著作中接受和运用"二重证据法"与现代科学理论来研究西藏古史的一个重要标志。虽然在具体的研究结论上还有与学术界不同的看法与观点,但作为长期以来在西藏古史学派影响下成长起来的老一辈藏族历史学家,恰白先生能够在其晚年自觉接受新的史学理论与方法,这是极其难能可贵的。

这种赞同将地下发掘材料与历史文献相互印证的认识论的产生,又是与恰白先生对待历史唯物主义史学观的基本态度密不可分的。在第三节"关于西藏人类的起源"当中,恰白先生注意到英国著名生物学家达尔文的《物种起源》、霍斯勒(汉译本常译为赫胥黎)的《人类在自然界中的地位》等著作对"进化论"思想的阐述,对从猿到人的人类起源学说有充分认识,对传统的"藏族人是猿猴与罗刹女的后裔"这一说法做了评论,认为其"确实是一种朴素的唯物主义观点"。他进而评论指出,"但是,以前的历史学家们不具备探索研究自然界事物形成和发展变化的条件,无法做出符合科学的解释。现代部分学者认为这种说法是神话,这种说法是很不完善的。古代的思想意识和由此传出的各种说法怎么能够完全符合科学呢? 我们必须从历史唯物主义的观

---

1 《西藏通史——松石宝串》,第6页。

2 同上书,第6页。

点加以分析研究"[1]。由此可见，较之西藏古史学派的历史学家，恰白先生在认识论和方法论上已经有了很大的转变，开始自觉地接受历史唯物主义的史学观，并对"以前的历史学家们"在史学研究理论方法上的局限性有了正确的认识与评价。这一点也是恰白先生能够站在前人的肩膀上，但又高于前人的根本原因和可贵之处。

二

恰白·次旦平措先生对地下考古材料的重视与运用，在他的历史著作中多有体现，反映出他对"二重证据法"的具体实践。这里，我们以其代表性著作《西藏通史——松石宝串》一书为例证来加以考察。

如在《西藏通史——松石宝串》一书第一章《西藏远古历史》第三节"关于西藏人类的起源"当中，恰白先生专门列出"关于藏族人种起源的有关出土文物"，对有关出土文物及其对于西藏人类起源问题的价值做了详细的论说。他指出："人类社会的发展仿佛大海，需要做符合科学的解释。尤其从最近一二十年在西藏发掘的古代大量实物可以找到藏区人类如何发展的一些科学证据。经过二十年的发掘，发现旧石器时期和新石器时期的各种石器、陶器、骨器、谷物种子，甚至古人骨头等大量实物，从

---

1 《西藏通史——松石宝串》，第8—9页。

尼洋河岸发掘出古人骨头，有关专家详细研究后指出'尼池（林芝）人'的骨头没有类人猿的原始特征，属于现代人。'尼池人'的骨头是大约4 000多年前，即新石器时代，或者铁器时代的（人骨）。"[1] 从这段文字中我们可以看到，恰白先生在其论述中已经非常自如地采用了现代学术表述方法和规范的学术术语。例如，对西藏地下出土文物的年代划分用了"旧石器时代""新石器时代""铁器时代"等考古学断代名称；对于各种出土文物的描述使用了石器、陶器、骨器等分类方法；同时还注意到诸如人骨和谷物种子这类遗物在西藏古史研究中的特殊价值，这是西藏历史著作从未有过的进步。

恰白先生显然对西藏考古工作的进展有长期的关注，并且及时地将其成果加以吸收。如他在这部著作中还注意到"从聂拉木、定日、申扎、墨脱、昌都等西藏上、中、下部地区发掘了许多石器、陶器、古人骨头等实物，特别是在昌都卡若发掘的古人房子、谷物种子、动物骨头、石器、陶器等文物，为研究西藏地区人类形成过程和西藏古代文化变迁提供了丰富的科学依据"[2]。从恰白先生反复强调以"科学依据"做出"科学解释"的重要性这一点可以看出，在他的心目中，地下出土的考古实物证据对于西藏古代历史的研究而言，其学术价值和历史文献是同等重要的，这与过去的古史学派只重文献传说的修史观念已经有了根本性的

1 《西藏通史——松石宝串》，第14页。
2 同上书，第14页。

变化。

运用地下出土证据，恰白先生从不同的侧面来研究讨论西藏远古历史。如他在对昌都卡若遗址出土的各类建筑遗址、骨器、陶器、装饰品等做过详细描述之后，指出"卡若文化是属于新石器时代的文化，至今已有4 500年至5 000年的历史，从这里可以窥见，西南和西北的古人相互往来和进行文化交流的情况"，认为"数千年乃至数万年前在西藏这块土地上早就有形成并发展为人类的民族，藏族是由此形成的，绝非从其他地方迁移来的"，采取了与过去西藏古史学派主张的所谓西藏人种"南来说""北来说""印度迁来说"等传统学说完全不同的立场。但是，恰白先生同时也注意到"卡若村落古人的主要生活来源是农业，附带进行狩猎活动。卡若文化是多种多样的……藏民族和其他任何民族一样，如果从民族成分方面讲，不止有一种成分，而是一个拥有多种成分的民族。譬如在藏民族的形成过程中混杂着毗邻地区的汉族、羌族、蒙古族等民族成分，不用说其他民族之中也含有藏族成分"[1]。这种认识显然也是符合藏族形成的历史过程的。又如，他观察了卡若遗址中的建筑遗址之后，还特别指出："（卡若）土石工程建筑和习惯的三脚石锅灶的建筑造法具有不同的地方特色，对加强研究藏族人的祖先出现在高原这一问题具有重要价值。"[2]而这一点或许还是现代考古学者并没有引起足够重视的

---

1 《西藏通史——松石宝串》，第14页。

2 同上书，第15页。

细节。

除了在研究西藏远古历史时恰白先生充分认识到地下考古发掘出土材料的重要性之外，在西藏其他历史阶段的古史研究中，我们仍然可以发现"二重证据法"在恰白先生论著中运用实践的例证。

例如，在对吐蕃军队服饰进行研究时，恰白先生利用了新疆出土的藏文木牍材料的记载："《新疆木牍》说：魔鬼交给赛勒花色上装一件、白色黑皮装一件、羚羊皮上装两件、绫缎面皮袄一件、羚羊皮上装一件、下装一件、新旧丝巾各一条、丝带五条。"恰白先生分析这些地下出土藏文木牍后做出推测："由此可知，（吐蕃）赞普时期，藏族男子的服装是长袍之上套着镫氇、皮类、锦缎相饰的无袖上衣，也着皮类等制作的半月形布装以及下裙或短装，头缠丝巾。参加征战之时，身着甲胄，手执武器。"[1] 此外，恰白先生还利用新疆出土藏文木牍考证了吐蕃时期的武器装备情况："据《新疆木牍》记载，聂噶部中，拉杰承事，受王之记牌、盾牌、带剑套、平箭、弓弦、柄、石囊、石簧、箭袋。意思是：聂噶的军队中，拉杰为完成赞普的事业，接受武器记事牌、盾牌、剑和剑套、弓箭、石袋、石簧、箭袋等武器。从中基本上知道当时军人所使用的武器。"[2] 这些例证都充分证明，在研究方法上，恰白先生将地下出土材料证之以文献记载，利用"二重

---

1 《西藏通史——松石宝串》，第56页。

2 同上书，第56—57页。

证据法"开展学术研究，较之过去西藏古史学派的历史著作可以说有了根本性的进步。如果我们将前文中所举《汉藏史集》中对吐蕃刀剑的研究来与之做一个比较的话，可以看到恰白先生在理论方法和研究结论两个方面都大大超越了前人。顺带可以指出的是，当恰白先生得出上述研究成果时，地下出土材料的情况还远远不够丰富，近年来西藏、青海等地不断发现与吐蕃服饰和武器装备等有关的地下出土材料，其中青海都兰吐蕃大墓中出土的丝织物[1]以及青海郭里木等地发现的吐蕃木棺板画上所绘吐蕃人物形象的情况[2]，与恰白先生的上述研究结论基本上是吻合的，说明其研究结论科学可信。

恰白先生对考古实物材料的高度重视还可以举出一个非常典型的例证，那就是他对西藏昌都吐蕃摩崖石刻文字的解读与研究工作。在西藏昌都地区察雅县香堆镇旺布乡丹玛山崖曾发现大日如来和八大弟子造像的摩崖石刻，在造像的下方还刻有古藏文题

---

1 许新国：《都兰出土大批唐代丝绸见证丝绸之路"青海路"》，《文物天地》2004年第10期；许新国：《中国青海省都兰吐蕃墓群的发现、发掘与研究》，收入氏著《西陲之地与东西方文明》。

2 有关这批青海吐蕃墓葬出土的木棺板画的情况，可参见许新国：《郭里木乡吐蕃墓葬棺板画研究》，《中国藏学》2005年第1期。《中国国家地理》2006年第3期《青海专辑·下辑》收录的一组文章也介绍了青海吐蕃棺板画，即程起骏：《棺板彩画：吐谷浑人的社会图景》；罗世平：《棺板彩画：吐蕃人的生活画卷》；林梅村：《棺板彩画：苏毗人的风俗图卷》。林梅村：《青藏高原考古新发现与吐蕃权臣噶尔家族》，亚洲新人文联网"中外文化与历史记忆学术研讨会"论文提要集，2006年；罗世平：《天堂喜宴——青海海西州郭里木吐蕃棺板画笺证》，《文物》2006年第7期；北京大学考古文博学院、青海省文物考古研究所编著：《都兰吐蕃墓》。

刻。恰白先生敏锐地注意到其重要意义："在过去的藏族史料及近期北京民族出版社出版发行的《吐蕃金石录》《吐蕃文献选读》等书中没有记载或未曾正确记载。其原因是，西藏史料《王统世系明鉴》中载，'此时公主与吐蕃使臣，已抵丹玛岩，即将七肘高的弥勒像一尊，及赞普行愿品经文刻于岩上，在那儿等候了一个月，但大臣（噶尔东赞）未到'。看来似乎为文成公主入藏路过此地时所刻，但与所刻内容明显不符，书中是依据民间传说记载而已。有人可能认为在古代文献中未载之因是由于不值一记，但此文与古代文献中所载铜钟铭文的参考价值之高一比便知。"[1] 从这段文字中我们可以看到，第一，恰白先生对传统藏文文献采取了科学的态度来加以对待，并不一味盲从；第二，恰白先生对于考古实物材料与历史文献记载之间的关系也有清晰的认识，认为前者的重要性应当高于传世文献记载。这些思想都是超越前人的。

对这通摩崖文字进行考释的具体过程，更是充分体现出恰白先生将文献与考古两方面的材料加以紧密结合来研究历史问题的现代学术意识。文中他不仅通过石刻文字考订了此处摩崖石刻的所建年代，对于其特点及意义也做出了五个方面的深入分析，给我们留下了深刻的印象。例如，他指出："所刻《普贤菩萨入行赞》这一段是由前弘期西藏最著名的译师噶、觉、尚等在世时所

---

1 恰白·次旦平措:《简析新发现的吐蕃摩崖石文》，郑堆、丹增译，《中国藏学》1988年第1期。以下凡引自此论文者不再另行注出。

翻译，未改动过。因此对研究译经的次序和特点、发展及藏文语法的演变提供了可信的文献资料。"他还指出："最为重要的是刻文的下部分……赞普赤松德赞时，佛教僧侣不仅是宗教的主持，而且还封授有政事大伦（宰相）即掌有政治大权者，封'金符之下官衔'，说明赞普对佛陀信奉者的敬仰和赏赐远远超过了其父、兄时期，其表现在赐给僧侣官位和大权。"这些通过对考古实物碑刻材料进行研究得出的意见，对于我们认识吐蕃王朝时期佛教与社会的关系、藏文刻经与藏语文字等诸多方面都是极为重要的。

不仅如此，恰白先生对这通石刻文字中的一些细节都观察得十分认真细致。他发现："此摩崖石刻还有一个特点是详载了创建该文物的总仆役者即主管工程所需和人员生活者为俄欧寺乃旦郎曲热和司桑布二人担任，主领头即技术总指挥是由比丘西晒和比丘口松巴新、安当埃等担任。正式在摩崖上刻者为乌给年赤夏、学勒工、懂马岗及汉人黄鹏增父子、华豪景等，此外还附刻有汉人的姓名及似为表达愿望的几十个汉字，因此作为千年前的西藏历史文物能够记载工程管理和指挥、技术人员的姓名，实为罕见。当时的目的大概是对佛法的祈祷和渴望分到善果，但现在对研究历史者来说这些可以作为具有一定价值的参考资料。如从当时这样一个石刻工程有经营收支、技术指挥、具体工作人员等这些结构，对调查当时的社会结构和经济管理制度等获得了极好的资料。六位刻字者中有三位汉族，这也说明了在众多西藏建筑中汉藏民族携手并肩、紧密合作的传统。"这样的观察与分析完全建立在对考古材料本身的析读基础上，从中"透物见人"，结合文献和历史资料对考古材料背后的历史背景做出了科学的分析论证，最后上升到吐蕃社会结构和经济管理制度的层面提出问题，无论从方法、理论还是实践上都可被视为现代学术规范下的研究典范。

综上所述，在恰白·次旦平措先生的研究论著中始终贯穿着历史唯物主义的史学观，也充分体现出他对"二重证据法"的高度重视与理论实践。这是他最终能够超越前人、在西藏史学领域做出杰出贡献的重要原因之一。

三

回顾20世纪以来我国学术史上的发展变化，曾经有学者指出："20世纪是中国历史上变化剧烈、发展迅速的一个世纪。19世纪中期以来的近代化进程到20世纪开始加速，完成了由传统向现代的历史性转换。学术研究是一个时代社会文化的构成部分，同样经历、体现着这种历史的变化。"[1] 通过本文的分析我们可以看到，在西藏史学领域当中也同样发生着这种变化。而在历史潮流向前推进的过程当中，恰白·次旦平措先生站在了时代潮流的前面，引领时代风尚的转化，对于今天西藏新史学的产生与形成无疑做出了卓越的贡献，也产生了深远的学术影响。

1　余太山主编：《内陆欧亚古代史研究》，第1页。

恰白·次旦平措先生一生经历了西藏社会历史变革的风风雨雨，在学术研究领域也经历了从西藏古史学派向西藏新史学发展变化的重要历史阶段。在他的身上，我们可以看到西藏传统史学影响的痕迹。但更为重要的是，在他的身上我们看到了随着时代的变化老一辈西藏史学家顺应历史潮流、变革思想观念、学习科学理论、改进研究方法的不懈努力和不倦追求的可贵精神。

恰白先生一生学术成就巨大，所做出的学术贡献是多方面的，在笔者的这篇小文当中难以一一叙及。但仅就其"二重证据法"的理论实践而言，我们或许也可窥见在他学术生涯后期所倡导和身体力行的学术研究范式。这一范式对于西藏史学传统的转换具有重要影响，它一方面吸收继承了西藏传统史学（即本文所称的"西藏古史学派"）注重文献与传说的合理成分，而更为重要的是引进了历史唯物主义的史学观与方法论，从研究方法、研究对象、研究内容、叙述表达方式等各个方面对旧有传统都有所扬弃，推陈出新。今天西藏新史学的形成和一代现代学人的成长，可以说正是踏着前人的足迹不断创新、不断前行的结果。

众所周知，除吐蕃时期的敦煌写卷、简牍文字、金石铭刻之外，西藏过去的历史著作成书年代普遍偏晚，对西藏远古社会历史的情况（尤其是吐蕃王朝以前）记载甚略，语焉不详之处甚多。所以要重构西藏古史在很大程度上必须依靠地下出土的考古材料，本文前举西藏昌都卡若遗址的发掘推进了人们对于西藏史前社会的认识便是一个例子。即便是进入西藏有语言文字记载的吐蕃王朝之后，文献资料仍然严重不足，也需要地下发掘考古材料来加以补充和完善。吐蕃王朝社会生活的许多具体方面，如前文中谈及的藏人服饰、武器装备、居住与交通、墓葬制度等的情况在很大程度上也要依靠考古材料来进行复原。所以西藏古史的重构离不开王国维先生所倡导的"二重证据法"。近年来甚至还有学者提出不仅是二重证据，还可以是三重证据乃至多重证据的综合利用，才有可能在重构古史的过程中更接近历史真实的一面。[1]从这个意义上而言，恰白·次旦平措先生的史学实践对于重构西藏古史的学术路径的抉择也会产生深刻的影响。

应当说，像恰白先生这样自觉转变思想观念与研究范式的学者，在西藏老一辈史学家当中事实上并不多见，所以更显难能可贵。当我们今天来纪念恰白·次旦平措先生的时候，重读他的学术著作，体会他的学术思想与学术精神，便会对他产生更多的敬意与爱戴之情。

（原载《西藏研究》2008年第4期）

---

1 沈颂金：《考古学与二十世纪中国学术》，学苑出版社，2003年，第73—79页。

永存在崖壁上的辉煌
——西藏古代佛教石窟寺艺术概论

　　石窟寺是开凿建造在崖石当中的寺院，故称为石窟寺。石窟寺是宗教艺术的一种重要表现形式，它起源于南亚次大陆的古代印度，然后再传播到东亚各地。印度现存的宗教石窟总数为1 200多座，按照开凿年代可分为早、晚两期，早期为公元前1—公元2世纪，晚期为公元5—8世纪，其中大约有四分之三的石窟属于佛教石窟，还有一些耆那教、印度教的石窟。[1]石窟寺艺术随着佛教的传播大约在公元3世纪前后沿着"丝绸之路"传入中国，盛行于公元5—8世纪，最晚者可晚至公元16世纪。[2]

　　长期以来，在学术界和社会上存在着一个认识误区，一提到石窟寺艺术，都自然地联想到新疆克孜尔石窟、敦煌莫高窟、山

1　晃华山:《印度、中亚的佛寺与佛像》，第101页。
2　国家文物局教育处:《佛教石窟考古概要》，文物出版社，1993年，第1页。

西大同云冈石窟和河南洛阳龙门石窟等丝绸之路沿线一些著名的石窟，而往往忽略了西藏高原佛教石窟的存在。直到20世纪的1993年，在具有相当权威性的由国家文物局教育处组织编写的《佛教石窟考古概要》一书中，也是这样来描写西藏高原的石窟寺遗存的："西藏地区石窟多不具造像的僧房窟和禅窟。摩崖龛像分布较广，题材多释迦、弥勒、千佛、十一面观音和各种护法形象，并多附刻六字真言。以上窟像的雕凿时间，大都在公元10世纪以后，即藏传佛教所谓的后弘期。拉萨药王山是西藏窟龛较集中的一处，山南侧密布摩崖龛像；东麓的查拉修甫石窟，是现知西藏唯一的一座吐蕃时期开凿的塔庙窟。"[1]

经过考古学家、艺术家和社会各界的共同努力，20世纪下半叶以来，西藏佛教石窟艺术遗存的田野调查工作不断涌现出新的成果，已经在很大程度上改变了这种传统观念，使世人不得不以新的眼光来重新审视这片被视为荒芜之地的雪域高原，惊喜地面对河谷崖壁之上那满壁丹青的千年佛光。

一　西藏石窟的分布地域、类型与年代

就学术意义而言，通常所说的佛教石窟艺术包括两种主要的艺术形式：一是开凿在山崖当中的洞穴类石窟；二是凿刻在崖壁上的龛像类造像。前者的特点是在崖面有纵深的空间，形成如同

1　国家文物局教育处：《佛教石窟考古概要》，第6页。

地面房屋一样的洞窟；而后者则仅仅是在崖面上凿刻相对表浅的
龛像。本文所要讨论介绍的主要是前者，以下可简称为"西藏石
窟"。从目前考古调查所获知的信息来看，西藏石窟的分布地域主
要在藏南谷地和藏西高原一带，藏东地区和藏北高原目前尚无石窟
发现的记录。按照石窟分布的地域，可将主要考古发现分述如下：

（一）藏南地区

拉萨市药王山查拉路甫石窟。[1] 这是迄今为止西藏发现的唯一
一座年代可能早到吐蕃时期的石窟。它的形制特点是凿崖造像，
石窟中间留有中心柱，在柱体四周和各壁造像。这种式样的石窟
形制来源于印度的支提式佛教寺院，所以有学者也将其称为"支
提式窟"或"塔庙窟"。窟内共有造像71尊，除两尊为泥塑外，
其余均为石像，分布在中心柱四面的转经廊的南、西、北壁。这
座石窟在藏文文献《西藏王统记》当中有记载，主从五尊像与石
窟中心柱正面龛像的组像完全相同，《松赞干布遗训》记载此寺
的创建者可能为松赞干布的弥药王妃——茹雍妃，弥药即汉文文
献《隋书》、新旧《唐书》中所载的党项羌，在公元6、7世纪活
动于今甘肃、青海、四川等地。根据这些文献记载的线索，著名
考古学家北京大学宿白教授推测查拉路甫石窟的形制渊源有可能
来自甘青地区。[2] 而从造像风格特点上看，则又受到印度－尼婆罗

---

1 西藏文管会文物普查队：《拉萨查拉路甫石窟调查简报》，《文物》1985年第9期。
2 宿白：《西藏拉萨地区佛寺调查记》，收入氏著《藏传佛教寺院考古》。

"波罗艺术风格"的影响。[1]

岗巴县乃甲切木石窟。[2]这处石窟在1990年文物普查工作中被发现,次年正式公布。这处石窟共由5座石窟组成,但第1、2、5号石窟因长年自然破坏,均只遗存残窟,窟内无壁画和雕塑。第3号石窟窟顶残存有壁画,石窟外有一处石龛造像。主要的遗迹保存在第4号窟中,石窟的平面为圆角方形,窟顶为平顶,在东、南、西、北四壁上均残存有石刻造像,造像的方法是在窟壁上凿出大体轮廓,然后再泥塑成形,其上涂以彩绘。这种造像方式与甘肃天水麦积山石窟、拉萨查拉路甫石窟均有相似之处。造像的题材主要是五尊主佛,与密教大日如来的"金刚界五佛"可做比定。调查者认为这座石窟的年代"很可能早至吐蕃王朝时期",但笔者认为其当为西藏佛教后弘期早期的作品,大约在公元11—13世纪前后。

曲松县洛村及拉日石窟。[3]这两处石窟地点也是在1990年西藏文物普查工作中被调查发现,两年后正式公布。洛村石窟具有一定规模,初步统计共有石窟40余座。其中一座石窟(编号为A区第1号石窟,AQ1)平面略呈马蹄形,窟中保存有中心柱(故当地俗称其为"牛鼻子"),窟顶、四壁和中心柱上都保存有泥塑和

---

1 霍巍:《吐蕃时代考古新发现及其研究》,科学出版社,2012年,第286—294页。

2 何强:《西藏岗巴县乃甲切木石窟》,收入《南方民族考古》第4辑《西藏文物考古专辑》。

3 索朗旺堆主编,霍巍、李永宪、更堆编写:《错那、隆子、加查、曲松县文物志》,西藏人民出版社,1993年,第208—216页。

彩绘，有佛、飞天等形象和大量背光、装饰性纹饰等。从石窟形制和壁画、造像的风格上推测，年代可能也是后弘期早期，约公元11—14世纪。拉日石窟共有洞窟20余个，其中编号为第4号窟（LQ4）的石窟内残存有彩绘壁画，有的尊像头戴三花宝冠，身有璎珞等装饰品，绘画风格与洛村石窟第1号窟相似，年代也应为同一时期。

定结县羌姆石窟。[1]此处石窟未正式公布资料，据透露系在第三次全国文物普查中被调查发现，并被评选为2011年度中国六大考古发现之一。石窟内残存有彩绘壁画，对其年代争议较大，发现者认为可以早到吐蕃时期，而也有学者认为可能系后弘期早期的遗存。

就石窟的功能与类型而言，藏南谷地发现的石窟中除上述保存有造像和绘画的礼佛窟之外，还有一些只有生活痕迹而无造像绘画的修行窟。如洛村和拉日石窟群都发现一些石窟体量很小，窟内设有烟道，烟道上有浓重的黑色烟熏遗迹，窟壁上有小龛可供放置生活用品，明显是供佛教僧侣和信徒生活起居、静修之用。[2]

（二）藏西地区

藏西地区石窟的发现始于19世纪末20世纪初。以意大利藏学家G.杜齐（也有汉译译为图齐）为代表的一批西方学者曾在西藏

1　此处石窟尚未正式公布资料，但有关情况可在网上查到。

2　霍巍：《卫藏地区几座佛教石窟遗迹及其相关问题》，《西藏研究》2002年第3期。

西部及其毗邻地区开展调查工作，其中也包括石窟遗址的发现。[1]
但可能由于专业所限，他们还没有从石窟寺艺术与考古的角度将
这些资料加以剥离。直到20世纪90年代，随着一系列重要的考古
发现公布于世，西藏西部石窟艺术才重新被提起并引起世人的
关注。

藏西地区是近年来发现石窟较为密集的地点之一，先后已有
20余座绘制有精美壁画的石窟被考古调查发现，其中比较重要的
列举如下。

丁穹拉康石窟。[2]丁穹拉康石窟分布在阿里地区最北端的日
土县境内。石窟平面呈方形，顶部为穹隆顶，顶部中央绘以莲花
纹，石窟洞口两侧和各个壁面上遗留有壁画，内容有曼荼罗（坛
城）、礼佛听法图、歌舞、地狱变等。这座石窟最初是由西藏自
治区文化厅的一批艺术家发现的，尽管他们在石窟的年代、性
质、壁画内容等方面做出的判断与实际情况之间有较大的差距，
但其首发之功却不可磨灭。在阿里文物普查工作中，考古学者再
次对石窟进行了确认，认为这是迄今为止西藏自治区境内最北端
发现的一座石窟，但为何这座石窟孤立存在于这个地点，在其周
围尚未发现其他佛教遗址，至今仍是一个未解之谜。

皮央·东嘎石窟。[3]皮央·东嘎石窟是20世纪西藏考古的一个

---

1 有关情况可参见〔意〕图齐著，魏正中、萨尔吉主编：《梵天佛地》，上海古籍出版
   社，2009年。

2 索朗旺堆主编，李永宪、霍巍、更堆编写：《阿里地区文物志》，第134—136页。

3 西藏自治区文物局、四川联合大学考古专业：《西藏阿里东嘎、皮央石窟考古调查简
   报》，《文物》1997年第9期。

重大收获，这处石窟是迄今为止西藏高原发现的规模最大、保存情况最好的一处石窟群，石窟总数达千余座，其中在东嘎第1、2、3号石窟，皮央第90、79、351号等窟中，均发现壁画或塑像的遗存，年代跨度从公元11世纪直至公元16世纪。初步观察，石窟的类型包括礼佛窟、禅窟与修行窟（僧房窟）、仓库窟与厨房窟等多种。

吉日地点石窟。[1]继皮央·东嘎石窟之后，在阿里札达县象泉河流域又相继调查发现了多处佛教石窟遗存，吉日地点是其中一处。吉日地点石窟位于象泉河南岸。其中两座石窟为礼佛窟，窟内残存有壁画。石窟形制为方形单室，一座主要绘制佛教曼荼罗（坛城），一座残存有佛、菩萨绘像，从装饰风格和绘画技法等因素分析其年代可能为公元11—13世纪。石窟周围发现多处修行窟和一座佛寺的遗址，应为同时代的考古遗存。

帕尔嘎尔布石窟。[2]帕尔嘎尔布石窟位于札达县卡孜乡境内，共发现石窟10余座，大多为修行窟，仅在其中一座石窟内发现壁画和塑像，可以肯定其性质为礼佛窟。石窟壁画特点十分鲜明，与皮央·东嘎石窟早期石窟浓烈的克什米尔绘画风格相比较已经发生了重要的变化，印度"波罗艺术风格"的特点十分显著，被

1　四川大学中国藏学研究所、四川大学历史文化学院考古系、西藏自治区文物事业管理局：《西藏阿里札达县象泉河流域发现的两座佛教石窟》，《文物》2002年第8期。

2　四川大学中国藏学研究所、四川大学历史文化学院考古系、西藏自治区文物局、西藏阿里地区文化广播电视局：《西藏阿里札达县帕尔嘎尔布石窟遗址》，《文物》2003年第9期。

认为代表着西藏西部石窟壁画艺术风格一个重要的转折时期。[1]

帕尔宗遗址坛城窟。[2]也位于札达县卡孜乡境内。石窟与地面建筑共存，平面呈方形，窟内有佛塔，各壁绘制有密教曼荼罗（坛城）以及古格王国贵族礼佛供养图、上师像等题材，从绘画风格上观察其年代较晚，约为公元15—16世纪。

白东波"千佛洞"石窟。此窟调查发现于1994年。石窟带有甬道，形制为平面方形，窟顶成覆斗形，窟内中心设有圆形的坛。此窟因地属札达县东嘎乡白东波村境内，最初在调查简报中被命名为"东嘎乡第二号地点第1号石窟"。[3]后来根据洞窟中残存的藏文题记得知此窟历史上曾称为"千佛洞"，与现存壁画内容相吻合。在此窟的甬道内还绘有六道轮回图、古格贵族生活图等。

白东波增撒地点石窟。[4]白东波村内另一处新发现的石窟地点——增撒地点，是一处由石窟、佛寺、塔林等构成的佛教遗址群，其功能包括供礼佛、修行等在内的宗教活动使用。其中一座

1　霍巍：《变迁与转折：试论西藏西部帕尔嘎尔布石窟壁画考古发现的意义》，《文物》2003年第9期。

2　四川大学中国藏学研究所、四川大学历史文化学院考古系、西藏自治区文物局、西藏阿里地区文化广播电视局：《西藏阿里札达县帕尔宗遗址坛城窟的初步调查》，《文物》2003年第9期。

3　西藏自治区文物局、四川联合大学考古专业：《西藏阿里东嘎、皮央石窟考古调查简报》，《文物》1997年第9期。

4　四川大学中国藏学研究所、四川大学历史文化学院考古系、西藏自治区文物局：《西藏阿里札达县象泉河流域白东波村早期佛教遗存的考古调查》，《文物》2007年第6期。

石窟内残存有壁画，编号为增撒地点第1号石窟，石窟开设有狭长的甬道，平面呈长方形，平顶，壁画绘制有男女供养人像、千佛像、菩萨像等。白东波村的这两处石窟题材相似，绘画风格相同，两者的年代推测也应基本一致，大体上判定在公元11—13世纪或公元14世纪。

卡俄普与西林衮石窟。[1] 卡俄普石窟位于象泉河流域札达县香孜乡香孜村境内。此处石窟共有20余座，大部分为修行窟，仅有一座为礼佛窟。此窟平面呈方形，四壁绘制有壁画，主要题材为曼荼罗图，所以也是一座坛城窟。此外还发现一幅反映世俗古格贵族与僧侣集会听法礼佛的场景图，对于认识这一时期古格贵族供养人开凿造像习俗的流行具有重要价值。从壁画风格上推测，其年代也应约为公元11—13世纪前后。这个地点还另发现一座灵塔窟，窟内供奉一座灵塔。

西林衮石窟位于香孜乡香巴村境内，由四座紧密相连的石窟构成，其中两座绘制有壁画，主要题材为藏传佛教的各类本尊、护法神像、空行母等，从绘画风格来看年代较晚，可能系公元15—17世纪的作品。

聂拉康与查宗贡巴石窟。[2] 这两处石窟均发现于札达县卡孜河谷内。聂拉康石窟平面略呈长方形，利用天然洞穴改造加工而

1　四川大学中国藏学研究所、四川大学历史文化学院考古系、西藏自治区文物局：《西藏阿里札达县象泉河流域卡俄普与西林衮石窟地点的初步调查》，《文物》2007年第6期。

2　四川大学中国藏学研究所：《西藏阿里象泉河流域卡孜河谷佛教遗存的考古调查与研究》，《考古学报》2009年第4期。

成。窟内残存有长方形的小殿堂，石窟的四面均绘制有壁画，题材有金刚界曼荼罗、高僧说法图、护法神像等，从残存的泥塑背光推测，原来窟内还有塑像。聂拉康石窟是迄今为止西藏西部发现的年代最早的一座石窟，可以基本上比定在公元11世纪初叶。查宗贡巴石窟与聂拉康相距约2公里，平面呈不规则的长方形，壁画绘制在四壁之上，主要题材有上师尊像、佛像、大成就者像、女神像等，从绘画风格上看明显有别于聂拉康，可能晚到公元15—16世纪。

桑达石窟。位于札达县达巴乡境内。石窟总数在120～130座左右，在其中一座石窟内绘有壁画，内容有八大药师佛、般若波罗蜜佛母、药师如来、文殊菩萨、佛顶尊胜母、仁钦桑布、阿閦如来、大日如来（毗卢遮那佛）、无量光如来（阿弥陀佛）、不空成就如来、四臂金刚手菩萨等，资料尚未正式公布。

阿钦沟石窟。位于札达县达巴乡境内。石窟总数不详，在其中一座石窟内发现绘有壁画，发现者命名为"供佛窟"。据推测石窟寺的建造年代为公元11世纪前后，供佛窟内壁画绘制年代约为公元13—14世纪，内容有释迦牟尼、十一面观音、莲花手观音、八曼荼罗、高僧大德、佛传故事等。与石窟遗址并存的还有僧房窟、修行窟、佛塔等遗迹，资料尚未正式公布。[1]

---

1 有关此窟情况可参见张建林：《阿钦沟石窟的佛传壁画——兼谈古格王国早中期佛传壁画的不同版本》，《藏传佛教后弘期上路弘传历史艺术文化专题研讨会》论文集（内部资料），中国藏学研究中心编印，2007年。

二　西藏石窟艺术的主要风格与流变

上述西藏石窟造像与壁画艺术均是在接受外来佛教文化艺术的基础上，融合藏民族本身的艺术风格之后最终形成的。但在不同的地区、不同的时代，对外来文化的吸收与融合也有所不同。笔者认为，仅以西藏西部地区发现的石窟壁画与塑像而论，至少可以从中观察到五种主要的艺术风格的影响。

（一）克什米尔艺术风格

这种艺术风格最为显著的特点之一，是受到中亚细密画的强烈影响，线条刚健有力，施线细密明确，色彩鲜丽丰富，并且喜爱在壁画上施以金、银等加以装饰。由于与克什米尔相邻近，古格王国时期的佛教大师仁钦桑布及其后继者所创立的古格托林寺，斯丕提地区的塔波寺（Ta-bo）、拉科寺（Na-ko），以及拉达克境内属于仁钦桑布系统的诸藏传佛教寺院中，都流行这种具有浓厚克什米尔风格的美术式样，被称为"古格式样"或者"克什米尔-古格式样"。西藏西部的部分石窟壁画均表现出克什米尔风格的影响，如东嘎第1、2号窟，白东波"千佛洞"窟，日土县丁穹拉康石窟，皮央第79、90号窟等。具体的技法风格表现在：

第一，在绘画技法上，具有线条流畅圆润、设色淡雅的特点，并且流行一种单线平涂结合晕染法的技法，以明显的凸凹与层次感来体现所塑造形象的立体感。尤其是在面部、腹部、四肢等体位上的晕染方法特别讲究，以逐层晕染的手法来突出五官和肌体的立体关系。这在后来的"卫孜""藏孜"等风格中是不多见的,后者设色浓艳饱满,一般多用单线平涂而少见晕染法。典型的例证可举出东嘎第1号窟、皮央第79号窟、聂拉康石窟等处壁画。这些石窟中的尊像均采用了这种绘画技法,具有强烈的凹凸感和立体感。

第二,从整体的布局配置上来看,壁画的布置方式均为分层排列,上层多配置以主尊大像,在其四周或两侧排列相关的众小像,在下层则以横列分格的方式绘制小幅的壁画,表现供养人、礼佛、听法等宗教活动场面;壁画的基本题材一致,均以佛教密宗系统的诸佛、诸尊占据主要地位。

第三,在佛像的背光中,多用彩色的线条绘出一种状如蝌蚪的光芒线,具有克什米尔佛画艺术的风格。

第四,几乎不见绘出各教派高僧、上师、教派传承等内容的壁画,反映出当时藏传佛教各教派尚在形成过程当中的客观实际,具有西藏西部早期佛教石窟壁画共同的特点。[1]

除此之外,在与西藏西部相邻近的斯丕提地区塔波寺杜康殿内现存的早期壁画与泥塑,被认为是具有典型克什米尔风格的作品。如果将其与西藏西部石窟中年代较早的这批洞窟做一些比较,也可以观察到一些共同的艺术风格。例如,在西藏西部早期石窟内表现听法、礼佛等场面的一些壁画内容当中,出现了一些可能是古格王国王室贵族一类的人物画像,他们在服饰、身色、

---

[1] 参见霍巍:《西藏西部佛教文明》,四川人民出版社,1998年,第285—286页。

姿势方面，都与塔波寺内现存的一幅听法图壁画十分相似。尤其是以三角形大翻领的长袍、宽檐的帽子、鞋尖向上翘起的长筒皮靴构成其服饰的主要特点，与塔波寺这幅壁画当中的人物如出一辙，反映出共同的地域与时代特征，很可能是当时西藏西部地区（包括古格、拉达克、金瑙尔、斯丕提等各个小区域）流行的王室服饰的通行式样。这些石窟壁画的年代应当与塔波寺杜康殿经堂内这幅壁画的年代相近，如果按塔波寺杜康殿经堂年代的上限来加以推断的话，可能早到公元11世纪，即通常所说的"仁钦桑布时代"。就其壁画风格而论，显然受到克什米尔绘画艺术的影响是最为浓重的。

（二）印度-尼泊尔风格

这种风格主要以印度波罗王朝艺术风格为主，以波罗王朝时期流行的梵本插图中常见的那种体态丰满、富于肉感的形象为代表。与之同时，反映在壁画艺术中，还多见源于印度耆那教神灵系统的诸神形象。这种影响对于西藏西部而言，既有直接来源于印度的因素，也有通过尼泊尔间接传来，并经过尼泊尔佛教杂糅改容后的因素，所以可以称其为"印度-尼泊尔风格"。在西藏西部石窟壁画中，具有典型代表性的石窟可举出帕尔嘎尔布石窟为例。帕尔嘎尔布石窟壁画所代表的艺术风格，极有可能是受公元11—13世纪波罗艺术风格——亦即所谓的"印度-尼泊尔风格"——影响而形成的艺术风格，也有学者将这种风格称为"波罗藏式风格"。这种风格的传入并影响到古格王国的佛教艺术，与阿底峡到古格的传教活动应当有着密切的关系。过去曾推测这种波罗藏式风格形成的地区之一是在阿里古格，但却一直缺乏足够的实物证据来加以具体的分析研究。帕尔嘎尔布石窟壁画的考古发现弥补了这一缺环，同时也暗示着在这一地区克什米尔风格朝着印度－尼泊尔风格的转化过渡，这处石窟所代表的画风或许可以说是一个明显的分界线。此外，通过对西夏黑水城唐卡与阿里帕尔嘎尔布石窟壁画的比较研究还可以发现，无论是形成于藏西阿里古格还是形成于卫藏地区的波罗藏式风格都表现出诸多共性，说明这种风格当时所具有的影响力相当巨大，所波及覆盖的地域也是相当广阔的。

（三）中亚艺术风格

　　所谓"中亚艺术风格"，是指在西藏西部壁画中出现的诸如联珠纹、狩猎纹等具有中亚艺术风格的因素。这种因素极有可能系通过传统的丝绸之路传入中国西域，再由西域作为中转站（如于阗等地）传入西藏西部。相对波罗王朝时期佛教艺术的影响而言，这种风格更多的是受到来自中亚波斯一带艺术风格的影响。

　　首先是作为装饰纹样的某些动物纹及联珠纹，有可能受到来自中亚的影响。例如，在东嘎第1号窟窟顶所绘的装饰纹样中流行一种动物纹饰，这种动物纹饰有的是对鸡、对鸭，有的则更为复杂一些，或为四龙、四凤相环绕，或为五鹿、八凤相环绕。在一些动物纹饰的外圈绘有联珠纹样；八凤相环图案中凤鸟的口中也衔有联珠纹样绶带。这种纹饰与中亚地区常见的所谓"萨珊式联珠纹"有某些相似性。后者常见的主题纹饰有对鸭、孔雀、猪头等，其中的联珠双鸭纹相背而立，回头相对，共衔一联珠纹的彩绶，一鸭居于中心位置。据研究，"这种主纹不对称的联珠纹发展序列上属后期纹饰，约在7世纪中叶起源于中亚粟特地区，是在波斯萨珊朝对称联珠纹影响下产生的。在粟特地区曾发现有7世纪中叶至8世纪初的主纹不对称的联珠纹壁画。这种纹饰当时曾向南传入巴克特里亚，向东传入中国新疆"[1]。西藏西部石窟中的这种动物联珠纹中没有发现主纹中不对称的情况，或许可以考虑是在吸收中亚"萨珊式联珠纹"的某些因素的基础之上，在当地创造出的一种装饰纹样。

其次，西藏西部早期石窟壁画中供养人像的服饰特点为一种三角形大翻领大衣，腰间系以腰带。这种式样的大衣与新疆古龟兹国贵族服装的式样相同，同时也见于中亚佛教石窟壁画中。如巴米扬石窟东大窟西侧壁（始侧壁）、东侧壁（末侧壁）上所绘的两幅礼佛图中，其王族成员中也多穿这种三角形大翻领的大衣。[2]从石窟年代来看，这种服饰可能最早起源于中亚，属于游牧民族的一种服装式样，后来随着佛教文化的东渐，才传入我国西域新疆一带。西藏西部石窟壁画中的这种服饰，也可能是经过西域新疆一带传入阿里高原，成为早期古格王国贵族的一种常服。同时，还有学者注意到，一些王族或王室成员服饰上带有联珠纹

---

1 国家文物局教育处编：《佛教石窟考古概要》，第285页。

2 同上书，第274页。

式样，头上佩有联珠小圈，并认为这种式样也是源于中亚一带。[1]

另外，西藏西部石窟中的塑像，从残存的遗迹观察，其做法是先在岩体上凿出小孔，然后再将木桩打入孔中，木桩外绕以细绳，并依次连接到下一个相邻的木桩上，最后在绳和木桩上面再涂以泥灰，塑成佛像。虽然佛像现已破坏无存，但可以看到灰泥和木桩脱落之后残存的一个个木桩孔。这种做法，使我们很容易联想到中亚巴米扬石窟中东、西两大佛衣纹凸棱的塑造方法。[2]两者所使用的技术手段与主要材料都显得十分相近，其间是否存在着某种联系，虽不能断言，却是值得加以考虑的。

（四）汉地风格

这种风格多见于西藏西部年代比较晚近的一些佛教寺院或石窟当中，表现出中原文化对西藏所具有的强烈影响。其重要的因素除用汉字组成的图案、牡丹花草、山水图案之外，在构图形式上也采用了中国画常见的留出大幅空白的做法，壁画题材中的十八罗汉、十象图、六长寿轮等，均体现出中国传统文化的深刻影响。典型的例子可举出装饰纹样中的龙凤图案等。如皮央第351号窟的窟顶部藻井，中央绘有梵文字母组成的图案，四周则绘有团花、祥云和升腾于祥云之中的龙凤图案。龙全身披以鳞甲，头上生角，身躯展开，颚部向前伸出，与汉地唐宋以迄明清时代的龙

---

1 〔意〕G. 杜齐：《西藏考古》，第58—59页。
2 同上书，第275页。

图案别无二致。类似的龙图案也见于帕尔宗石窟顶部藻井壁画。壁画中团花与祥云的绘法，也具有浓厚的汉地风格。这些图案很有可能是通过西藏中部或东部传播影响到阿里高原的，是随着格鲁派（黄教）势力在这一地区的逐渐扩张，将"藏孜"画派的风格带入西藏西部之后形成的一种艺术风格。

除此之外，个别石窟中还可见到十六或十八罗汉、四大天王等题材的壁画，时代都较晚近，应当也是通过西藏本土卫藏地区间接地受到汉地式样的影响所致。

（五）西藏本地风格

所谓"西藏本地风格"，主要是指西藏本土卫、藏、康等地区的佛教艺术风格，如"卫孜""藏孜"和"康孜"等画风。与上述几种风格相比较，西藏本地传统的艺术风格也一直存在并产生着重要的影响。除了对早期西藏艺术如古代岩画、苯教造型艺术中传统因素的沿袭与继承之外，在公元15世纪前后，由西藏中部卫藏地区形成的各种艺术风格也影响到西藏西部石窟壁画的绘画制作，其中尤其是以拉萨为中心的"卫孜"代表着最为典型的西藏本地风格。[1]

就西藏西部而言，这些艺术风格的传入已是在古格画风早已形成之后。一些线索表明，西藏本地形成比较统一的本土艺术风格，有可能是在公元14—15世纪以后。自公元13世纪以来，西藏

---

1 印度、西藏研究会编：《チベット密教の研究》，永田文昌堂，1982年，第106—108页。

结束了吐蕃王朝崩溃后各教派和政治集团各据一方的分裂局面，卫藏地区萨迦派势力在元朝政府强有力的支持之下迅速发展，成为西藏地方政教合一的首领，在各教派中占据统治地位。其后，明代的帕竹噶举教派也是当时乌斯藏势力最大的政教合一的统治集团，受到明政府的大力支持。明永乐六年（1408）和永乐十二年（1414），明廷先后两次遣使招格鲁派（黄教）的创始人宗喀巴进京，宗喀巴虽未能亲自前往，而是派他的弟子释迦也失代表他到南京受封，新兴的格鲁派势力也开始成为具有重要影响力的统治势力。相对统一的政治局面，对于佛教及其艺术的发展必然也会产生相应的影响。如同杜齐所言，"当主要寺院执掌大权时，不同艺术派别的各种传统逐渐地融成一体，形成了一种更为统一的表达方式。在这种融合过程中所产生的新形式摈弃了早期的传统，形成了一种更为统一的表达方式"[1]。此外，公元13世纪时从汉地传入的木刻印刷术在公元15世纪时被大规模应用在刊印佛经上，对于藏族文化的传播、藏族本土艺术风格的形成，也起到了极为重要的推动作用。[2]据扎雅《西藏宗教艺术》的研究，西藏主要的各传统艺术流派的形成，大体上均在公元15世纪以后，[3]正是这种客观历史条件下的结果。

　　古格王国的晚期，显然也受到来自卫藏各佛教派别及其艺术的影响。据史料记载，古格最后一代国王墀·扎西巴德的父

1　〔意〕G.杜齐:《西藏考古》，第60页。
2　《藏族简史》编写组编:《藏族简史》，西藏人民出版社，1985年，第176页。
3　扎雅·诺丹西绕:《西藏宗教艺术》，谢继胜译，西藏人民出版社，1989年，第90—94页。

亲、叔父和叔祖曾于1618年邀请格鲁派两大转世活佛系统之一的四世班禅到古格视察。班禅于当年7月抵达古格之后，在托林寺受到隆重的欢迎，此后访问了若干寺院，历时三个月之后才离开古格回到卫藏。[1]班禅应邀访问古格，表明当时卫藏格鲁派势力已经对古格产生了重要的影响。从托林寺白殿中出现格鲁派祖师宗喀巴画像的情况来看，至迟从公元15世纪开始，格鲁派的影响已经渗透到古格艺术中。[2]古格故城殿堂壁画中有五座殿堂也都出现过宗喀巴的画像，《古格故城》一书将其分为几种情况：拉康嘎波、拉康玛波两殿宗喀巴像均为小像，其身旁也没有出现宗喀巴的两大弟子侍立于身侧，像下的题名称为"罗桑扎巴"；在杰吉拉康、卓玛拉康等殿堂的壁画中，宗喀巴已绘成大像，同时出现了两弟子侧立两旁，故认为这应当是格鲁派在各教派中占据主导地位之后的做法，其时可能在公元16世纪初中叶之后。[3]文献材料也反映出同样的线索，据《土观宗派源流》的记载，在古格大力弘传宗喀巴教法的阿旺扎巴（也是宗喀巴的著名弟子之一），曾经为古格国王扎西畏德（吉祥充王）和赤朗杰畏（胜光）、释迦畏（释迦光）的上师，"他在仁钦桑布大译师驻锡的托顶金殿寺

1 参见西藏自治区文物管理委员会编：《古格故城》上册，第9页。

2 宿白：《阿里地区札达县境的寺院遗迹——〈古格王国建筑遗址〉和〈古格故城〉中部分寺院的有关资料读后》，收入氏著《藏传佛教寺院考古》，第154—155页。

3 关于古格故城杰吉拉康的宗喀巴像，可参见《古格故城》下册，图版第五一：2；另在《古格故城》上册第57页亦有记载称："（杰吉拉康）西壁南侧壁面，主尊大像为宗喀巴像，头戴尖顶僧帽，内着僧袍，外披袒右袈裟，结跏趺坐，手结转法轮印，两侧各一弟子小立像。"

及咱让（笔者按：札不让）的芝敦寺、罗当寺等诸古旧道场，树立大师良好教规，广传法要"[1]。这均表明古格王国后期卫藏佛教各派别，尤其是格鲁派流布甚广，给托林寺和古格都城札不让一带的"古旧道场"注入了不少新鲜血液。佛教艺术中的所谓"西藏本地风格"，也很可能是在这个时期才较大规模地传播和影响到西藏西部。

与早期受到克什米尔、印度和中亚壁画绘画艺术浓厚影响的古格艺术相比较，西藏本地风格的主要特点主要反映在：单线平涂取代了早期以晕染为主的设色方式；用色由早期喜用冷色调转为多用饱和、浓艳的暖色调；人物的形体饱满，追求曲线变化；晚期还新出现了卫藏和康区多用的"沥粉堆金"技法；等等。如果我们将古格故城中所谓的"供佛窟"（实际上当为石窟中的礼佛窟）壁画、帕尔宗石窟壁画、查宗贡巴石窟壁画等与早期的东嘎、皮央石窟壁画做一个比较的话，这种变化可以观察得非常清楚。

综上所述，这五种艺术风格的划分基本上反映出了西藏西部石窟壁画艺术最为主要的文化因素及其来源与变迁。只是还必须注意到：其一，这些文化因素传入西藏西部的时代并不是同时的，事实上具有年代上的早晚差别；其二，这些不同来源的艺术风格所产生的影响大小也是不同的，不能等量齐观；其三，西藏

1　土观·罗桑却季尼玛：《土观宗派源流》，刘立千译注，西藏人民出版社，1984年，第169页。

西部佛教艺术风格的形成，并非上述五种式样当中某一种式样直接的翻版，而是在自身固有的艺术传统的基础之上，再不断融合以其他外来文化因素逐渐形成的一个统一体，很难将其简单地划归于某一种艺术式样。所以，虽然可以从西藏西部石窟壁画中窥见上述五种艺术式样对它产生过的影响，但在古格王国时期佛寺和石窟壁画中所体现出的风格却始终又是一种独立存在的艺术风格，具有自身的特点。意大利学者杜齐之所以提出"古格式样"这个概念，或许便包含这层意义在内。

三　西藏石窟发现的重大意义与研究展望

20世纪80年代以前，学术界尚无关于西藏地区佛教石窟寺遗存发现的报告，这一地区一直成为从南亚印度、西域到我国内陆地区佛教石窟寺分布链条上的一个缺环。1992年，随着皮央·东嘎石窟的调查发现，尤其是其中东嘎第1、2号石窟以其宏大的规模和保存精美的壁画，引起了国内外学术界的广泛关注和高度评价。日本学者曾以"高原敦煌"的美誉盛赞西藏石窟艺术的高度艺术成就。

继皮央·东嘎石窟之后，在西藏西部地区又相继发现了一批具有高度学术价值与艺术价值的石窟壁画，使人们终于认识到，即使是在高寒、严酷的自然环境条件下，西藏也同样存在着与新疆克孜尔石窟、甘肃敦煌莫高窟在开凿方式、绘画与造像技术等方面具有相同特点、相同价值而各具特色的佛教石窟寺艺术。结合既往西藏佛教石窟寺的发现史，今天我们已经可以有把握地说：西藏高原并非由于自然条件的艰苦恶劣而成为佛教石窟艺术传播链条上的一个缺环。在佛教传入西藏之后，佛教石窟这种宗教艺术的表现形式同样在这片高原上生根开花，这里同样存在着内容丰富、风格独特、富于西藏民族与宗教艺术特点的石窟寺壁画艺术形式，与祖国新疆、甘肃等地石窟艺术共同形成为中华民族佛教艺术宝窟中的辉煌华章。

当然，另一方面，西藏石窟也具有自身鲜明的地域与宗教特色。这些特色对于考察中国石窟艺术的整体状况也是极有意义的。从总体上看，西藏石窟有两个明显的特点。第一，石窟寺与地面的佛寺、佛塔等建筑往往共存一处，彼此之间互有关联。以西藏西部为例，在上述各个地点发现的石窟遗迹附近，通常在地表都或近或远地分布有佛寺、佛塔遗址，形成"山崖上开窟，山顶上建寺，地面上建塔"的三维一体分布格局——笔者称这种现象为佛教遗迹的"垂直分布现象"。按照佛教伽蓝配置仪轨，这种景观或许在我国其他石窟寺当中也曾经有过，只是由于年代久远，地面建筑早已毁坏不存，至今仅存石窟可见。但在西藏西部地区则由于特殊的自然与人文地理条件，这种现象十分普遍。第二，其与其他地区石窟寺的不同之处还在于，西藏西部，往往在一群石窟当中，仅在一座或几座石窟内发现壁画或雕塑，其性质为礼佛窟，而其他石窟则多为供僧人修行、起居之用的生活用窟，尚未发现类似新疆、甘肃和其他地区的石窟那样成群连片的礼佛窟群。这种情况在藏南地区同样可见，如上文中提到的拉萨查拉路甫石窟、岗巴县乃甲切木石窟、曲松县洛村石窟等均亦如此。究其原因，笔者推测或可能与西藏佛教信众和僧侣供养、修习方式的不同有关，也可能与上面提到的石窟和地面佛寺相互组合所发挥的综合功能有关。

基于这两个特点，在今后的研究工作中，我们应当更加注意石窟寺遗迹同与之共存的佛寺、佛塔等遗存之间，礼佛窟与其他石窟之间的关系，尽可能搞清楚它们在同一时期的平面布局与组群关系，从中寻找可供断定年代的线索，从整体上考虑其年代关系，从而也才有可能为其中作为礼佛窟的石窟壁画的年代提供较为可靠的断代依据。从目前的资料来看，西藏西部保存在地面佛寺、佛塔内的壁画与石窟内绘制的壁画在同一时期往往具有相同的艺术风格，典型的例证可举托林寺西北塔内发掘出土的壁画。托林寺位于今札达县县城所在地，系古格王益西沃创建于公元10世纪晚期的996年。在随后的一百年里，托林寺一直是西喜马拉雅地区最为重要的佛教中心。[1] 原有的寺院建筑群共有六座殿堂，其中最为重要的一座殿堂为"益西沃殿"，也称为"迦萨殿"，其平面形制呈十字折角形，据载系依照印度名寺欧丹达菩黎寺（Otantapuri，也称为"飞行寺"）创建。在该殿的四角，各分布有一座佛塔，称为"内四塔"。1996年，西藏自治区文物局考古队对托林寺进行了抢救性发掘，其中也包括对内四塔中东北塔和西

---

1 Michael Henss, "Wall-Paintings in Western Tibet: The Art of the Ancient Kingdom of Guge, 1000-1500", *Marg*, Vol. XLVIII, No.1, 1996, p. 39.

北塔的发掘。在这两座塔中均发现了可能为公元11世纪大译师仁钦桑布时期的壁画,[1]其艺术风格与皮央·东嘎石窟当中发现的几座礼佛窟[2]具有许多相似的特点,从而也就为石窟壁画年代的推测提供了相应的参照。今后的研究工作还要尽可能地收集类似这样的对比资料,用更多的材料来佐证我们的推论。

西藏西部石窟壁画题材的图像辨识(亦即西方艺术史家习称的"图像学研究")也是一个富有挑战性的课题。与我国其他地区佛教石窟壁画的内容题材相比较,西藏西部佛教石窟的壁画具有浓厚的密教色彩,尤其以其中绘制的各种密教曼荼罗图像与尊像最具特征。对于这类壁画内容题材的辨识认定,最理想的方法是将发现的密教图像与同时期的密教经典两相比较,得出较为准确的定名,进而也可以根据密教经典产生的时代对相应图像的年代做出恰当的推断。藏文密教典籍可分为"旧密"与"新密"两大系统,前者是指在吐蕃王国时期(公元9世纪以前)出现的密教经典,也称为"前弘期密教经典"。这部分密教经典在吐蕃王国灭亡之后已基本佚亡,部分被称为"伏藏"的经典虽然也被认为是前弘期密教经典在后来被重新发掘出来(故也称为"掘藏"),但其可靠程度已经很低,其中含有大量相当于汉文佛典当中被称作"疑伪经"一类的后期佛典。公元11世纪以后,出生于阿里古格王国的仁钦桑布先后三次赴克什米尔、摩揭陀国等地求

1　西藏自治区文物管理局编:《托林寺》,中国大百科全书出版社,2001年。

2　这里主要指东嘎第1、2、3号石窟和皮央第79号石窟等一批早期礼佛窟,而不包括该遗址内的晚期礼佛窟。

学佛法，相传他先后曾从75位"班智达"（"高僧大德"之意）学法，回到古格时延请了很多印度僧人到古格王国的托林寺合作译经。史载仁钦桑布时代译出的密教经典有108部怛特罗，被称为"新密"，同时他还根据新的梵本改订了一些吐蕃时代的旧译本。由于他新译和改订的密教经典数量多、影响巨大，故仁钦桑布本人也被藏族史家称为"洛钦"（lo-chen，意为"大译师"）。[1]仁钦桑布生活的时代，正是古格王国佛教从兴起开始走向兴盛的时期，上述阿里地区札达县境内的许多石窟寺和佛寺遗迹传说都与他的宗教活动有关。他所译出的佛教经典，又是如何被古格和来自境外的艺术家形象化地表现在古格石窟壁画当中的，无疑是一个很值得加以研究探索的问题。中外学术界目前对西藏西部石窟壁画内容题材的研究正在逐渐展开，并已经取得了初步的成绩，但要取得深入的进展却并非易事，这需要研究者同时具备密教文献与密教图像两方面的深厚功底与广泛知识。今后在西藏西部佛教美术考古领域研究中，我们寄希望于我国的青年学者能够奋起直追，知难而进，迎头赶上，敢于占领这一具有国际前沿性的学术制高点。

最后，已经有不少学者注意到西藏石窟壁画艺术与相邻的克什米尔、印度、中亚等地佛教艺术之间的相互联系。在今后的研究中，我们还应当进一步地思考这一地区佛教艺术与敦煌和汉地之间的关系。

1　参见王森：《西藏佛教发展史略》，中国社会科学出版社，1997年，第29—33页。

以敦煌为例。在敦煌藏经洞内出土的古藏文文献当中，已经发现一批属于后期密教怛特罗内容的经典和图像，藏经洞出土的古藏文写卷中也有关于吐蕃王国崩溃之后王室后裔逃亡阿里的记载。学术界一般认定藏经洞最后封闭的年代约为公元11世纪初叶，[1] 这个年代与西藏西部佛教石窟最早开始兴建的年代相距不远，两者在图像的内容与题材方面是否有联系？西藏西部佛教石窟是否有可能也受到来自敦煌吐蕃密教的某些影响？这些问题都有待于进一步解明。

西藏各地之间佛教艺术的交流也值得关注。近年来在大昭寺中心殿堂二层的维修过程中发现了一批早期壁画，从未经正式公布的一些壁画照片上观察，这批早期壁画的艺术风格的确与过去在卫藏地区发现的佛寺壁画有所不同。意大利学者维塔利（Roberto Vitali）认为，这批残存壁画主要可能绘制于来自阿里桑噶地区的译师帕巴喜饶（以下简称"桑噶译师"）维修时期和其后塔波拉杰冈波巴大师的亲传弟子塔波岗巴·楚臣宁波维修时期，壁画的年代大致均为公元12世纪。[2] 宿白先生也曾研究指出，"（大昭寺）中心佛殿第二层四周廊道壁面上发现的早期壁画，既有一定的印度风格，又和传世的12—13世纪所绘唐卡有相似处"[3]。

1　荣新江《敦煌学十八讲》中认为，综合各家之说，将藏经洞最后封闭的年代定在1002年以后不久可能较为可信，参见第91—93页，北京大学出版社，2001年。

2　〔意〕维塔利《西藏中部早期寺院》第446页引《拉萨大昭寺简论》第17页，熊文彬等译，收入《西藏通史》资料丛书（内部资料）9，中国藏学研究中心历史所，2004年。

3　宿白：《西藏拉萨地区佛寺调查记》，收入氏著《藏传佛教寺院考古》。

桑噶译师其人曾参加过在1076年由古格王孜德在托林寺主持举行的"火龙年大法会",并也如同仁钦桑布大译师一样曾在克什米尔求法深造。维塔利因此认为,从其生平来看,他对拉萨大昭寺的维修可能经历过先后两个阶段:第一个阶段为公元11世纪60年代;第二个阶段可能是在他后半生教授俄·多德之后进行的。恰白·次旦平措先生则考证认为,桑噶译师扩建修复大昭寺的年代可能是在藏历第一绕迥丙辰年(宋熙宁九年,1076年)。[1]另有学者提出大昭寺中心殿堂二层(协热拉康殿堂)的竣工时间大约是在1078年。[2]综合以上各家之说,笔者认为将其维修改造大昭寺的活动大致估计为公元11世纪下半叶至公元12世纪初叶应当不会有太大误差。[3]我们注意到,这个时期也正是古格王国佛教极为兴盛的发展阶段。由于桑噶译师来自西藏西部古格王国,对其佛教艺术风格应当相当熟悉和了解,那么可以推测,他将西藏西部的佛教艺术风格带到西藏中部,或者反过来将西藏中部的佛教艺术风格又带回到古格,都不是不可能的事情。出现在大昭寺中心殿堂二层建筑中的早期壁画上的艺术风格,或许便带有一定的受到古格艺术影响的痕迹。因此,我们如果在注意到西藏西部佛教石窟壁画艺术受到来自其西方邻邦的影响的同时,也将目光投放到其

---

1 拉萨市政协文史资料组编,恰白·次旦平措执笔:《大昭寺史事述略》,陈乃曲扎、陶长松译,《西藏研究》创刊号,1981年。

2 此观点系参见〔意〕维塔利《西藏中部早期寺院》第450页注释2所得。

3 有意见认为桑噶译师一直活到公元12世纪初年,因此他可能在1076年之后的某个时期也曾对大昭寺中心殿堂进行了维修。参见〔意〕维塔利:《西藏中部早期寺院》,第450页。

与中部和东部地区可能产生的联系上来加以考察，便会得到更多新的认识与收获。

（本文原题《近年来西藏西部佛教石窟美术考古的发现与研究》，收入中国考古学会编：《中国考古学会第十次年会论文集·1999》，文物出版社，2008年）

光启随笔书目

（按出版时间排序）

光启随笔书目